Thomas Schwarz / Günter Helmes (Hg.):

Robert Müller: Paralipomena

LITERATUR

Robert Müller: Werkausgabe in Einzelbänden
Band 14

Herausgegeben von Günter Helmes

Robert Müller

Paralipomena

Herausgegeben von
Thomas Schwarz und Günter Helmes

LITERATUR

Robert Müller: Werkausgabe in Einzelbänden
Herausgegeben von Günter Helmes
Band 14

Robert Müller: Paralipomena
Herausgegeben von Thomas Schwarz und Günter Helmes
1. Auflage 2019
ISBN 978-3-86815-732-1

Satz: Thomas Schwarz
Einbandgestaltung: Thomas Schwarz und Annelie Lamers
Covermotiv: Robert Müller, skizziert von Egon Schiele
in den späten Nachmittagsstunden des 2. Januar 1918
© Wien Museum
Rückumschlag: Arbeitsplatz von Robert Müller in New York
Bedrucktes Briefcouvert des New Yorker Herold
(New Yorker Zeitung / New Yorker Revue) aus dem Jahr 1910

© IGEL Verlag Literatur & Wissenschaft, Hamburg 2019
Alle Rechte vorbehalten
www.igelverlag.de

Igel Verlag Literatur & Wissenschaft ist ein Imprint
der Bedey Media GmbH
Hermannstal 119 k, 22119 Hamburg
Printed in Europe

Die Deutsche Bibliothek verzeichnet diesen Titel in der
Deutschen Nationalbibliografie.
Bibliografische Daten sind unter http://dnb.d-nb.de verfügbar.

Inhaltsverzeichnis

Titelgraphiken

ROBERT MÜLLER

Fragmente

Korrespondenz

Rezeption

Nekrologe

Verzeichnisse

Vorwort

THOMAS SCHWARZ UND GÜNTER HELMES

Anlass für diesen Ergänzungsband zur Ausgabe der Werke des österreichischen Expressionisten Robert Müller ist ein bedeutender Fund im Nachlass des Lexikographen Franz Brümmer, den die Berliner Staatsbibliothek aufbewahrt.[1] Im Juni 1922, zwei Jahre vor seinem Tod im Alter von 36 Jahren, ist Müller einer Aufforderung Brümmers nachgekommen und hat ihm einen dreiseitigen biographischen Abriss gesandt. Dieser kann zur Klärung offener Fragen zum Lebenslauf Müllers beitragen, dem die Einleitung zu diesem Band gewidmet ist. Doch ist dieser Quelle auch mit Vorsicht zu begegnen. Im Zweifelsfall sollten die Angaben, die Müller gemacht hat, noch einmal überprüft werden. Als wichtiges Hilfsmittel hat sich die Suchmaschine von ANNO, des virtuellen Zeitungslesesaals der Österreichischen Nationalbibliothek, bewährt, die es ermöglicht hat, eine Reihe bislang übersehener Texte aus der Feder Robert Müllers aufzufinden. Diese rechtfertigen es, mehr als 20 Jahre nach dem Erscheinen des letzten Bandes der Werkausgabe einen Appendix mit Paralipomena vorzulegen.[2]

Die Einführung von Thomas Schwarz ergänzt und korrigiert an verschiedenen Stellen auf der Basis neuer Quellenfunde die bisherigen Studien zur Robert Müller. Die verschiedenen Facetten der Persönlichkeit Müllers werden auch auf Photographien sichtbar, die wir in diesen Band aufgenommen haben. Er tritt als Amerikareisender und als Soldat, als Familienmensch und als Geschäftsmann auf. Den Einband schmückt eine Zeichnung Egon Schieles. Der Österreichischen Nationalbibliothek und Melchior Müller (Wien) gebührt unser Dank für die großzügig erteilte Erlaubnis zum Abdruck der zahlreichen Abbildungen in diesem Buch.

Kontinuitäten und Neuansätze in Robert Müllers Denkstil verdeutlichen repräsentative Beiträge als Feuilletonist für Zeitungen und Journale. Die Themenpalette reicht vom Amerikanismus über den Expressionismus zum Bolschewismus. Müller erweist sich als Kinogänger mit einem Faible für Karl May. Politisch changiert er in seinen Essays vom antiliberalen Imperialisten zum imperialen Internationalisten, vom antidemokratischen Monarchisten zum kulturrevolutionären Aktivisten mit Sympathien für

---

1 Nachlass Franz Brümmer, auf http://bruemmer.staatsbibliothek-berlin.de/ nlbruemmer/ (abgerufen am 30.5.2018). Den Nachlass erschließt ein Kooperationsprojekt von Staatsbibliothek und Humboldt-Universität zu Berlin. Die Mappe zu Robert Müller wurde 2012 für die Internet-Plattform der Staatsbibliothek von Thomas Schwarz transkribiert (abgerufen am 27.12.2015). Für die freundliche Kooperation geht der Dank an Christian Thomas.

2 ANNO – AustriaN Newspapers Online. Historische österreichische Zeitungen und Zeitschriften online. http://anno.onb.ac.at/ (abgerufen am 24.3.2018).

den Anarchismus und den Pazifismus. Texte, die wir nicht mit Sicherheit Robert Müller zuschreiben können, haben wir in die Rubrik ‚Fragmente‘ aufgenommen. Dieser Autor ist bei seiner essayistischen Produktion für die unterschiedlichsten Zeitungen in Arbeitszusammenhänge eingebunden, in denen unter hohem Zeitdruck korrigiert und lektoriert wird. Überschriften gehören zur bevorzugten Domäne redaktioneller Eingriffe. Die Annahme eines traditionellen Konzepts von Autorschaft verbietet sich für diesen Typ der Produktion von Texten in besonderer Weise, sie müssten vielmehr auf einer nur schwer bezifferbaren Skala der Kooperation angesiedelt werden. Um das Netzwerk, in dem Müller schreibt und rezipiert wird, sichtbar zu machen, leuchtet dieser Ergänzungsband, anders als klassische Editionen, für die Forschung den historischen Kontext stärker aus.

Der Appendix lenkt nicht zuletzt auch die Aufmerksamkeit auf die graphische Gestaltung von Robert Müllers Werk. Abgedruckt sind Reproduktionen ansprechend gestalteter Cover. Als Robert Müllers Hauptwerk gilt der expressionistische Roman *Tropen. Der Mythos der Reise. Urkunden eines deutschen Ingenieurs* aus dem Jahr 1915. Es sind nicht nur dessen erzähltechnische Volten, die eine Aufnahme in den Kanon rechtfertigen. Als Meisterwerk eines radikalen Exotismus von weltliterarischem Rang verdienen Müllers *Tropen* auch aus postkolonialer Perspektive Aufmerksamkeit. Der Roman ist in zwei Ausgaben erschienen, ausgewählt haben wir für die Wiedergabe des Titels die typographisch elegantere Variante, die der Münchener Verlag Hugo Wolff in der Schriftart Germania hat setzen lassen. Beachtenswert sind die Illustrationen von Kurt Szafranski für Müllers amerikanistischen ‚Weltanschauungsroman‘ *Der Barbar* (1920) und von Josef Tengler für das ‚Kulturbild‘ *Flibustier* (1922).

Einen Einblick in Müllers Kommunikationsstil bieten Postkarten und Briefe aus seiner Korrespondenz, deren chronologische Ordnung wir rekonstruiert haben. Als bedeutendster Partner tritt in dieser Sektion Erhard Buschbeck in Erscheinung, seit 1918 in der Direktion des Wiener Burgtheaters tätig. Hier finden sich Hinweise zur Entstehungsgeschichte literarischer Werke, Paratexte zu den *Tropen*, aber auch antisemitische Ausfälle, die ein kritischer Kommentar nicht übergehen darf. Für eine Hagiographie eignet sich dieser Autor nicht. Will man ihn politisch beurteilen, wäre in jedem Fall auch der biographische Umschwung in Rechnung zu stellen, mit dem Müller Anschluss an die kulturrevolutionären Tendenzen seiner Zeit sucht, an Heinrich Mann und Kurt Hiller. Als weitere Adressaten von Müllers Korrespondenz sind neben Müllers Förderer Hermann Bahr nicht nur der deutschnationale Politiker Josef Redlich, sondern auch der Maler und Schriftsteller Albert Paris Gütersloh erwähnenswert, für den sich Müller erfolglos als Impresario eingesetzt hat.

Es folgen eine Auswahl von Rezeptionsdokumenten, Rezensionen zu Müllers Büchern und schließlich auch Nekrologe. Der Stellenwert dieses

Autors für das kulturelle Leben seiner Zeit bemisst sich an dem Medien-
echo auf seinen Suizid im Jahr 1924. Vor diesem Hintergrund ist es überraschend, wie schnell der Name Robert Müller nach seinem Tod dem
kulturellen Gedächtnis entglitten ist. Die Wiederentdeckung zeichnet der
Forschungsbericht von Günter Helmes nach, mit dem wir den Band be-
schließen.

Für die Bereitstellung zahlreicher Transkriptionen der handschriftlich
in Kurrentschrift abgefassten Korrespondenz Robert Müllers danken wir
stellvertrend Henning Heßmer-Meibauer (Hamburg), Rachel Fey (Hamburg), der Sütterlin-Stube Hamburg sowie Mitgliedern eines Lesekreises
von Gaststudierenden an der Europa-Universität Flensburg. Von der
Pflicht, im Zweifelsfall die Originale im Archiv zu konsultieren, können
wir die Forschung nicht entbinden. Unser vordringliches Ziel war es, mit
begrenzten ökonomischen Mitteln einen lesbaren Text zu bieten mit Lö-
sungsvorschlägen für schwer entzifferbare Stellen, die wir mit textkriti-
schen Zeichen ausweisen.

Zu danken haben wir an dieser Stelle auch Katharina Manojlovic, die
mit der Aufnahme Robert Müllers in die Ausstellung des Wiener Literatur-
museums über den „Rausch des Schreibens"[3] einen entscheidenden Impuls
gegeben hat, die Fragmente unserer Forschung zu Robert Müller zu revi-
dieren und in diesem Ergänzungsband zur Werkausgabe zu bündeln. Uns
bleibt am Ende die Hoffnung, dass diese Paralipomena dazu beitragen, die
Forschung zu Robert Müller auf einer soliden Grundlage zu intensivieren
und diesen Autor auch in Zukunft im kulturellen Gedächtnis zu verankern.

Thomas Schwarz (Tokyo)   Günter Helmes (Flensburg)

September 2018

Textkritische Zeichen

[Buchstabe oder Wort]	=	Ergänzung der Herausgeber
/Wort/	=	von Robert Müller gestrichen
\<Wort\>	=	wahrscheinliche Lesart
\<...\>	=	unleserlich

---

3   Thomas Schwarz: „Met ist doch ein verrückter Stoff". Roberts Müllers tropische
    Delirien. In: Katharina Manojlovic / Kerstin Putz (Hg.): Im Rausch des Schrei-
    bens. Von Musil bis Bachmann (= Profile. Magazin des Österreichischen Litera-
    turarchivs, Bd. 24): Wien: Zsolnay 2017, S. 218–241.

Einleitung

THOMAS SCHWARZ

Robert Müller wurde am 29. 10. 1887 in Wien geboren. Er selbst betonte wiederholt seine „skandinavische Abstammung mütterlicherseits".[1] Der Vater stammte aus einer Kaufmannsfamilie und setzte diese Tradition fort.[2] Die Familie wohnte zunächst am Alsergrund. Kindheit und Jugend Robert Müllers waren von häufigen Umzügen geprägt. Im Wiener *Wohnungsanzeiger* für das Jahr 1897 war die Familie in einem repräsentativen Prachtbau des I. Bezirks registriert, in der Schottengasse 1.[3] Seit 1898 besuchte Robert Müller das Piaristengymnasium in der Josefstadt. 1903 schaffte er die Versetzung erst, nachdem er eine Wiederholungsprüfung abgelegt hatte. Die Familie wohnte jetzt in der nur fünf Gehminuten von der Schule entfernten Kochgasse 28. Im Schulzeugnis von 1905 wurde Müllers sittliches Betragen wegen fortgesetzter Verstöße gegen die Disziplin beanstandet. Die äußere Form seiner schriftlichen Arbeiten wurde dann bis zur Abschlussklasse als „sehr unordentlich" eingestuft. Gute Noten erreichte er nur in den Fächern Religionslehre und Turnen. Das Zeugnis des zweiten Schulhalbjahres 1906 vermerkt unter „Fleiß" die Bewertung „ungleichmäßig". Die Leistungen in den Fächern Mathematik, Latein, Geographie und Geschichte wurden als „nicht genügend" bewertet.[4]

---

1   Robert Müller an Ludwig von Ficker (27. 1. 1912). In: Robert Müller: Briefe und Verstreutes. In Zusammenarbeit mit Thomas Schwarz hg. v. Eva Reichmann, Oldenburg: Igel 1997, S. 36.

2   Im Sterbeverzeichnis des evangelischen Friedhofs Matzleinsdorf wird der 1891 gestorbene Großvater Gustav Müller als „Kaufmannssohn" geführt.

3   Adolph Lehmann: Allgemeiner Wohnungsanzeiger. Wien: Hölder 1887, S. 733. Der Vater Gustav Müller firmiert hier als „Privatbeamter" (Angestellter), wohnhaft in der Porzellangasse 34. Der Eintrag im Jahr 1888 lautet „Kaufmann", wohnhaft in der Pramergasse 10 (S. 762). Das Jahr 1890 vermeldet einen Umzug in die Währingerstr. 5 (S. 798), 1896 Kutschkergasse 40 (Bd. 2, S. 723). Dann folgt ein Intermezzo in der Inneren Stadt, Schottengasse 1 (1897, Bd. 2, S. 749), ein Jahr später ist die Josefstädterstr. 38 vermerkt (Bd. 2, 1898, S. 766).

4   Schulzeugnisse für Robert Müller. In: Archiv des Bundesgymnasiums Wien 8, 1899–1906. Auch in ihnen wird der Vater abwechselnd als Kaufmann oder Privatbeamter geführt. Die Familie wohnte zunächst weiterhin in der Josefstädterstr. 38 (1899), dann in der Tigergasse 38 (1900/01), schließlich in der Kochgasse 28 (1902–1906). Vgl. Werner J. Schweiger: Robert Müller. Biographischer Abriss. In: Die Pestsäule. Monatsschrift für Literatur und Kulturpolitik 12, 1974/75, S. 137–140, hier S. 137: Da Müller 1906 im zweiten Semester des Piaristengymnasiums in mehreren Fächern mit „nicht genügend" abschloss, musste er die Maturitätsprüfung 1907 als Externer an einem anderen Gymnasium ablegen. Vgl.

Nachdem Müller das Abitur als externer Kandidat an einem anderen Staatsgymnasium abgelegt hatte, immatrikulierte er sich zum Wintersemester 1907/08 an der Wiener Universität. In seine Studienbögen trug er schwerpunktmäßig philologische Lehrveranstaltungen ein. Noch immer wohnte er bei seinen Eltern, die inzwischen in der Florianigasse 75 sesshaft geworden waren.[5] Auf den Listen finden sich germanistische Veranstaltungen des Mediävisten Max Hermann Jellinek und des Germanisten Joseph Seemüller über die Geschichte der altdeutschen Literatur, über altdeutsche Metrik und über das Nibelungenlied. Den Literaturwissenschaftler Jakob Minor reklamieren die Einträge Müllers als Lehrer für die Geschichte der deutschen Literatur vom 16. Jahrhundert über die Romantik bis zum 19. Jahrhundert. Als Lateinlehrer ist der Altphilologe Robert Kauer verzeichnet. Das Studium der griechischen und römischen Literatur will Müller bei dem Altphilologen Hans von Arnim absolviert haben, unter anderem Autorenstudien zu Tibull und Properz. Unter dem Namen des Romanisten Wilhelm Meyer-Lübke tauchen Lehrveranstaltungen über die historische Syntax der altfranzösischen Sprache und die Semantik des Französischen auf. Den Namen des Romanisten Philipp August Becker beansprucht Müller für seine Kenntnisse in französischer Metrik und über Victor Hugo. Der Literaturhistoriker Robert Franz Arnold könnte Müller in die Geschichte des modernen Dramas eingeführt haben. Unter dem Namen des Pädagogen Alois Höfler ist eine Lehrveranstaltung über die Kunst Richard Wagners eingetragen, klassische Archäologie unter Emil Reisch. Die Namensliste ist Ehrfurcht gebietend, aber kein Nachweis dafür, dass Robert Müller die genannten Veranstaltungen auch besucht hat.

Besonders hervorzuheben sind zwei Professoren, weil es im Bereich des Möglichen liegt, dass Müller ihre Lehre literarisch weiterverarbeitet hat. Bei Friedrich Jodl, der unter anderen Otto Weininger und Stefan Zweig promoviert hatte, studierte Müller vermutlich tatsächlich gleich im ersten Semester die Geschichte der neueren Philosophie.[6] Bei dem Psychologen

---

Stephanie Heckner: Die Tropen als Tropus. Zur Dichtungstheorie Robert Müllers. Wien / Köln: Böhlau 1991, S. 23ff.

5   Dem folgenden Abschnitt liegen vier von Robert Müller ausgefüllte Vordrucke in den Aktenkonvoluten „Philosophen" des Archivs der Universität Wien zugrunde. Wintersemester 1907/08 – Sommersemester 1909. Dank gebührt dem Archivar Martin G. Enne. Der Belegbogen des ersten Semesters bestätigt, dass Müller seine Zulassungsberechtigung als „Abiturient eines Staats-Gymnasiums" erworben hat. Vgl. zum Studium Thomas Köster: Bilderschrift Großstadt. Studien zum Werk Robert Müllers. Paderborn: Igel 1995, S. 23 und S. 247, Anm. 33. Proseminare übergehe ich.

6   Einschlägige Publikationen: Friedrich Jodl: Lehrbuch der Psychologie. 2 Bde., 3. Auflage, Stuttgart: Cotta 1908; ders.: Der österreichische Hochschulkampf im Sommersemester 1908. Innsbruck: Erdlinger 1908; ders.: Geschichte der neueren Philosophie. Stuttgart: Cotta 1924. Vgl. zu Müllers Rezeption der Ideen Jodls

und Musikwissenschaftler Richard Wallaschek belegte er eine Veranstaltung mit dem Titel „Nietzsches Bedeutung für die Kunst".[7]

Einem Brief Müllers an den befreundeten Erhard Buschbeck kann man entnehmen, dass er die Zeit zwischen seinem 12. und seinem 22. Lebensjahr als „schlimm" empfunden hat.[8] Müller erwähnt in seinem Lebenslauf für Brümmer nicht, dass er das Studium nach dem Sommersemester 1909 abgebrochen hat. Stattdessen erklärt er, dass er zwischen 1909 und 1911 „überseeische Reisen" unternommen habe. Ein Abgleich mit seiner Registrierung in den Schiffslisten der New Yorker Hafenbehörden ergibt, dass Müller die sein Leben entscheidend prägende Reise in die USA am 5. Februar 1910 angetreten hat. Sein Vater Gustav Müller hatte ihm ein Ticket für eine Passage auf der „Graf Waldersee", einem Doppelschrauber der Hamburg-Amerika-Linie, gelöst. Im Alter von 22 Jahren kam Robert Müller am 19. Februar mit 25 Dollar in der Tasche in New York an. Die Einreisebehörde hat die Merkmale festgehalten, mit denen sich Müller identifizieren lässt: Augenfarbe grau, Haarfarbe blond. Die Körpergröße wird mit nur 5 Fuß und 10 Zoll (178 cm) angegeben, doch dürfte Müller mehr als 190 cm groß gewesen sein. Als besondere Erkennungszeichen vermerkt das Dokument zwei ‚Warzen' auf beiden Wangen ("warts on both cheeks"). Auf dem Porträt aus dem seit 1912 bestehenden Wiener Fotoatelier von Paul de Frènes und auf der Abbildung der Totenmaske in dieser Edition treten die beiden Nävi Robert Müllers deutlich hervor. Sie können auch auf anderen Fotos zur Identifizierung Müllers beitragen. Müller fand Aufnahme im Haus des Schwagers seiner Mutter namens William Emmert. Der Onkel wohnte mit seiner Familie in Flatbush / Brooklyn. In New York hielt sich Müller bis mindestens Ende 1910 auf. Emmert arbeitete als Redakteur des *New Yorker Herold* und ermöglichte seinem Neffen den Einstieg als Reporter bei dieser deutschsprachigen Tageszeitung, mit einer Arbeitszeit von sechs Tagen die Woche.[9] Liest man Müllers Feuilleton für die *Reichs-*

Christian Liederer: Der Mensch und seine Realität. Anthropologie und Wirklichkeit im poetischen Werk des Expressionisten Robert Müller. Würzburg: Königshausen & Neumann 2004, S. 28ff.

7   Vgl. Richard Wallaschek: Primitive Music. An Inquiry into the Origin and Development of Music, Songs, Instruments, Dances, and Pantomimes of Savage Races. London: Longmans, Green & Co 1893; Richard Wallaschek: Anfänge der Tonkunst. Leipzig: Barth 1903.

8   Robert Müller an Eberhard Buschbeck. 26. 1. 1916 (Österreichische Nationalbibliothek, Signatur Autogr. 1323/21–12, in diesem Band).

9   List or manifest of alien passengers for the United States immigration officer at port of arrival. Port of New York, 19. 2. 1910 (National Archives, USA). Wenn Müller tatsächlich nur 178 cm groß war, widerspricht das seiner allgemeinen Wahrnehmung als hünenhaft. Der Sohn seines Bruders Erwin Müller namens Peter Müller gab als Körpergröße 192 cm an; vgl. zum Aufenthalt Müllers in den USA

post in diesem Band über die „Newyorkitis" autobiographisch, dann ist dessen Protagonist, der schnellste und ‚längste Reporter' der Zeitung *Stars and Stripes*,[10] niemand anderer als der junge Amerikareisende, der seinen Lesern hier einen Einblick in seinen journalistischen Arbeitsalltag bietet. In verschiedenen Beiträgen für diese Zeitung hat Müller die Erfahrungen seiner Reise nach Amerika verarbeitet.[11] Sein Schriftstellerkollege Max Hayek kolportiert, dass Müller auch „auf Kuba und in Venezuela" gelebt habe.[12] Hartnäckig hält sich das Gerücht, Müller habe „als Schiffssteward Weltreisen" unternommen.[13]

Im Februar 1912 informiert Müller Ludwig von Ficker, dass er „seit ungefähr 5 Monaten" wieder in Wien sei.[14] Ficker gab seit 1910 den *Brenner* heraus, in Österreich das führende Organ des literarischen Expressionismus. In einem weiteren Brief an ihn rühmt sich Müller, ein „rigoroser Antiliberaler" und ein „Mitarbeiter der Reichspost" zu sein.[15] Dass er sich als Beiträger zu einer Zeitung empfahl, die als Sprachrohr der antisemitischen und monarchistischen Christlich-Sozialen Partei Österreichs auftrat, barg Konfliktstoff. Müller hatte erfolgreich Georg Trakl an den *Brenner* vermittelt.[16]

Heckner, Tropen, S. 26–29. Der Brief in *Briefe und Verstreutes*, S. 13 wurde vermutlich vor Weihnachten 1910 verfasst. Da Müller ankündigt, er werde zum Fest „zu den Emmerts gehen müssen", wohnte er zu diesem Zeitpunkt wahrscheinlich andernorts. Ein besonderer Dank gilt Melchior Müller in Wien, der uns Scans der im Familienarchiv aufbewahrten Photographien seines Großonkels und seiner Verwandtschaft überlassen und die freundliche Genehmigung zum Abdruck erteilt hat.

10 Robert Müller: Newyorkitis. In: Der Sonntag. Unterhaltungsblatt der Reichspost. Unabhängiges Tagblatt für das christliche Volk Österreich-Ungarns. 20. Jahrgang, 20. Folge, 18. 5. 1913, S. 42-43 (in diesem Band).

11 Der erste nachweisbare Artikel in der Reichspost stammt vom Februar 1913, vgl. Robert Müller: Amerikanismus. Feuilleton, in: Reichspost. Unabhängiges Tagblatt für das christliche Volk Österreich-Ungarns. 20. Jahrgang, Nr. 76, 14. 2. 1913, S. 1-2 (in diesem Band).

12 Max Hayek: Rassen, Städte und Physiognomien. In: Neues Wiener Journal. Unparteiisches Tageblatt. 31. Jahrgang, Nr. 10642, 5. 7. 1923, S. 7 (in diesem Band). Vgl. zuletzt Volker Zenk: Innere Forschungsreisen. Literarischer Exotismus in Deutschland zu Beginn des 20. Jahrhunderts. Oldenburg: Igel 2003, S. 110–112.

13 Hermann Budzislawski: Robert Müller. In: Welt und Wissen. Unterhaltungs-Beilage der Berliner Börsen-Zeitung. 25. 9. 1924, Nr. 191, S. 11–12 (in diesem Band). Vgl. Robert Musil: Robert Müller. In: Das Tage-Buch, 5. Jahrgang, 2. Halbjahr, Heft 37, 13. 9. 1924, S. 1300–1304 (in diesem Band). Arthur Ernst Rutra: Robert Müller (1887–1924). In: Radio-Wien. 7. Jahrgang, Heft 14, 1931, S. 6 (Zur Sendung am Samstag, den 10. 1. 1931; in diesem Band).

14 Robert Müller an Ludwig von Ficker, 17. 2. 1912, in: Briefe und Verstreutes, S. 36–40, hier S. 37.

15 Müller an Ficker, 29. 8. 1913, ebd., S. 65.

16 Vgl. Müller an Ficker, 18. 12. 1912, ebd., S. 47.

Eine Beschreibung Müllers findet sich in einem Brief von Erhard Buschbeck an Trakl aus dem Jahr 1913. Folgt man Buschbeck, dann muss sein „lieber Freund Robert Müller", mit dem er im Wiener Akademischen Verband für Literatur und Musik bei der Edition der frühexpressionistischen Zeitschrift *Der Ruf* kooperierte, eine imposante Erscheinung gewesen sein:

> Zur evt. Personenbeschreibung diene Dir, daß Robert 2 mal so groß als ich und fünfmal so breit als ich ist, dabei ganz schlank. Blondes zurückgekämmtes Haar und eine Adlernase, rasiert. Er ist das arischste was man sich denken kann, schaut aus wie ein schwedischer Nationalheld (woher er auch stammt) und wurde von Herrn v. Ficker das „Elementarereignis" getauft.[17]

Trakl und Müller trafen sich schließlich im Sommer 1913. Müller berichtet Buschbeck, dass er Trakl „sehr sympathisch" finde, doch sehe er irritierend „elend" aus. Müller vermutet ihn in „finanziellen Schwierigkeiten". Er hat von Trakl Gedichte zur Publikation akquiriert und sähe diese auch gern im *Ruf*.[18] Als ihm Anfang September zugetragen wird, dass Trakl seine Texte zurückziehe, mutmaßt Müller, dass dies auf eine Intervention von Karl Kraus zurückgehe. Er verleiht seiner Empörung Ausdruck, dass Trakl sich „von dem buckligen Juden, dem Kraus, kommandieren" lasse. In seinem antisemitischen Furor denunziert er Kraus als einen „Krüppel an Leib und Seele". Müller erklärt, dass er sich „persöhnlich, als Redaktör beleidigt" fühle, wenn „Trakl nicht im Ruf schreiben will, weil Kraus ihm das verboten hat".[19]

Im Hintergrund dieses Konflikts steht, dass sich Kraus von der Ästhetisierung der Gewalt im Akademischen Verband für Literatur und Musik distanziert hatte.[20] Gegenüber Buschbeck bekannte Müller im Dezember 1913, dass er „auf ein politisches Resultat hin" abziele. Er „filosofiere immer gern den Weltkrieg herbei", der liege ihm „im Blute". Für eine „imperialistische Politik" formuliert er als Kriegsziel eine österreichische Expan-

---

17   Erhard Buschbeck an Georg Trakl (13.5.1912). In: Georg Trakl: Sämtliche Werke und Briefwechsel. Bd. 5. 1, Frankfurt a. M. / Basel: Stroemfeld / Roter Stern 2014, S. 201. Vgl. zum *Ruf*, Armin A. Wallas: Zeitschriften und Anthologien des Expressionismus. Bd. 1: Analytische Bibliographie. München: Saur 1995, S. 64–66.

18   Robert Müller an Erhard Buschbeck, 21.8.1913. Österreichische Nationalbibliothek (ÖNB). Autogr. 1323/10-12. Vgl. Müller an Buschbeck, 4.10.1913 (ÖNB, 1323/20-13): „Was macht Trakl? Will er nicht auch in den Ruf?" (in diesem Band).

19   Müller an Buschbeck, 4.9.1913 (ÖNB, Autogr. 1323/20-15, in diesem Band).

20   Karl Kraus: Untergang der Welt durch schwarze Magie (Dezember 1912). In: Karl Kraus: Schriften. Hg. v. Christian Wagenknecht, Bd. 4, Frankfurt a. M.: Suhrkamp 1989, S. 424–454.

sion über den Balkan hinweg. Müller behauptet, dass ihn das „Kriegerische" schon seit seiner Jugend beschäftigt habe, er sei von seinen Eltern
„zum Soldaten erzogen worden".[21]

Im Jahr 1913 teilte Müller Buschbeck auch mit, er schreibe gerade
„eine südamerikanische Räubersgeschichte ins Reine, sowas Tropisches",
für das er gegenwärtig „noch keine praktischen Zwecke absehe".[22] Eine
Kostprobe seiner literarischen Fähigkeiten gab Müller im Februar 1914, als
er zum ersten Mal aus einem „Epos der Reise" mit dem Titel *Tropen* vor
Publikum las. Die Lesung fand im Hörsaal 35 der Wiener Universität statt,
eine Abendveranstaltung, ausgerichtet vom Akademischen Verband für Literatur und Musik.[23] Der „junge Schriftsteller" beeindruckte den anwesen-
den Reporter des *Neuen Wiener Journals*. Er stellt Müller als ein
„eigenartiges, starkes Talent" vor. In Amerika habe er sich „in verschiedenen Berufen, zuletzt als Journalist" betätigt. Aus den „Prärien Amerikas" habe er „Urweltimpressionen" von „Stämmen" mitgebracht, die er
selbst kennengelernt habe. Müller beschloss den Abend mit einer Polemik
gegen Karl Kraus.[24]

Wenige Tage später beklagt sich Müller in einer Mitteilung an Buschbeck über die „Verjudung" Wiens. In seiner „Vorlesung" hätten sich die
Vertreter des Literaturbetriebs, „das heisst die betreffenden Judenjungen",
sehr „gelangweilt". In antisemitischen Ausfällen wendet sich Müller gegen
Mitglieder des Akademischen Verbandes. Dort sei jetzt „der Jud eingerissen", er sprach von „Manieren aus der Judengasse". Während seiner Präsentation habe er „recht gedankenvolle Sachen" gelesen, die sich jedoch „durch
keine artistische Aufmachung" ausgezeichnet hätten. Die „Hälfte des Publikums" habe den Saal verlassen, doch bei „Damen und Laien" habe er einen
Erfolg verbuchen können.[25]

Stellt man den blutrünstigen Ton von Müllers Beitrag zur Kriegsnum-
mer des *Ruf* in Rechnung, die Egon Schiele mit einem blutroten Quadrat-
schädel ausgestattet hatte,[26] dann war es konsequent, dass sich Robert
Müller Anfang September 1914 freiwillig zum Kriegsdienst meldete. Zunächst wurde er jedoch wegen einer angeborenen Verkrüppelung, wegen
„Atrophie" und „Insuffizienz" des linken Armes, zurückgewiesen. Darüber

---

21 Müller an Buschbeck, 13. 12. 1913 (ÖNB, Autogr. 1323/20-16, in diesem Band).
22 Müller an Buschbeck, 8. 7. 1913 (ÖNB, Autogr. 1323/20-10, in diesem Band).
23 Wiener Zeitung, Nr. 28, 5. 2. 1914, S. 5. Vgl. Neue Freie Presse, 5. 2. 1914.
24 Vortragsabend Robert Müller. In: Neues Wiener Journal. Unabhängiges Tagblatt.
     22. Jahrgang, Nr. 7285, 6. 2. 1914, S. 6 (in diesem Band). Die Polemik erschien An-
     fang April gedruckt, vgl. Robert Müller: Karl Kraus oder Dalai Lama. Der dunkle
     Priester. Eine Nervenabtötung (1914). In: Robert Müller: Kritische Schriften.
     Bd. 1, hg. v. Günter Helmes und Jürgen Berners, Paderborn: Igel 1993, S. 137–170.
25 Müller an Buschbeck. ÖNB, Autogr. 1323/20 (16–23), 11. 2. 1914 (in diesem
     Band).
26 Robert Müller: Apologie des Krieges (1912). In: Kritische Schriften 1, S. 45–49.
     Das von Egon Schiele gestaltete Cover in diesem Band.

hinaus wurde bei der Musterung eine „Syndaktilie" am Zeigefinger festgestellt, offenbar waren zwei Finger schwimmhautartig verwachsen. Schließlich gelang ihm die Aufnahme in die Akademische Legion, die von studentischen Verbindungen im August 1914 an der Wiener Universität initiiert worden war. Auf einem der Bilder, das uns Robert Müller als Soldat zeigt, sind die charakteristischen Nävi zwar wegretuschiert. In diesem Fall jedoch lässt er sich mit relativer Zuverlässigkeit wegen der deutlich sichtbaren Atrophie identifizieren. Am 16. Januar 1915 rückte Müller zur Front gegen Serbien ein. Als er sich am 22. Februar 1915 mit Olga Erna Estermann trauen ließ, musste er sich bei der Zeremonie auf dem evangelischen Pfarramt von seinem Bruder Erwin vertreten lassen. Robert Müllers Freundin war zu diesem Zeitpunkt bereits schwanger. Die Tochter Erika Erna kam im Juli zur Welt. Da Olga aus einer jüdischen Familie stammte und Mischehen verboten waren, sah sie sich gezwungen, ihrem Glauben abzuschwören. Im Mai wurde Müller an den Isonzo auf den Balkan abkommandiert. Dort erlitt er bei Kämpfen seines Deutschmeisterbataillons um die oberhalb von Plava gelegene Höhe 384 Anfang August 1915 beim Einschlag einer Granate einen „Nervenchoc". Während des anschließenden Erholungsurlaubs in Wien erkrankte er Anfang September chronisch an „neurotischen" Erscheinungen und musste in eine Klinik eingeliefert werden. Schließlich wurde Müller wegen seines „traumatischen Nervenleidens" im Gefolge dieser „Granatexplosion" vom Dienst an der Front suspendiert.[27]

Im Lebenslauf für Brümmer gibt Müller an, dass er sein Hauptwerk, den Roman *Tropen. Der Mythos der Reise*, nach der „Rückkehr aus Übersee" konzipiert habe. 1915 habe er den Roman jedoch „umgearbeitet", bevor er ihn im Münchener Verlag Hugo Schmidt herausbrachte. Damit

---

27   Das Datum, zu dem Robert Müller eingerückt ist, nach Olga (Ole) Estermann an Erhard Buschbeck (ÖNB, Autogr. 1323/21-2). 21.1.1915. Vgl. zur Trauung die Notiz in der Wiener Mittags-Zeitung vom 23.2.1915 (ÖNB, Autogr. 1323/22, 11. Beilage). Die ungefähren Geburtsdaten der beiden Töchter (1915 und 1918) lassen sich erschließen aus dem Brief von Müller an Ficker (27.5.1920) in: Briefe und Verstreutes, S. 76–78, hier S. 76. Vgl. Müllers Brief an Buschbeck vom 13.10.1915, ÖNB, Autogr. 1323-21-8 (in diesem Band). Zum Zeitpunkt des Kriegstraumas vgl. Robert Müllers Postkarte an Hermann Bahr vom 5.8.1915 (Theatermuseum Wien, AM 59.241 Ba, in diesem Band). Zur Chronologie von Müllers Biographie im Zusammenhang mit seiner militärischen Karriere: Evidenzblatt für Robert Müller, 13.3.1917; Qualifikationsbeschreibung für Leutnant Robert Müller. 23.4.1917; Vormerkblatt für die Qualifikationsbeschreibung. 23.5.1917; Belohnungsantrag. 22.6.1917. Die Dokumente aus dem Wiener Kriegsarchiv stammen aus der Sammlung von Stephanie Heckner. Vgl. Heckner, Tropen, S. 32ff. Ein spätes Echo der Beteiligung Müllers an den Isonzoschlachten findet sich in einem Artikel von Josef Seifert: Die Erinnerungen des bosnischen Deutschmeisterbataillons im Deutschmeistermuseum. In: Reichspost, 32. Jahrgang, Nr. 258, 20.9.1925, S. 6: „der unglückliche Schriftsteller Robert Müller kämpfte hier tapfer und vorbildlich in den Reihen des Bataillons."

bestätigt sich die Annahme, dass in diesen Text zumindest auf einer symptomatischen Ebene Kriegserlebnisse des Schriftstellers eingeflossen sind. Vor diesem Hintergrund ließe sich Müllers Roman wohl auch als Verarbeitung eines *shell shocks* lesen.[28]

Gleich nach Erscheinen des Romans im Dezember 1915 ließ Müller Buschbeck ein Leseexemplar zukommen.[29] Damit im Zusammenhang stehen auch undatierte Kommentare Müllers zu seiner Poetik. Er präsentiert *Tropen* als ein „Bekenntnis zur ungeschriebenen Theorie der heutigen, gegenwärtigen, vorläufig-zukünftigen Kunst, zu Synthese, Expressionismus, Postimpressionismus". Es gehe heute nicht mehr um „Weltanschauung", sondern um ein „Lebensgefühl, in dem Anschauungen nicht Thaten, sondern Synthesen" seien. Müller nennt *Tropen* eine „Gestaltung des Gestaltens", jede „andere Auffassung wäre altmodisch, *metafysice et moraliter* romantisch". Apodiktisch erklärt Müller: „Sein ist Position, Synthese, Fantoplasma, Expressionismus". Der Roman sei „zu pampfig", um als gute Literatur durchzugehen. Es handle sich um einen Versuch, den Menschen näher zu beleuchten, der den Ersten Weltkrieg gemacht und noch 1916 einen „fabelhaften Frieden" schließen werde.[30]

Buschbeck reagierte für Müller unerwartet kritisch auf den Roman und focht das „Dogma" des Buches an. Die Kontroverse zwischen den beiden entzündet sich am Konzept der „Analyse", das Buschbeck ablehnt. Müller gibt zu erkennen, dass er sich nicht für eine „unanalytische Kunst" interessiere. Derartiges könne er weder „lesen" noch „schreiben". Er sieht sich zu einer Rechtfertigung seiner Poetik der Analyse gezwungen. Sie zerstöre „Konventionen und soziale Zwangsvorstellungen" und müsse bis „zum Absurdum durchgeführt" werden. Das *Tropen*-Buch sei „eine Erfindung, ein Fantoplasma", das eine der Figuren des Romans, „Jack Slim synthetisiert haben könnte". Müller erklärt sich selbst zum Vertreter des „Slimismus". Wenn dieser „Idee und Figur" zerschlage, gehe es ganz wie in der „Wirklichkeit" selbst zu. Müller insistiert, dass ihn seine eigene „seelische und körperliche Zerschlagenheit" nicht daran hindere, einen „sehr realen Machtwillen zu besitzen".[31]

Im März 1914 hatte Müller für die *Wiener Mittags-Zeitung* als Redakteur zu arbeiten und zu schreiben begonnen, für die er als Kriegskorrespondent dann auch aus Serbien berichtete.[32] Vom Frühjahr 1916 an

---

28   Vgl. dazu Thomas Schwarz: Robert Müllers Tropen. Ein Reiseführer in den imperialen Exotismus. Heidelberg: Synchron 2006, S. 209–213.

29   Vgl. Müller an Buschbeck, Feldpostkorrespondenzkarte (undatiert, Dezember 1915, ÖNB, Autogr. 1323/21-11, in diesem Band).

30   Müller an Buschbeck (undatiert, 1916, ÖNB, Autogr. 1323/22-7, in diesem Band).

31   Müller an Eberhard Buschbeck. 26.1.1916 (ÖNB, Autogr. 1323/21-12, in diesem Band).

32   Vgl. Müller an Buschbeck. 28.3.1914 (ÖNB, Autogr. 1323/20-18, in diesem Band). Vgl. a. die Notiz zur Trauung in der Wiener Mittags-Zeitung vom

arbeitete Müller ein Jahr lang als Redakteur der *Belgrader Nachrichten*.[33] Das auf Deutsch, Ungarisch und Kroatisch erscheinende Blatt übernahm in der Publizistik auf dem Balkan schnell eine führende Rolle und beschäftigte vom leitenden Personal über die Setzer und Drucker insgesamt 200 Mitarbeiter.[34] Aus dieser Zeit stammt Müllers Rezension einer Broschüre des amerikanischen Theologen Thomas Cuming Hall, der in den Jahren 1915/16 eine Gastprofessur an der Berliner Universität wahrnahm.[35] In der Wiener Mittags-Zeitung erschienen in dieser Phase auch Essays von Müller, die sich als serbenfreundlich interpretieren ließen und deshalb zu seiner Abberufung aus Belgrad ins Kriegspressequartier nach Wien führten. Müller hat diese Texte 1917 in seinen Essay-Band *Europäische Wege* integriert und in seinem Lebenslauf als „slavofil tingiert" charakterisiert.[36] Ausgenommen hat er lediglich einen Beitrag über einen Gottesdienst in der griechisch-orthodoxen Kirche Belgrads zum Andenken an das Attentat auf den Erzherzog Franz Ferdinand und dessen Frau in Sarajevo.[37]

1917 präsentierte sich Robert Müller in einem Beitrag für einen Sonderband der „in der vornehmen Welt so beliebten" Zeitschrift *Sport & Salon* als Monarchist.[38] Das „Kaiser-Album" war als „Festgabe zum Geburtstag" des „jugendlichen" Herrschers Karl I. konzipiert, der Ende 1916 den Thron der Habsburger Doppelmonarchie bestiegen hatte. Der Artikel Müllers erschien in der Sektion „literarische Beigaben" neben einem Text seines

---

23. 2. 1915, in der Müller als „Redakteur" und „Kollege" vorgestellt wird (vgl. dazu die Artikelserie in diesem Band).

33 Vgl. zum Dienstantritt in Belgrad auch Robert Müller an Hermann Bahr (1. 10. 1916), in: Briefe und Verstreutes, S. 70f.

34 Jubiläum der Belgrader Nachrichten. In: Cetinjer Zeitung, 4. 1. 1917.

35 Robert Müller: Amerikanische Jagdkultur. In: Belgrader Nachrichten. 29. 4. 1916, S. 1f. (in diesem Band).

36 Das Monument der serbischen Prärie. Wir suchen die serbische Seele. (Von unserem R. M.-Korrespondenten in Belgrad). In: Wiener Mittags-Zeitung Nr. 123, 27. 5. 1916, S. 3; Belgrad (Von unserem serbischen R. M.-Korrespondenten). In: Wiener Mittags-Zeitung Nr. 145, 27. 6. 1916, S. 3; Belgrad, Schluß (Von unserem serbischen R. M.-Korrespondenten). In: Wiener Mittags-Zeitung Nr. 159, 14. 7. 1916, S. 3. Wieder abgedruckt in: Robert Müller: Europäische Wege. Im Kampf um den Typus (1917). In: Gesammelte Essays. Mit einem Nachwort von Hans Heinz Hahnl hg. v. Michael Matthias Schardt, Paderborn: Igel 1995, S. 195–291, vgl. darin S. 237–253. Vgl. Thomas Köster: Bilderschrift Großstadt. Studien zum Werk Robert Müllers. Paderborn: Igel 1995, S. 30.

37 Robert Müller: Requiem in Belgrad. In: Wiener Mittags-Zeitung Nr. 155, 10. 7. 1916, S. 3 (in diesem Band).

38 Robert Müller: Ein junger Kaiser. In: Sport & Salon. Illustrierte Zeitung für die vornehme Welt (Sondernummer: Unser Kaiser), 21. Jg., Nr. 31, 29. 7. 1917, S. 105–107 (in diesem Band). Vgl. auch Sport & Salon, Jg. 22, Nr. 49, 15. 12. 1918, an diesem Ort erscheint auch ein Vorabdruck aus Müllers Roman *Der Barbar* unter folgendem Titel: Cowboys. Aus einer unveröffentlichten Abenteuergeschichte, S. 12–13. Heute wieder in: Robert Müller: Der Barbar. Roman (1920). Hg. und mit einem Vorwort versehen von Hans Heinz Hahnl, Paderborn: Igel 1993.

Schulfreundes Ludwig Ullmann, mit dem Müller das Piaristen-Gymnasium besucht hatte.[39]

Am 12. November tritt Robert Müller in einer Matinee der Neuen Wiener Bühne als „Sprecher und Wortführer" einer Gruppe von dreißig „Poeten" auf, die sich „Das junge Wien" nennt. Zu ihr zählen sich Autoren wie Berthold Viertel, Oskar Maurus Fontana, Arthur Ernst Rutra, Albert Ehrenstein, Karl Friedrich Nowak und Hugo Sonnenschein. Es handle sich, so Müller, um „Menschen, die ihre Kunst und ihr innerstes Wesen förmlich hinausschreien". Die „Dichtkunst des jungen Wien" äußere sich „nicht allein in den mehr oder minder entfesselten Versen, sondern im ganzen Lebenstypus dieser Generation". Das „Wesen der Dichtkunst von heute" seien die „elastischen Beziehungen, für die es eine logische Manufaktur nicht gibt, ebensowenig irgend einen Grenzfall". Die „Maßstäbe dieser Kunst" seien „relative, sie federn". Müller mahnte das offenbar interessierte Publikum: „Nehmen Sie die Dichter elastisch, trachten Sie hinter den Menschen zu kommen. Wir sind alle ein Ganzes, das sich sammelt. Und wenn es sich gesammelt hat, dann kann es einmal heißen: Das Ganze marsch!"[40] Das *Neue Wiener Journal* berichtet kritisch über das Ereignis. Dem „jungen literarischen Wien" sei es nicht gelungen, die „Erwartungen zu erfüllen". Müller habe als „Conferencier" den „geistigen Hintergrund der neuen literarischen Bewegung" ausgeleuchtet. Er habe einen Bogen von der „Relativitätstheorie Einsteins" zum „Expressionismus" gespannt. Die „neuen Dichter" seien von einem „frenetischen Lebensappetit erfüllt", ihr „Dichten" sei „ein Schreien". Der Rezensent bescheinigt diesem Auftreten jedoch „etwas von unfreiwilliger Komik".[41]

Hermann Bahr rühmt in einem Tagebucheintrag vom 30. 12. 1917 die radikale „neue Jugend" Österreichs für die Edition der Zeitschrift *Der Anbruch*, an der Ludwig Ullmann federführend beteiligt war. Insbesondere hebt er den Beitrag Robert Müllers hervor, der sich einen Namen „als Phantast der Nüchternheit", als „Romantiker des Betriebs" und als „eine Kreuzung von Zarathustra mit Roosevelt gemacht" habe. Müller berausche sich „an Zahlen und rechnet Märchen aus; sein Ideal wäre, als Generaldirektor eines ungeheuren Welttrusts auf ungesatteltem Pferd Haschisch zu rauchen". Bahr ist sich nicht sicher, ob „diese Mischung einen Dichter aus ihm machen wird". Müller selbst sei aber offensichtlich „überzeugt, daß sie zum großen Politiker" genüge. Bahr erklärt, dass ihm die Texte Müllers den „Eindruck von ungeduldigen Kommentaren zu seinen ungetanen Taten"

---

39   Das Kaiserbuch. In: Wiener Allgemeine Zeitung, Nr. 11792, 6. 8. 1917, S. 2. Vgl.
      ebd., 15. 8. 1918, S. 2. Die Zusammensetzung der Klassen lässt sich überprüfen anhand der Jahres-Berichte über das k. k. Staatsgymnasium im VIII. Bezirke Wiens.
      Wien: Selbstverlag 1899–1906.
40   m. n.: Theater, Kunst und Literatur. In: Wiener Allgemeine Zeitung. Nr. 11873,
      12. 11. 1917, S. 3.
41   m.: Neue Wiener Bühne. In: Neues Wiener Journal. Nr. 8635, 13. 11. 1917, S. 8.

vermitteln: Er ersetze „das Tun vorläufig durch Schreiben". Bahr spricht sich dafür aus, dass Müller „bei den nächsten Wahlen kandidiert". Müllers Drama *Die Politiker des Geistes* (1917) habe ausreichend „Witz, Laune, Temperament, Anmut und Bedeutung", um „eine ganze Saison zu versorgen". In diesem Theaterstück rekurrierten Müllers „Lieblingsideen" von einem „Politischen Expressionismus", der „die schöpferische Willkür neben den „Mechanismus" und „den irrationalen neben den modernen wissenschaftlichen Staat stellen" wolle, von einer „neuen universalen Rassigkeit", von einer „geheimnisvollen Aussöhnung des Geistes mit der Maschine". Bahr ist besonders angetan von Robert Müllers Essay „Der Österreicher" in seinem Buch *Europäische Wege* (1917), und zwar von „seiner Mundart", „in der unser altgewohntes Österreichisch oft auf einmal ganz sonderbar neu klingt". Bahr bekennt, dass er es schmeichelhaft fand, von Müller als „Austropäer" bezeichnet zu werden.[42] Mitte Januar 1918 bedankt sich Müller mit einer Postkarte, die zusammen mit einer Reihe von weiteren Mitteilungen an Bahr Aufnahme in diesen Band gefunden hat.[43]

Im letzten Kriegsjahr hatte die Familie Robert Müllers einen Trauerfall zu beklagen. Müller hatte drei oder vier Brüder,[44] sie waren jedenfalls „zu viert" im Fronteinsatz.[45] Im Sommer 1918 verlor Robert Müller in der zweiten Piave-Schlacht bei Asiago seinen erst neunzehn Jahre alten Bruder Otto, der ein halbes Jahr zuvor als Einjährig-Freiwilliger eingerückt war.[46] In der Nachkriegszeit nahmen Robert und Olga Müller mit den beiden Töchtern Erika Erna und der 1918 geborenen Ruth ihren festen Wohnsitz in der Zirkusgasse 10, also in der Leopoldstadt, einem Zentrum der jüdischen Kultur Wiens.[47] Die evangelische Familie Müllers betrachtete den Umzug mit Argwohn.

---

42 Hermann Bahr: Tagebuch. In: Neues Wiener Journal. 26. Jahrgang, Nr. 8694, Sonntag, 13. 1. 1918, S. 4–5 (in diesem Band).

43 Robert Müller an Herrmann Bahr (Theatermuseum Wien, AM 59.242 Ba), 13. 1. 1918 (in diesem Band).

44 Vgl. Robert Müller an Erna Müller (29. 6. 1910), in: Briefe und Verstreutes, S. 29. Hier freut er sich in New York darüber, dass ihm Olga ein Foto mit „vier Jungen" geschickt habe.

45 Müller an Ficker (27. 5. 1920), in: Briefe und Verstreutes, S. 76.

46 Tod bei Asiago. In: Wiener Allgemeine Zeitung, Nr. 12058, 3. 7. 1918, S. 3. Vgl. Heldentod. In: Neues Wiener Journal, Nr. 8859, 4. 7. 1918, S. 7. Otto Müller soll „inmitten seiner Batterie schwer verwundet" worden sein, am 21. 6. 1918 starb er im Lazarett.

47 Vgl. Heckner, Tropen, S. 37. Vor der Heirat mit Robert Müller wohnte seine Frau Olga bereits in der Zirkusgasse 10 im Zweiten Bezirk, danach zog sie in seine Wohnung in der Oberen Donaustraße 29. Der Brief von Olga (Ole) Estermann an Erhard Buschbeck, 21. 1. 1915, ist in der Zirkusgasse aufgegeben (Österreichische Nationalbibliothek, Autogr. 1323/21-2). Einen Tag nach der Hochzeit schreibt sie Buschbeck aus der Oberen Donaustraße. Vgl. Olga Müller an Erhard Buschbeck, 23. 2. 1915 (ÖNB, Autogr. 1323/21-3).

Im Frühjahr 1919 schrieb Müller an seiner Südsee-Novelle *Das Insel-mädchen*.[48] Das Thema seines Gesamtwerks sucht Müller in einem frag-mentarischen Text zu bestimmen, der als „Selbstanzeige" zu seiner Erzähl-ung *Das Inselmädchen* (1919) prominent auf dem Titel der Edition platziert ist. Es gehe um die Geburt des ‚neuen Menschen' im Spannungsfeld zwi-schen „Exotik", „Zivilisation" und „Politik". Aus dem oben bereits erwähn-ten Tagebucheintrag Bahrs ist an dieser Stelle auch eine Charakterisierung eingefügt, die Müller offenbar als zutreffend empfand. Bahr hatte ange-merkt, dass Müller „den Verstand nicht" benutze, „um die Phantasie zu zü-geln, und die Phantasie nicht, um den Verstand zu füllen, sondern eher umgekehrt, er denkt phantastisch und phantasiert nüchtern".[49] Robert Müller und Hermann Bahr lassen sich hier bei der Ausbildung eines Zitier-kartells beobachten.[50] Bahrs Kommentar bekräftigt eine Lesart dieser No-velle, die ihre Poetik der Paradoxie hervorhebt, die jedoch nicht davon ablenken sollte, dass es in ihr auch um eine kritische Auseinandersetzung mit der Kolonialfrage geht.[51] Dieser literarische Text reagiert aktuell auf die Einführung eines Mandatssystems, mit dem der Völkerbund die ehemali-gen deutschen Kolonien im Friedensvertrag unter den alliierten Kriegsgeg-nern der Mittelmächte aufteilte.[52]

Politisch war Robert Müller inzwischen ins Lager der aktivistischen Kulturrevolution gewechselt. In federführender Position engagierte er sich im Wiener „Bund der geistig Tätigen", der im Dezember 1918 einen Pro-grammentwurf ausgearbeitet hatte. Er appellierte „an die Kulturmenschen aller Länder", der „Gewalt" entgegenzutreten. Zur Außenpolitik heißt es einleitend: „Die Geistigkeit einer Nation kann kein Monopol sein. Es gibt keine auserwählten Völker. Die Erde soll ein Wirtschaftsganzes werden. Der Krieg ist zu überwinden." Konkret werden die Abschaffung der Wehr-pflicht, eine Beendigung der Geheimdiplomatie, die Institutionalisierung

---

48 Vgl. Adelbert Muhr: Robert Müller schrieb für das 21. Jahrhundert. In: Die Pest-säule. Monatsschrift für Literatur und Kulturpolitik 12, 1974/75, S. 141–158, hier S. 143.

49 Bahr, Tagebuch, S. 5. Vgl. Robert Müller: Das Inselmädchen. München: Roland-Verlag 1919. Die Titelei verweist auf eine „Liebhaber-Ausgabe" der Buchdruckerei Oldenbourg. Die 50 Exemplare seien nummeriert und „vom Verfasser handsig-niert".

50 Vgl. Hermann Bahr: Tagebuch. Eintrag vom 19. 11. 1918. In: Neues Wiener Jour-nal. Unparteiisches Tagblatt. 26. Jahrgang, Nr. 9002, S. 4 (in diesem Band). Bahr zitiert zustimmend die Passage eines Artikels von Müller aus der *Finanzpresse* mit den Worten, dass man in einer revolutionären Situation nicht einfach das „alte Ge-schäft" nur „unter einer neuen Firma" fortführen dürfe, es komme vielmehr auf eine Erneuerung des Geistes an. Vgl. Robert Müller: Hermann Bahr. Tagebücher 1917/18 (1919). In: Robert Müller: Kritische Schriften. Bd. 2, hg. v. Ernst Fischer, Paderborn: Igel 1995, S. 417f.

51 Stephan Dietrich: Poetik der Paradoxie. Zu Robert Müllers fiktionaler Prosa. Sie-gen: Carl Böschen Verlag 1997, S. 105.

52 Vgl. dazu Schwarz, Tropen, S. 295–300.

eines parlamentarisch verfassten Völkerbunds, die „Schaffung eines über-
nationalen Bürgerrechts" und „der vereinigten Staaten der Erde" gefordert.
Innenpolitisch plädiert der Entwurf für Autonomie auf lokaler Ebene in
Verbindung mit Ideen einer Rätedemokratie, die eine „Rückberufbarkeit
der Abgeordneten" und die „Wahl der höheren Beamten" vorsieht. Folgt
man dem Wirtschaftsprogramm der Wiener Aktivisten, dann sollen die
„Naturkräfte und Naturschätze samt den daraus gewonnenen Produkti-
onsmitteln" nicht mehr „Alleinbesitz einer Minderheit bleiben", sondern
„in den Besitz der gesamten Menschheit" übergehen. Sie fordern die „Sozi-
alisierung des Bodens, der Bergwerke, Wasserkräfte, Fabriken und Betriebe". Die Produktion soll „teils durch Gemeinschafts- teils durch Genos-
senschaftsbetriebe" organisiert werden. Die demokratische Mitbestim-
mung sei über eine „Mitverwaltung der Betriebe durch gewählte Aus-
schüsse bei Gewinnbeteiligung" zu gewährleisten. Die „Erträge der
Produktion" sollen „mehr oder weniger gleichmäßig Jedem zu Gute" kommen. Die Sozialpolitik zielt auf die „Sicherung des Existenzminimums" und
die „Verstaatlichung der ärztlichen Hilfeleistung". Auf dem Programm
steht auch die Einführung einer scharfen „Progression der Vermögens-,
Einkommens-, Schenkungs-, Erbschafts-, Boden-, Wertzuwachs- und Lu-
xussteuer". Dann folgen Ausführungen zu einer radikalen Justiz-, aber auch
zur Sexualreform, die den Verzicht auf eine „staatliche Privilegierung oder
rechtliche Hemmung irgend eines Geschlechtsverhältnisses" vorsieht. Den
Behörden soll der Einfluss auf die Geburtenregelung entzogen werden. In
der Bildungspolitik verlangen die Aktivisten unentgeltliche „Einheitsschu-
len", einschließlich „Wohnung und Verpflegung", bei „Selbstverwaltung
durch die Schüler" und „Abschaffung der Prüfungen". „Handwerk, Kör-
perkultur und rhythmische Gymnastik" sollen die „psychophysische Entwicklung" fördern. Schließlich sollen „Gartenstädte als Grundlage des
Städtebaues" dienen, kulturpolitisch streben die Aktivisten nach einer „öffentlich angewandten Kunst statt des kunstfremden Musealismus".[53]
     Zusammen mit Franz Kobler sandte Robert Müller dieses Flugblatt in
einem Brief an Heinrich Mann.[54] Der Wiener Bund brachte den Forde-
rungskatalog leicht modifiziert auch im April 1919 in der ersten Nummer
seiner Zeitschrift Der Strahl heraus. Neben Franz Kobler trat Robert Müller hier als Schriftleiter auf.[55] Der „Bund der geistig Tätigen" veranstaltete

---

53   Bund der geistig Tätigen: Erster Aufruf und Programmentwurf. An die Kultur-
     menschen aller Länder! Flugblatt, Wien: Die Waage 1918.
54   Robert Müller / Franz Kobler an Heinrich Mann. Heinrich Mann-Archiv / Litera-
     turarchiv, Akademie der Künste (Berlin), Signatur 2781.29.2.1919. Mit Dank an
     Christina Möller (in diesem Band).
55   Unser erster Aufruf. An die Kulturmenschen aller Länder. Wien, im Dezember
     1918 / Programmentwurf. In: Der Strahl 1, 1919 (Wiederabdruck in: Kritische
     Schriften 2, S. 349–354. Vgl. Eine neue Zeitschrift. In: Wiener Allgemeine Zeitung,
     Nr. 12304, 26.4.1919, S.5.

regelmäßig Vortragsabende. In diesem Rahmen präsentierte Robert Müller
am 2. April 1920 seine Gedanken über „Gesellschaftstechnik und Staats-
kunst" im „Saal des Neuen Frauenklubs", Tuchlauben 11, Müllers Ge-
schäftsadresse in der Wiener Innenstadt.[56] Die Korrespondenz mit dem
Pazifisten Armin Theophil Wegner, über den Müller verschiedene Ausgaben des Journals *Der Osten. Zeitschrift für Literatur und Kritik* bezog,[57] do-
kumentiert Müllers Wunsch nach Vernetzung mit den verschiedenen
Strömungen des kulturrevolutionären Aktivismus. Das zeigt auch eine
Postkarte an Kurt Hiller, der in Berlin *Das Ziel. Jahrbuch für geistige Politik*
herausgab.[58] Am 26. November 1920 hat Robert Müller im Zusammenhang
mit diesen Aktivitäten im Graphischen Kabinett am Kurfürstendamm einen Abendvortrag über das Thema „Bolschewik und Gentleman" gehalten,
eine Präsentation seines unter diesem Titel im Berliner Reiß-Verlag erschienenen Essays.[59]

Als Unternehmer tat sich Robert Müller in Wien mit seinem Bruder
Erwin zusammen, mit dem er das Literaria-Projekt vorantrieb. Im Juli 1919
hatte sich mit einem Stammkapital von 120 000 Kronen in Wien die Literarische Vertriebs- und Propaganda Gesellschaf m. b. H. gegründet. 1921
wurde die Summe der Einlagen auf 1,5 Millionen Kronen erhöht.[60] Ende
des Jahres übernahmen Erwin und Robert Müller die Firma Hermann
Goldschmiedt, die sich in Wien im Vertrieb von Abonnements etabliert
hatte.[61] Im September 1922 stampften die Müller-Brüder mit einer Reihe
von weiteren Investoren die Literaria aus dem Boden, eine Aktiengesell-
schaft mit einem Stammkapital von 250 Millionen Kronen. Geschäftszweck

---

56   Hugo Spiel / Frank Kobler: Einladung zum 10. Vortragsabend des „Bundes der
     Geistig Tätigen". Freitag den 2. April 1920, um 6 Uhr abends […]. Postkarte an
     Erhard Buschbeck, 27. 3. 1920, ÖNB, 6. Beilage zu Autogr. 1323 / 22.
57   Robert Müller an Armin Theophil Wegner. Handschriftensammlung des Litera-
     turarchivs Marbach (HS.NZ78.0001), 28. 4. 1920 / 31. 3. 1920 (in diesem Band).
58   Robert Müller an Kurt Hiller. Nachlass Kurt Hiller (Poststempel: Wien,
     8. 11. 1920). Mit Dank an Harald Lützenkirchen von der Kurt-Hiller-Gesell-
     schaft / Neuss (in diesem Band).
59   Vgl. die Anzeige im Berliner Tageblatt und Handels-Zeitung. 49. Jahrgang,
     Nr. 539, 25. 11. 1920, S. 10.
60   Amtsblatt zur Wiener Zeitung und Zentralanzeiger für Handel und Gewerbe,
     Nr. 80 / 282, 9. 4. 1921 [S. 16].
61   Vgl. Amtsblatt der Wiener Zeitung Nr. 291 / 1115, 28. 12. 1921 [S. 21]: Hermann
     Goldschmiedt scheidet aus der Geschäftsführung aus, die fortan der „Buchhänd-
     ler" Erwin Müller und sein Bruder Robert Müller übernehmen. „Kollektivpro-
     kura" wurde Dr. Emmerich Morawa erteilt, der „gemeinsam mit einem Geschäfts-
     führer" zeichnungsberechtigt ist. Heute ist hier die Buchhandlung Morawa ansäs-
     sig.

der Literaria war „die Herstellung, der Verlag und der Vertrieb von Büchern, Zeitschriften, Tageszeitungen, Musikalien und allen Erzeugnissen der graphischen Künste und Gewerbe".[62]

Die Literaria expandierte nach Ungarn, Jugoslawien und Bulgarien mit dem Ziel, den Sortimentsbuchhandlungen in diesen Regionen „den Bezug deutscher Bücher zu erleichtern". Die Liste der Verlage, die das Unternehmen repräsentierte, reichte von Rudolf Mosse, Malik, Propyläen und Ullstein über Erich Reiß und Ernst Rowohlt (Berlin) bis zu Kurt Wolff (München), um nur die bekanntesten zu nennen.[63]

Robert Müller zog sich aus dem Unternehmen 1923 zurück.[64] Als Müller dann 1924 seinen eigenen, den Atlantischen Verlag eröffnete, legte er ein Stammkapital in Höhe von 200 Millionen Kronen bar vor.[65] Otto Flake, der auf einen Lektoratsposten im Atlantischen Verlag spekuliert hatte, berichtet, dass Müller das eingeworbene Kapital großzügig aufgebraucht habe, sein Büro in der Wiener Kollergasse soll gepfändet worden sein.[66] Die Annahme liegt nahe, dass es in erster Linie der Bankrott seines Verlags war, der Robert Müller in den Selbstmord getrieben hat.

Fünfzig Jahre nach dem Tod Robert Müllers 1974 schloss Adelbert Muhr die Erinnerungen an seinen Freund ab, indem er noch einmal die Frage nach dem „Grund seines Selbstmords" aufwarf. Er macht darauf aufmerksam, dass sich Müller finanziell verspekuliert hatte, doch dann bietet er eine zweite Option an. Er stellt einen Zusammenhang her zwischen Müller und einer „schönen Tänzerin", die sich „am Vortag seines Selbstmordes vergiftet hatte". Er mutmaßt, dass er der großen, eleganten und attraktiven Frau bei einem Gang mit Müller durch die Wiener Innenstadt bereits einmal begegnet sei: „Was dann weiter war, ist meinem Gedächtnis entschwunden. Genug, das herrliche Bild bleibt mir. War das jene bewußte

---

62   Wien, 1. Bez., Wollzeile 11, Literaria A. G. Betriebsgegenstand. In: Amtsblatt zur Wiener Zeitung, Nr. 240/804, 30.10.1922 [S. 16]. Für seine Familie war Müller in dieser Zeit vermutlich nicht so leicht erreichbar, davon zeugt eine Anzeige im *Neuen Wiener Journal* (Nr. 10404, 3. 11. 1922, S. 7) in der Rubrik „Mitteilungen aus dem Publikum": „ROBERT MÜLLER / Mutter schwer erkrankt. Kehre zurück!"

63   Anzeiger für den Buch-, Kunst- und Musikalienhandel, Nr. 2, 11. 1. 1924, S. 22f.

64   Vgl. Richard Nikolaus Coudenhove-Kalergi an Kurt Hiller (27. 8. 1923). In: Nachlass Kurt Hiller, verwaltet von der Kurt-Hiller-Gesellschaft. Kopien hat mir Harald Lützenkirchen (Neuss) zur Verfügung gestellt.

65   Geschäftsnachrichten. In: Anzeiger für den Buch-, Kunst und Musikalienhandel. 9. 5. 1924, S. 263.

66   Otto Flake: Robert Müller (1924). In: Helmut Kreuzer/Günter Helmes (Hg.): Expressionismus – Aktivismus – Exotismus. Studien zum literarischen Werk Robert Müllers (1887–1924). Paderborn: Igel 1989, S. 312–314, hier S. 314. Vgl. Otto Flake: Es wird Abend. Bericht aus einem langen Leben. Gütersloh: Mohn 1960, S. 321, vgl. S. 330–336.

Tänzerin, strahlend wie nur der Todesengel strahlen kann? Fragen, keine
Antworten: Der Mythos Robert Müller."[67]

Die *Wiener Allgemeine Zeitung* vermeldet am 27. 8. 1924 den mysteriösen „Tod einer Tänzerin". Am Vortag habe sich die 30jährige Marie Pollak
„um 7 Uhr abends" in der „Czarda der ‚Bunten Stadt' im Volksprater" auf
„den Anstandsort begeben". Dort sei sie eine Viertelstunde später leblos
aufgefunden worden. Nach dem Eintreffen einer „Rettungsgesellschaft" habe der Arzt nur noch „den Eintritt des Todes feststellen" können.
Da sich eine Todesursache nicht habe ermitteln lassen, sei die „Öffnung der
Leiche" angeordnet worden. Meldungen „von anderer Seite" legten die Vermutung nahe, dass die Tänzerin „Selbstmord durch Vergiftung" verübt
habe.[68] Am folgenden Tag bestätigt die *Neue Zeitung* den Tod von Marie
Pollak, von Beruf Tänzerin, auf der Toilette des ungarischen Gastronomie-
betriebs im Prater. Sie habe im „Hotel Europe" in der Weintraubengasse 14
gewohnt. Das Hotel lag in unmittelbarer Nähe von Müllers Wohnung in
der Zirkusgasse. Offiziell ließ sich die Todesursache nicht klären. Doch von
„privater Seite" will die Zeitung erfahren haben, dass es sich um einen
„Selbstmord" handle. Sie habe einen „reichen Freund" gehabt, der sie der
„Untreue überführt" und ihr dann „den Laufpaß" gegeben habe: „man
glaubt, dass sie sich in ihrer Verzweiflung vergiftet hat".[69] Eine Tiroler Zeitung kennt die „postenlose Tänzerin Anna Maria Pollak" unter ihrem „Ar-
tistennamen Melitta". In ihrer Gesellschaft habe sich „einer ihrer Freunde,
der Artist Edi, der sogenannte Gummimensch" befunden. Sie weiß auch
von einem mysteriösen „Säckchen mit einem weißen Pulver", das neben der
Toten gelegen habe.[70] Das *Neue Wiener Journal* verweist darauf, dass die
Tänzerin schon „seit einigen Monaten ohne Posten war" und „öfter Selbst-
mordabsichten" geäußert habe. Sie habe sich „vor kurzem mit ihrem
Freund, einem wohlhabenden Kaufmann, der sie unterstützte", zerstritten.
Der „Polizeiarzt" habe die Todesursache vor Ort in den Räumen des „Ver-
gnügungsetablissements" nicht feststellen können, so dass eine Obduktion
der Leiche notwendig wurde: „Das Säckchen mit dem weißen Pulver enthielt jedenfalls Gift".[71] Schließlich schreibt auch noch eine Salzburger Zeitung, dass man die Tote „gegen 7 Uhr abends" entdeckt habe. Marie Pollak
habe zunächst „in Gesellschaft eines ihrer Freunde und des Artisten Edi",
also des besagten „Gummimenschen", ein Bier getrunken. Dann habe sie

---

67 Muhr, Müller schrieb für das 21. Jahrhundert, S. 158.
68 Geheimnisvoller Tod einer Tänzerin. In: Wiener Allgemeine Zeitung 27. 8. 1924,
    S. 4.
69 Der Tod einer Tänzerin. In: Die Neue Zeitung. Unabhängiges Tagblatt. 17. Jahr-
    gang, Nr. 238, 28. 8. 1924, S. 3 (Hinweis von Günter Helmes).
70 Rätselhafter Tod einer Tänzerin. In: Tiroler Anzeiger, 17. Jahrgang, Nr. 197,
    28. 8. 1924, S. 6.
71 Selbstmord einer Tänzerin. In: Neues Wiener Journal, 32. Jahrgang, Nr. 11 055,
    28. 8. 1924, S. 10f.

sich plötzlich über „Herzkrämpfe und Magenbeschwerden" beklagt. Als man sie auf der Toilette fand, habe neben ihrer Leiche ein „kleines Säckchen mit weißem, schrotartigem Pulver" gelegen: „Die Untersuchung wird ergeben, ob das tötende Gift im Bier oder im Säckchen war. Die Vermutung ist nicht von der Hand zu weisen, daß das Säckchen mit dem weißen Pulver erst nach Eintritt des Todes in die Toilette hineingeschmuggelt wurde."[72]

Der Eintrag für Marie Pollak im Polizeiverzeichnis der Verstorbenen lautet, die 30 Jahre alte Tänzerin sei in der Bunten Stadt des Praters an einer „Schlagaderverkalkung" verstorben.[73] Das Ergebnis der polizeilichen Obduktion lässt sich bezweifeln, wenn man berücksichtigt, dass die Ätiologie in der Regel als wichtigste Gründe für eine Arteriosklerose Bewegungsmangel und zunehmendes Alter ansetzt. Der Totenschaubefund, den das Wiener Stadtarchiv aufbewahrt, erklärt, dass der Tod der konfessionslosen und geschiedenen Tänzerin abends um halb acht eingetreten sei. Er stellt gleich mehrere Todesarten zur Wahl: „Entartung der Aorta, Stauung, Vergiftung? Selbstmord".[74] Aus den Akten des Bezirksgerichts geht hervor, dass nicht der Ehemann Imre Pollak, der als Kellner gearbeitet hat, sondern Marie Pollaks Bruder Josef Krepelka die Verantwortung für den Nachlass übernommen hat. Ein Geschäftsmann namens Wilhelm Reiß macht ein „Eigentumsrecht" an einem goldenen Armband geltend, das er der Verstorbenen „nur geliehen" habe.[75] In ihm dürfen wir den in der Zeitung erwähnten reichen Mann vermuten. Offen bleibt die Frage, wer der Freund war, der sich mit Edi und Marie Pollak an jenem Abend getroffen hatte.

Am 28. August machte die Meldung die Runde, dass sich am „Ufer des Donaukanals, zwischen Gassteg und Franzensbrücke", ein „etwa dreißigjähriger Mann aus einer Steyrerpistole eine Kugel in die Brust gejagt und sich gefährlich verletzt" habe. Die „Rettungsgesellschaft" habe ihn ins Rudolfsspital gebacht.[76] Es war der Schriftsteller Robert Müller. Am folgenden Tag erklärt die Arbeiter-Zeitung, die „Motive des Selbstmordes sind unbekannt".[77] Im „Verzeichnis der Verstorbenen", das die Wiener Polizei für das Jahr 1924 angelegt hat, werden als Todesursache lediglich „schwere

---

72 Geheimnisvoller Tod einer Tänzerin. In: Salzburger Wacht. Organ für das gesamte werktätige Volk im Lande Salzburg. 26. Jahrgang, Nr. 297, 28. 8. 1924, S. 3. Wiederabgedruckt In: Tagblatt, 3. 9. 1924.

73 Verzeichnis der Verstorbenen. Wiener Polizeidirektion, 5. 9. 1924 (mitgeteilt von Michael Winter).

74 Totenschau-Befund für Marie Pollack, 28. 8. 1924.

75 Marie Pollak. Bezirksgericht Leopoldstadt. Wiener Stadtarchiv, 27. 8.–28. 10. 1924.

76 Die Lebensmüden. In: Arbeiter-Zeitung, Zentralorgan der Sozialdemokratie Deutschösterreichs. 36. Jahrgang, Nr. 238, 28. 8. 1924, S. 5.

77 Selbstmord eines Wiener Schriftstellers. In: Arbeiter-Zeitung, Nr. 239, 29. 8. 1924, S. 5.

Verletzungen" genannt.[78] Von Selbstmord ist hier nicht die Rede. Der Totenschau-Befund vermerkt, dass der Tod am 27. 8. um 1 Uhr mittags eingetreten sei, in der Zeile zur Todesursache finden sich die Einträge „Lungenschuss" und „Selbstmord".[79]

Die Beerdigung fand am Morgen des 30. 8. 1924 statt. Müllers Freund Ludwig Ullmann, Redakteur der als liberal geltenden *Wiener Allgemeinen Zeitung*, teilt in diesem Blatt am selben Tag mit, dass „die jungen Schriftsteller Wiens und die sich noch zur Jugend des Geistes und des Gewissens zählenden" erschienen seien. Abschließend erklärt er, dass zwar die „irdische Spur eines großen Geistes" erloschen sei, doch dieser selbst stehe „unberührbar und leuchtend vor uns da."[80]

Am 28. 8. 1924 erschien in der *Wiener Allgemeinen Zeitung* noch ein Essay, den Müller wenige Tage vor seinem Suizid am 27. August zur Publikation eingereicht hatte. Offenbar kalkuliert er damit, dass er zum Zeitpunkt des Abdrucks dieses Textes bereits tot ist. Er schreibt hier über sich selbst in der dritten Person und lässt eine Erzählerfigur auftreten, die von einem mit ihr befreundeten „Generaldirektor" berichtet. Für zeitgenössische Leser, die mit Müllers Karriere als Geschäftsmann im Verlagswesen bekannt waren, dürfte deutlich gewesen sein, dass es sich bei dieser Figur um Robert Müller selbst handelt, den Direktor des Atlantischen Verlags, der sich in einer desolaten finanziellen Situation befindet. Dieses Dokument ist der Abschiedsbrief Robert Müllers. Er stellt sich hier die Frage, warum sich Tarzan-Romane besser verkaufen als anspruchsvolle Literatur.[81] Müller reagiert mit diesem Essay auf eine Debatte über die Krise des Buches und des Buchhandels.[82]

Franz Blei nimmt den Tod Müllers zum Anlass für eine kritische Reflexion zur geistigen Situation des Schriftstellers. Vermutlich in Kenntnis von Müllers letztem Artikel geht er bei dieser Gelegenheit auch auf die Verkaufserfolge der Literatur über den Affenmenschen in den Bahnbuchhandlungen ein. Indem Blei den „Ekel" Müllers vor solchen Tendenzen betont,

---

78   Verzeichnis der Verstorbenen für das Jahr 1924. Landespolizeidirektion Wien (Amtsbibliothek), 4. 9. 1924.

79   Totenschau-Befund (29. 8. 1924) und Gebührenblatt (4. 9. 1924) für Robert Müller. Wien: Verwaltung der Krankenanstalt Rudolfsstiftung. Dank an Stefanie Heckner (München) für die Bereitstellung der Dokumente.

80   u. (d. i. Ludwig Ullmann): Begräbnis eines Dichters. In: Wiener Allgemeine Zeitung, Nr. 13883, 30. 8. 1924, S. 3.

81   Robert Müller: Gestern und heute. Der „Monte Christo" von heute. In: Wiener Allgemeine Zeitung. Nr. 13881 (6 Uhr-Blatt), Donnerstag, 28. 8. 1924, S. 3 (in diesem Band).

82   Vgl. Anonym: Die Krise des Buchs. In: Wiener Allgemeine Zeitung, 9. 8. 1924, S. 3; Friedrich Schiller: Krise des Buches? Eine Entgegnung. Ebd., 12. 8. 1924, S. 4; Sind die Bücher teuer? Ebd., 13. 8. 1924, S. 4; Die teuren Bücher, ebd., 14. 8. 1924, S. 4; Autor und Verleger, ebd., 16. 8. 1924, S. 4; Wilhelm Müller: Der Wiener Buchhandel. Ein Epilog. Ebd., 18. 8. 1924, S. 3.

weist er die These zurück, dass sich Müller einfach „aus materieller Not" erschossen habe.[83]

Das Literaturarchiv Marbach hat uns Nekrologe von Oskar Maurus Fontana, Walther von Hollander und Rudolf Kayser, dem Redakteur der *Neuen Rundschau*, aus dem Jahr 1924 zur Verfügung gestellt. Die Tatsache, dass diese Artikel zum Tod Müllers in Berliner Zeitungen erschienen sind, belegt das Interesse für den Schriftsteller auch außerhalb Wiens. Ein Nachruf aus der österreichischen *Reichspost* von Erich Korningen weist noch einmal darauf hin, dass Müller seit Februar 1913 Mitarbeiter dieser konservativen, kaisertreuen Tageszeitung war.[84] Der Jurist Korningen hatte schon zu Beginn des Jahres 1924 Müllers Essay-Sammlung *Rassen, Städte, Physiognomien* in der *Wiener Zeitung* rezensiert und den Schriftsteller dort als eine der „interessantesten, markigsten und kraftvollsten Persönlichkeiten der neuen deutschen Literatur" gerühmt.[85] Im September 1924 feiert er ihn noch einmal als „Techniker des Wortes", der „Wortbrücken" und „Satztraversen" konstruiert. Korningen wünscht Müller „dauerndes Gedenken".[86]

Zum Abschluss des Bandes drucken wir den Text einer Sendung von *Radio-Wien* aus dem Jahr 1931, in der Arthur Ernst Rutra an seinen Weggefährten Robert Müller erinnerte. Wenn er behauptet, dass „heute noch unbehoben sein Seemannszeugnis" in Bremen liege, dann sollte man das nicht für bare Münze nehmen, kein Archiv der Hansestadt besitzt es. Ernstzunehmen ist jedoch der Hinweis auf „Aufzeichnungen in seinem heute immer noch ungeborgenen Nachlaß",[87] den zu finden eine Aufgabe der Forschung bleibt. Zwei Jahre zuvor hatte Rutra in seiner Funktion als Nachlassverwalter einen Beitrag veröffentlichen lassen, wohl wissend, dass es sich um einen Wiederabdruck handelte.[88] Das Honorar kam Müllers Witwe Olga zu,[89] die mit ihren beiden Kindern in eine finanziell prekäre

---

83   Franz Blei: Vorschlag zur Güte. In: Berliner Tagblatt und Handels-Zeitung. 53. Jahrgang, Nr. 435, Abendblatt, 12. 9. 1924, S. 2–3 (in diesem Band).

84   Erich Korningen: Robert Müller. In: Reichspost. Unabhängiges Tagblatt für das christliche Volk. 31. Jahrgang, Nr. 240, 30. 8. 1924, S. 6.

85   Erich Korningen: Feuilleton. In: Wiener Zeitung, Nr. 13, 16.1.1924, S. 1 (in diesem Band).

86   Korningen, Müller, 30. 8. 1924, S. 6.

87   Rutra, Robert Müller, in: Radio-Wien, S. 6 (in diesem Band).

88   Vgl. Arthur Ernst Rutra an Hannes Küpper, 16. 1. 1929 (Deutsches Literaturarchiv Marbach). Es handelt sich um den Essay Robert Müller: Zwischen den Theatern. In: Der Scheinwerfer. Blätter der Städtischen Bühnen Essen. 2. Jahrgang, Heft 10, Februar 1929, S. 17–19 (mit Dank an Heidrun Fink und Katja Buchholz, Literaturarchiv Marbach). Zuerst erschienen als Nachlassedition in: Das Welttheater 4, 1924/1925, S. 51–54. Vgl. Briefe und Verstreutes, S. 144–148.

89   Olga Müller, die zu diesem Zeitpunkt immer noch in der Zirkusgasse 10 wohnt, bestätigt den Eingang von Belegexemplaren und eines Honorars von 50 Mark. Olga Müller an Hannes Küpper, 28. 2. 1929 (Literaturarchiv Marbach).

Lage geraten war. Um die Familie über Wasser zu halten, absolvierte sie einen Lehrgang an einer Schule für Bekleidungsgewerbe. Als sie sich mit einem Geschäft für die Herstellung von Frauen- und Kinderkleidung selbständig machen wollte, musste sie sich 1929 gegen den Wiener Magistrat in einem Prozess durchsetzen, der ihr aufgrund einer Gesetzesnovelle zusätzlich eine einjährige Gehilfentätigkeit vorschreiben wollte.[90] Danach verliert sich die Spur von Müllers Familie.

Arthur Ernst Rutra machte Karriere im österreichischen Bundeskanzleramt. Anfang 1938 ließ er aus dieser Position heraus Otto Strasser, dessen ‚Schwarze Front' sich 1930 von den Nazis abgespalten hatte, eine Warnung zukommen, dass die Gestapo auf ihn in Wien Agenten angesetzt habe.[91] Am 1. April 1938 wurde Rutra von der Gestapo aus Wien nach Dachau abtransportiert.[92] Anfang April 1941 verurteilte ihn der ‚Volksgerichtshof' wegen „Vorbereitung zum Hochverrat" zu 15 Jahren Zuchthaus[93] und am 5. Oktober 1942 ermordeten ihn die Nazis im weißrussischen Vernichtungslager Maly Trostenez.[94]

Zutreffend ist Rutras Diagnose im Jahr 1931 über Müllers Nachwirkung: „Am Anfang und Ende dieses Lebens steht der Name einer Millionenstadt, die nichts von ihm weiß. Der Name Wien. Er war ein großer Österreicher. Aber Österreich ist klein geworden und weiß nichts von ihm."[95]

---

90   Wien. (Der Befähigungsnachweis für das Damenkleidermachergewerbe.) In: Linzer Tages-Post, 65. Jahrgang, Nr. 245, 19. 10. 1929, S. 8: „In der Beschwerde wird ausgeführt, die Beschwerdeführerin sei nach dem plötzlichen Tode ihres Gatten mit zwei Kindern in größter Notlage zurückgeblieben. Sie mußte sich daher um einen Erwerb umsehen und habe unter den größten Opfern, so daß ihr nicht einmal das Notwendigste mehr zur Verfügung stand, die genannte Lehranstalt besucht, nachdem ihr versichert worden sei, daß sie nach deren Absolvierung selbständig sein könne. Dies versprachen auch die Schulprospekte. Als sie den Betrieb eröffnen wollte, wurde ihr beim magistratischen Bezirksamt vorgehalten, daß mit Rücksicht auf die Uebergangsbestimmungen zur neuen Gewerbenovelle ihr Abgangszeugnis nicht mehr zur Betriebseröffnung berechtige."
91   Anklageschrift und Urteil des Volksgerichtshofs gegen Karl Schaffer, 25. 4. 1939, S. 16.
92   Liste des 1. Österreichertransports nach Dachau (Prominente), 1. 4. 1938 (Dokumentationsarchiv des österreichischen Widerstands Wien).
93   Urteil des Volksgerichtshofs, 2. Senat. Im Namen des Deutschen Volkes. 2. 4. 1941 (Dokumentationsarchiv des österreichischen Widerstands Wien 15 002).
94   Arthur Ernst Rutra. Zentrale Datenbank der Namen der Holocaustopfer. Yad Vashem. http://yvng.yadvashem.org/nameDetails.html?itemId=4941471&language=de (abgerufen am 2. 1. 2017).
95   Rutra, Robert Müller, in: Radio-Wien, S. 6.

Autograph des Lebenslaufs

ROBERT MÜLLER[1]

Anschreiben an Franz Brümmer

ROBERT MÜLLER
SCHRIFTSTELLER
WIEN, I. TUCHLAUBEN Nr. 11
Telephon 60-2-83
Telegrammadresse: Literaria Wien.

WIEN, am 2. Juni 1922.

Sehr geehrter Herr,
ich folge Ihrer freundlichen Einladung und schicke Ihnen ein ausführliches
Curriculum vitae, von dem Sie alles Nötige nach Belieben übernehmen mögen. Auch die Kritik oder genauere Charakterisierung meiner Schriften
möchte ich Anderen überlaßen. Ich selbst habe nur meine eigenen schrift-
stellerischen Absichten ausgedrückt, ohne behaupten zu wollen, daß sie erfüllt sind. Ich glaube, daß meine Angaben schon reichhaltiger sind als Sie
wünschten.

Ich danke noch für Ihr freundliches und schmeichelhaftes Interesse
und erlaube mir Ihnen meine Fotografie beizulegen.

Mit der ergebensten Begrüßung

hochachtungsvoll:
Robert Müller

Herrn Franz Brümmer, Konrektor a. D.
München, Agnestr. 10, GT. H.[2]

Curriculum vitae

R. M. geboren am 29. Oktober 1887 in Wien, evangelisch A. C.[3] deutsche
Muttersprache und Nationalität. Mutter aus Köln a. Rh., Vater aus Rei-
chenberg in Böhmen, Kaufmannsfamilie; die Familie der Mutter protestan-
tische Theologen, Offiziere und Förster. Abstammung aus Preußen und
Skandinavien. –

---

1   Robert Müller an Franz Brümmer. 2. 6. 1922. Nachlass Franz Brümmer, Staatsbib-
     liothek Berlin. http://bruemmer.staatsbibliothek-berlin.de/nlbruemmer/autoren-
     register/transkription.php?id=427 (abgerufen am 30. 5. 2018).
2   GT. H. = Gartenhaus.
3   A. C. = Augsburger Confession.

Erziehung in Wien, Reisen in Europa. Nach der Matura Studium der antiken und modernen Sprachen, der deutschen Literatur und besonders der Filosofie. Daneben Naturwissenschaften und medizinische, besonders psychiatrische Interessen. 1909 – 1911 überseeische Reisen, Journalist und gelegentlich Arbeiter. 1911 – 1914 Journalist in Wien. 1914 – 1918 aktive Teilnahme am Krieg, Front in Serbien und Italien (Isonzo). Zuletzt im österr. ungarischen Kriegspressequartier, Oberleutnant a. D., 1918 Redaktör eines Wiener Finanzblattes. 1919 Gründung der „Literaria", zusammen mit seinem Bruder Erwin M. (Kaufmann), eines großzügigen Kulturbuchhandels-Unternehmens, das heute A. G. ist. Gegenwärtig Direktor dieses Unternehmens. /Seit 1915 verheiratet, 2 Kinder/.[4] Politische Ansicht: deutschnational, dann Sozial-Aktivist. Mitglied des S. D. S.[5] und der „Organisation der Wiener Presse." Mitarbeiter an allen grösseren Zeitschriften und mehreren Tageszeitungen.

Nebensächliche schöngeistige Versuche fallen in die letzten Jahre der Mittelschule, das jugendliche Interesse gilt anfangs nicht der Literatur, sondern militärischen, hauptsächlich nautischen Plänen, Forschungsreisen, Weltgeschichte und organisatorischen Unternehmen. Erst auf der Universität (Wien) erwacht der literarische Trieb. Besondere Leidenschaft für Fragen der Psychologie und des Styles in der bildenden Kunst, Vorkämpferschaft für radikale Ausdrucksmittel (Expressionismus). Als Leiter des „Akademischen Verbandes für Literatur und Musik" arrangiert R. M. die erste Futuristen-Ausstellung in Wien, die großes Aufsehen erregte. Der gleiche Radikalismus auf literarischem Gebiet. Die neuen Richtungen werden gefördert. Später mildert sich diese radikale Ansicht, dagegen verschärft sich (ursprünglich deutschnational) die politische Verbündung mit den Berliner „Aktivisten." Vor und noch während des Krieges politisch-konservativer Großösterreicher, welchem Geiste die berüchtigte Broschüre entsprang, beim Tode Franz Ferdinands: „Was erwartet Oesterreich von seinem jungen Thronfolger?" (1914, Verlag Hugo Schmidt, München.) Früher (1913) war bereits im Saturn-Verlag, Heidelberg, die fünf Jahre vorher entstandene kleine Erzählung „Irmelin Rose" erschienen. Nach der Rückkehr aus Übersee war der Roman „Tropen" konzipiert worden. In einer Pause während des Krieges, von der Front zurück, erschien, ermuntert durch den Erfolg des Kronprinzenbuches und durch den Verlag, die Essay-Sammlung „Macht" (1915 Hugo Schmidt, München) ein Bekenntnis zu einem geistigen deutschen Imperialismus, in dem jedoch pazifistische Elemente, von den Eindrücken der Isonzoschlachten bezogen, vorklingen. Der Eindruck des Krieges macht R. M. zwar nicht zum Pazifisten, wohl aber zum Internationalisten. Schon sein Groß-Österreichertum war slavofil tingiert, was in dem späteren „Europäische Wege" (1917 bei S. Fischer,

---

4   Aus der Ehe mit Olga Estermann gingen zwei Töchter hervor, Erika Erna und
     Ruth.
5   S. D. S. = Schutzverband deutscher Schriftsteller.

Berlin) zum Ausdruck kommt. 1915 werden „Tropen" umgearbeitet und
bei H. Schmidt, München, ediert. 1916, „Österreich und der Mensch", Essays, (bei S. Fischer, Berlin) versuchen, mit Vorahnung der Katastrofe, die
deutsch-internationale Mission Oesterreichs zu retten. 1917 gleitet die Gesinnung mit „Europäische Wege" (oben) bei zunehmender Hoffnungslo-
sigkeit gegenüber der nationalen und staatlichen Zukunft stärker in die
Betonung eines allgemein Europäischen über, das Oesterreich fortsetzen
soll. Die Resignation über die abnehmende Kraft der Alten Mächte führt
zur radikalen, alle Tradition extrem brechenden Betonung der rein geistigen Aufgabe in dem Schauspiel „Die Politiker des Geistes" (1917 bei S. Fischer, Berlin.) Damit ist M. Aktivist geworden. Bei Ausbruch der
Revolution spielt er, aus Mangel an demokratischer Ideologie (er ist Nietz-
scheaner) keine Rolle. Es folgen vielmehr neben lebhafter aktivistischer
Propaganda, die sich stellenweise mit dem Anarchismus, anderweise mit
dem Bolschewismus berührt, eine Serie von Erfahrungsromanen im abenteuerlichen und fantastischen Kleide. Diese mehr reminiszente Arbeit ergänzt eine lebhafte geschäftliche Tätigkeit. (Literaria. Aktivistische und
Kultur-Buch-Propaganda.) Es entstehen der Roman des Amerikanismus
„Der Barbar" (1920, Erich Reiß-Verlag, Berlin.) „Camera obscura" (Detek-
tiv- und Okkultistenroman 1921), die erotische Erzählung „Das Inselmädchen" (1919 bei Roland-Verlag, München) und der aktivistische Essäy
„Bolschewik und Gentleman" (Erich Reiss-Verlag, Berlin), der Schieber-
Roman „Flibustier" (1922, West-Ost-Verlag, Wien). Alle diese Romane
schildern den Existenz- und Durchsetzungskampf des modernen intelek-
tuellen Menschen. Die Romanserie wird in diesem Sinne fortgesetzt. Daneben rege journalistische Tätigkeit. Das Programm R. M.s ist der
„intelektuelle Roman", tätige Bejahung des Differenzierungsproduktes.
Eine Essay-Sammlung der gleichen Tendenz „Typus und Idee" erscheint
soeben im Erich Reiss-Verlag, Berlin.[6] Gründer, Herausgeber oder Schriftleiter der folgenden programmatischen Zeitschriften: „Der Ruf" (1913,
1914) „Der Anbruch" (1917–1918) „Der Strahl" (1919) „Die Neue Wirtschaft" (1918–1919) „Zeitgeist" (1922).

---

6   Der Band erschien erst im folgenden Jahr unter einem anderen Titel. Vgl. Robert
     Müller: Rassen, Städte, Physiognomien. Kulturhistorische Aspekte (1923). Mit ei-
     ner Einführung hg. v. Stephanie Heckner. Paderborn: Igel 1992.

Album

Porträts

1 Die Photographie, die Müller dem Lebenslauf für Franz Brümmer beigelegt hat, ist im Archiv der Berliner Staatsbibliothek nicht mehr vorhanden. Wahrscheinlich aber handelt es sich um einen Abzug dieses Porträts aus dem Familienarchiv von Melchior Müller (Wien).

ANONYM[2]

Postkarte an Erhard Buschbeck

Herzlichen Gruß
Robert Müller

---

2   Die Photographie stammt aus der Korrespondenz Müllers mit Erhard Buschbeck,
     Österreichische Nationalbibliothek, Signatur Autogr. 1323/22 (11-20), hier die
     4. Beilage („Rococo-Postkarten, Wien"). Möglicherweise steht sie im Zusammen-
     hang mit dem undatierten Brief an Buschbeck aus der Vorkriegszeit, in dem die
     Rede von Fotos ist, die aber noch entwickelt werden müssten (Österreichische
     Nationalbibliothek, Autogr. 1323/22-8, undatiert).

JOHANNES FISCHER[3]

3   Die Zeichnung stammt aus der Korrespondenz Müllers mit Erhard Buschbeck, Ös-
     terreichische Nationalbibliothek, Signatur Autogr. 1323/22 (11-20), hier die
     5. Beilage. Angefertigt hat sie der mit Egon Schiele befreundete Expressionist Jo-
     hannes Fischer. Als Postkarte gedruckt im Verlag der Buchhandlung Richard
     Lányi, Lichtdruck von Max Jaffé.

EGON SCHIELE[4]

4   Egon Schiele hat Robert Müller am 2. Januar 1918 um 17 Uhr portraitiert. Die
     Zeichnung ist im Besitz des Wien Museums (Depot in Niederösterreich), Inv. Nr.
     102.821. Ein unvollendetes Gemälde auf der Basis dieser Zeichnung findet sich in
     Muskete 38, 15. 9. 1924, Nr. 5, S. 50. Folgt man dem Urteil von Diethard Leopold,
     dann handelt es sich bei der Version des Bildes, das von der Österreichischen Na-
     tionalbibliothek aufbewahrt wird (Nummer 8078399), vermutlich um die Repro-
     duktion einer Fälschung. Heckner (Tropen als Tropus, S. 20) weist darauf hin, dass
     sich das Original im Besitz eines Benzinhändlers namens Blau befinde. Der konnte
     allerdings nicht ermittelt werden.

Robert Müller in New York

Postkarte des Fotostudios Posner & Fishman, ca. 1910
(Ecke Surf Avenue / Bowery, Coney Island, New York)[5]

---

5   Familienarchiv Melchior Müller (Wien)

Robert Müller auf einer Veranda (Coney Island), ca. 1910

Robert Müller als Soldat

Auf dieser Studioaufnahme, die vor dem Fronteinsatz Müllers im Ersten Weltkriegs entstanden ist,
kann man die Atrophie des linken Armes deutlich erkennen.[6]

---

6   Original im Familienarchiv von Melchior Müller, Wien.

Postkarte an Erhard Buschbeck[7]

Hzl. Grüße
Hoch und Deutschmeister
Robert Müller
29. Okt. 14.

---

7   Adressiert an: „Erhardt Buschbeck / Salzburg / Ernest Thun Str. 7", weitergeleitet
     an „Pension Höflein / Dresden / Christianstrasse 29." Österreichische National-
     bibliothek, Autogr. 1320 / 30, Poststempel vom 29. 10. 1914.

„Im Geschehen!
Herzl. Grüße
Robert"[8]

8   Im Folgenden eine Serie von Photographien aus dem ersten Kriegswinter für Er-
     hard Buschbeck, auf der Rückseite von Robert Müller beschriftet und signiert, aus
     einer Mappe der Österreichischen Nationalbibliothek, Autogr. 1323/22 (11–20).
     Den Text in Anführungszeichen hat Müller auf der Rückseite eines Zettels notiert,
     der in der Österreichischen Nationalbibliothek unter der Signatur Autogr.
     1323/22-12 erfasst ist. Auf der Rückseite lesbar der Text „Medaillons mit [...]",
     ein Ausschnitt aus der Seite einer Zeitung. Das Foto oben links ist erfasst als 3. Bei-
     lage zu Autogr. 1323/22. Das Foto unten rechts als 1. Beilage zu Autogr. 1323/22.

Späher voraus!
Kiralyhida Dez. 1914
Robert M.[9]

---

9   2. Beilage zu Österreichische Nationalbibliothek, Autogr. 1323/22. Rückseite zu
     diesem Foto. Királyhida ist der ungarische Name von Bruckneudorf, einer Ge-
     meinde im Burgenland.

Postkarte an Erhard Buschbeck[10]

Wo ist Kriegsfreiwilliger R. M.?

---

10   Adressiert an: „Buschbeck / Pension Höflein / Dresden / Christianstr. 29." Öster-
      reichische Nationalbibliothek, Autogr. 1320/31, Poststempel aus Kiralyhida vom
      3. 12. 1914.

Robert Müller (links), rechts der Bruder Adolf Müller[11]

11 Original im Familienarchiv von Melchior Müller, Wien.

Von links nach rechts: Die Brüder Erwin, Robert und Adolf Müller[12]

---

12   Original im Familienarchiv von Melchior Müller, Wien.

Familienfotos

Robert Müller ist der zweite von rechts, im Zentrum steht Olga Estermann, die Müller 1915 geheiratet hat. Rechts außen der Bruder Adolf Müller. Das Paar links außen sind Erwin und seine Frau Josefine ‚Finy' Müller. Die Aufnahme dürfte noch aus der Vorkriegszeit stammen.[13]

---

13   Original im Familienarchiv von Melchior Müller, Wien.

Im Zentrum sitzend Robert Müller und seine Frau Olga. Am Tisch links sitzt vermutlich der Vater Gustav, rechts die Mutter Erna. Oben von links stehend die Brüder Adolf und Erwin Müller, dann dessen Frau Josefine. Im Vordergrund wahrscheinlich noch zwei weitere Brüder. Wenn der Kriegsteilnehmer Otto Müller in Uniform rechts sitzt, dann säße vorn in der Mitte mit Mandoline der fünfte Bruder. Das Foto könnte an Weihnachten 1917 aufgenommen worden sein.[14]

14   Original im Familienarchiv von Melchior Müller, Wien. Robert Müllers Bruder Otto war erst wenige Monate Soldat, als er im Sommer 1918 fiel. Vgl. Heldentod. In: Neues Wiener Journal, Nr. 8859, 4. 7. 1918, S. 7, und die Einleitung zu diesem Band S. 23.

Totenmaske[15]

---

15   In: Arthur Ernst Rutra: Robert Müller. Denkrede. München: Weber 1925, Fron-
      tispiz.

Essays

Amerikanismus

ROBERT MÜLLER[1]

Der Däne Joh. V. Jensen will uns seit geraumer Zeit Amerika und den Amerikanismus entdeckt haben. Aus dem wilden Osten, ewigen Bambuswäldern und Kipplingschen Erzählerideen her durch das Tor der Zivilisation in San Franzisko einbrechend, mag ihm ja die erste amerikanische Eisenbahnkatastrophe immerhin als Um und Auf seiner Kultur, liebenswürdig erschienen sein. Nun, und dieses großartige impressionistische Schulbeispiel hat bei der gesamten europäischen Dichterwelt Nachahmung gefunden. Die Weltgegend, aus der sie kopierte, machte ihr nichts aus; obwohl es bereits einmal einen Mann namens Jens Peter Jacobsen gegeben hatte, der damals den lyrisch-psychologistischen Stil für die dänische Literatur begründete, fand sie dessen letzte Reize erst jetzt, wo man mit ihm ins Exotische segeln durfte, dankbar heraus. Was Jensen vom Osten aus unternommen hatte, seelenfroh, wieder einmal nur Automobilen und Hotelkellnern, statt Tigern und Korahs ausgeliefert zu sein, nämlich, den Amerikanismus an den Zollwächtern vorbei nach Amerika einzuschmuggeln, das versuchten die deutschen Weltleute, Philosophen, Reporter und Dichter nun mit dem gleichen günstigen Erfolge auch vom andern Osten aus. Osten hin, Osten her, es stellte sich heraus, daß Amerika allein den Westen der Welt inne hatte, und schon darum ein Anrecht auf eine höhere Kultur besaß. Amerika, das war jetzt ein europäischer Standard. Es erging dem Amerikanismus wie den bekannten amerikanischen Schuhen: einmal in Amerika importiert, kamen sie mit dem Stempel amerikanischer Hochreklame zurück. Niemand in Amerika, Damen, Herren und was sonst seiner Modedienstpflicht genügt, trägt dieses gesunde, legere Schuhpatent. Die Schuhe sind dort unsäglich einfältig zugespitzt, mehr kraß originell als anatomisch fügsam; und genau so sieht der Amerikanismus aus, der als eine Erfindung mitteleuropäischen Geistes mit amerikanischen Maximen von drüben zurückechot. Erwerbsfleiß, stilvolle Behaglichkeit, Akuratesse, Persönlichkeit und Gehorsam, Fixigkeit, Großzügigkeit, Schneid, sind denn das wirklich Eigenschaften, die der Deutsche sich erst von einigen skandinavischen Publizisten und deutschen Stilkorsaren vorsagen lassen muß, um die allerneueste Fasson der Seligkeit zu begreifen? Gerade der Deutsche hat Persönlichkeit in seiner Zivilisation und besitzt ein durch die Arbeit von

1   Feuilleton, in: Reichspost. Unabhängiges Tagblatt für das christliche Volk Österreich-Ungarns. 20. Jahrgang, Nr. 76, 14. 2. 1913, S. 1-2.

Jahrhunderten hindurch solid gewordenes Instrument, auf dem er im Laufe
der Zeit und gemäß seiner nationalen Veranlagung alle die gewünschte Zu-
kunftsmusik wird hervorbringen können.

Was ist Amerikanismus? Eine Weltanschauung, die sich realisiert,
wenn sozusagen zwei Expreßzüge kräftig kollidieren. Wir haben Eisenbahnen, die sind gut oder schlecht. Auf solche Kleinigkeiten läßt sich der Amerikaner nicht ein; er baut gleich Katastrophen. Und in welcher Beziehung
immer wir es nachäffen, wir kriegen auch geistig nichts anderes heraus, als
statt des Fortschrittlers und des Verkehrsmittelchens die von echtem ame-
rikanischem Geiste getragene Katastrophe.

Man darf dreist behaupten, daß der Amerikanismus ein deutscher In-
dustrieartikel ist, den die Dichter und Denker nach alter Gewohnheit mit
einem Fremdworte getauft haben. Jedermann muß glauben, daß die Tugenden, für die Amerika Begriff geworden ist, dort auch wirklich zu finden
seien. Wer nicht in und nicht für Literatur reist, das heißt, wer keinen
Abenteuerroman des Staunens, der Bewunderung und Selbstverkleinerung
schreiben will, wer ferner nicht auf Antrag einer Zeitung hin reist, die ihm
das Klischee seines im Voraus engagierten Entzückens mitgibt, wer letztens
kein Impressionist und als solcher nicht auf ein gewisses Äußeres seiner
Objekte angewiesen ist, zu dem ihm die herrlichsten *termini technici* schon
unterwegs am Atlantischen Ozean einfallen, der wird in Amerika alles andere eher als den Amerikanismus finden. Denn dem Amerikaner fehlt es
vor allem an einem nationalen und sozialen System und ein solches, müßte
der sogenannte Amerikanismus doch sicherlich sein.

Es ist wahr, in keinem Lande der Welt, auch in Deutschland nicht, wird
soviel gedacht und philosophiert wie in den Staaten von Amerika. Um eine
Haarmode herum schreibt der betriebsame Geschäftsmann womöglich eine
Induktionslehre. Aber eben weil der letzte Ernst der Intellektualität fehlt,
versagt man ihren Werken auch die letzte Überzeugung. Denn die gehört
der Wissenschaft vom *Money making*, und gleich dahinter dem amerikanischen Stern und Streifenbanner, unter dem sich's mit einer so herrlichen
Einfachheit in allen Freiheiten leben läßt. Da von der Feueranbetung bis
zur Sozialdemokratie, dem Nietzscheanismus, Shawismus und Kohnismus
alle Geistesrichtungen der Welt vertreten sind, kann man aus diesem asia-
tischesten aller Kontinente heraushören, was immer zu hören man vor-
zieht, zumal wenn man die seelischen Membranen auf ein Spezialgeräusch
abgestimmt hat. Und mit demselben Rechte, mit dem man die paar
deutsch-amerikanischen Austauschprofessoren und Amerikanistentromm-
ler als Symptome einer neuen interkontinentalen Weltanschauung nimmt,
könnte man aus dem numerisch sehr starken Mormonentum auf eine im
Geiste der Zeit liegende Vielweiberei schließen. Aber weder die eine noch
die andere Erscheinung berechtigt uns zu irgendwelchen Annahmen, daß
wir unsere Prinzips aus Amerika beziehen.

Umgekehrt ist Europa auf einer ewigen Gastspielreise in Amerika begriffen. Es ist unglaublich und bestrickend, wie tief man in Amerika in europäische Intimitäten eindringen kann. Amerika, du hast alles besser! Erst
in einer amerikanischen Stadt lernt man die wirklichen und einzigen Tiroler
kennen, erst in Chicago dies altdeutsche Leben aus Nürnberg und Heidelberg von Anno dazumal, erst in New-York das echte Gulyas, von feurigen
Pußtahirten im Smoking serviert. Ist es ein Wunder, wenn der Amerikaner
stolz ist auf seine Zivilisation, die ihm den Komfort aller fremden Eigen-
tümlichkeiten gestattet? Europa ist ein schlechter Prophet in seinem Va-
terlande. In Amerika darf es als solcher wenigstens im Etablissement auftreten und ein Couplett über Amerikanismus hersagen. Ich möchte nur
wissen, wer das eigentlich ist, der da Krieg gegen die Türkei führte. Denn
die Italiener sind ja ausgestorben, ich selbst bin ihren Nachkommen noch
begegnet, die sich in den Opernhäusern des Yankees herumtreiben. Die
Balkanslaven? Diese können leider nicht abkommen, sie sind soeben in den
Almen Nebraskas mit Schafzüchten beschäftigt. Also wer führt den Krieg?
Aha, gewiß die russischen Juden, die – aber halt, das ist unmöglich, denn
diese befinden sich, wie ich genau weiß, vollzählig visavis vom Eastriver. –
Oder, haben Sie vielleicht schon einen deutschen Professor gesehen? Natürlich nicht, aber ich: Diese gibt es nämlich nur in Amerika. Die schauen
entweder aus wie Dichter aus der Biedermeierzeit oder wie Seekapitäne.
Und wenn sie so aussehen wie die letzteren, dann sind sie meistens sehr
sympathisch und man bekehrt sich plötzlich bei ihrem Anblicke, denkt
über Amerika, was man zu denken hat und ist froh, daß man ein Deutscher
und noch kein Amerikaner ist. Und man denkt über Amerika, daß die Verschiedenheit von Europa doch nur eine negative ist. Denn all das Schlechte,
das es in Europa gibt, gibt es auch hier in großzügiger Weise nicht. Denn
es gibt keine geistige und öffentliche und private Freiheit, sondern nur eine
Affenschande von bürgerlicher Zensur, die jeden stutzt, der sich ethisch
über das Maß des *average man* erhebt. Alle bösartigen Gedanken sind dort
zollfrei, nach den andern durchsuchen sie einem mit einer Art russischer
Sekkatur das Lammsfell. Es ist unfaßbar, welche primitiven Vorstellungen
ein angeblich großzügiges Volk von der Freiheit haben kann.
   Abgemacht, in Amerika kann jeder finden, was er will. Denn er gründet dort einen Klub von drei Mann, verteilt auf der Straße gratis und franko
hübsche Pamphlete, die aber auch sonst durch eine irreführende Nomen-
klatur sich dem Interesse des Passanten darbieten müssen, bevor sie ihren
Zweck, die Erduldung einer Lektüre, wenn auch flüchtig erfüllen. Dem
Klub schickt sich ein spekulativer Reporter ins Haus, er „macht eine Sensation" aus dessen Prinzipien, die das Konkurrenzblatt nicht gebracht haben wird, und von diesem Augenblicke an ist die geistige Strömung
patentiert. Niemand glaubt an sie außer den Ideologen, die sie begründet
haben und jenen Geschäftsleuten, die davon profitieren. Denn das erste

und wichtigste beim „Strömung spielen" ist eine Uniform, auffallende Signale, Klubzeichen usw. Ein kluger Schnittwarenhändler oder ein ähnlicher Branchebruder brennt lichterloh für die neue Idee, ein Dichter, der Karriere machen will, schließt sich an, ein Ingenieur erfindet einen neuen nie mehr wieder abreißbaren Uniformknopf, Spezialpolizisten, groß wie Haustore, werden angeworben und die Strömung hat ein Bett erhalten, in dem sie bis auf weiteres stilliegen darf. Die Industrie blüht unter diesem intellektuellen Unternehmertume und Tausende verdienen ihr Brot bei einer fixen Idee. Aber diese selben Tausende sterben inzwischen ein seelenloses Leben lang an der geistigen Entkräftigung, die im Lande rings als Folge seelischer Hungersnöte auftritt.

Das Charakterologische eines völkischen Lebensbildes fehlt hier, und darum kann das exemplarische Auftreten gewisser Amerikanismen (im weiteren Sinne) nie für eine europäische Neukultur maßgebend sein. Amerika ist im ethnographischen und kulturellen Verstande ein Mosaik, das vorläufig noch in Trümmern liegt. Unter gewissen starken Zwängen äußerer Politik kann sich ein Ferment für eine neue Rasse herausbilden, und wegen dieser inneren Notwendigkeit ist Amerika ein gefährlicher Punkt innerhalb herrschender Friedenstendenzen. Es handelt sich aber gar nicht um Amerika, sondern um den Amerikanismus und den kann eine solche Kultureruption, wie sie die neue Welt darstellt, wo alle Kulturschichten durcheinanderliegen, uns nicht vermitteln. Denn daß eine sehr gesunde purifizierende und renaszierende Bewegung bei uns im Gange ist, kann nicht geleugnet werden. Aber würde man statt Amerikanismus Moltkeismus sagen, so wäre man anstandslos mitten in den verständlichen Gang der Dinge hineinversetzt. Das amerikanische Schlagwort *common sense*, Gemeinsinn, das auf ein Aufleben sozialer Instinkte hindeutet, ist nirgends besser praktiziert, als in einer technisch und wissenschaftlich modernisierten Wehrmacht. Auf ihr kann unter geläuterten Umständen die physische soziale und ethische Erziehung eines Volkes ruhen. Der ideale Offizier, mit den männlichsten und aktivsten Tugenden ausgestattet, wäre auch für den verwöhntesten Intellektuellen noch ein Ideal von Mannbarkeit. Schon neigt heute der Typ des Offiziers sich hinüber in die Fachtüchtigkeit des Ingenieurs. Industrie und Technik, Verkehr und Transaktion ist das, worin uns Amerika über sein und der Amerikanismus uns am Tüchtigkeitsschema unterweisen soll. Aber steckt diese Tugendskala nicht gerade so gut in dem deutschen Begriff von Disziplin? Disziplin, d. h. ein Ausgleich zwischen Persönlichkeit und Unterordnung, Fleiß, Frische und Natürlichkeit des Standpunktes ist alles, was nach Jahrzehnten der Bohemewirtschaft dem deutschen Intellektuellen wieder geziemen würde. Er ahnt es, er ersehnt es, aber noch ist er nicht reinlich genug, sich die Kur ohne pompöse Titel zu verschreiben. Den idealen Deutschen meint man und ruft den legendären Amerikaner. Dieses Unheil hat der Däne angestellt, der vom wilden Osten über den wilden Westen her in unsere Literatur einbrach. Seither heulen die

Trägsten unter uns amerikanisch und reißen wie die strenuosen Tiger aus
den bürgerlichen Djungeln europäischer Großstädte in die Menagerien der
amerikanischen Pseudofreiheit aus.

Newyorkitis

ROBERT MÜLLER[2]

Ein Holdup auf der Hochbahn, ein Schuß kracht, ein kleiner Herr liegt
ausgeraubt, aber sonst heil und gesund auf der Plattform eines der Waggons, flennt und weigert sich beharrlich aufzustehen. Sechs Männergestal-
ten schwingen sich knapp vor dem Start des Trains über die Klappgitter der
verdächtigen Plattform, galoppieren über den schwankenden Perron in der
Luft, fahren holpernd und purzelnd die Wendeltreppe hinab und springen
alle Sechse an einem gewissen Wendepunkt einen Stock tief mitten in den
Straßenverkehr hinein. Unten, am Fuß der Treppe, steht nämlich ein blauer
Baum, er rührt sich, er wirbelt einen Hartgummigürtel um das Handgelenk,
jetzt weiß man, es ist ein Ungeheuer von einem Polizisten. Über seinem
Kopfe durchschneiden plötzlich gellende Pfiffe die Luft. Der Blaue guckt
schläfrig und aufmerksam zugleich nach oben, da senkt er seinen Blick eines geweckten Löwen böse auf irgend eine unruhige Stelle im Verkehr, sein
Instinkt ist alarmiert. Ein Mann zieht seine untere Leibeshälfte unter einem
Automobil hervor und verduftet hinkend. Der Kraftwagen biegt in eine
Seitengasse ab, er schnaubt kräftig auf, jetzt wird es losgehen: da setzt sich
der Polizist in Bewegung. Die verlängerte Seitengasse kommt ein schlagen-
des, pulsierendes Benzingefährte in gutmütigem Tempo daher, um sich in
den Strom der Avenue hineinzuschlängeln. Der breite Polizist ruft dem
Chauffeur ein Wort zu, hast du nicht gesehen, steht er mit dem rechten
Fuß auf dem Trittbrett, er hält sich mit der Hand am Coupérahmen fest,
wie der Teufel geht es hinter dem auf- und davonfahrenden Störenfried des
Verkehres drein. Den Automobilisten, die man passiert, scheint die Sache
interessant, rein sportlich genommen, möchte man wissen, was der eigene
Wagen aushält, zwei, drei, zehn und zwanzig erste Geschwindigkeiten legen los und die ganze Gesellschaft radelt die Straße hinunter. Ritsch-ratsch,
an der Ecke geht es etwas sorglicher, jetzt sind sie wieder in einer schnur-
geraden Avenue, eine Batterie von Explosionen, ein Orchester von Hu-
pen – wenn jetzt kein Unheil passiert, geht die Jagd weiter, bis doch eines
passiert, möglich auch, daß der Verfolgte plötzlich mitten auf der Straße

2   Der Sonntag. Unterhaltungsblatt der Reichspost. Unabhängiges Tagblatt für das
     christliche Volk Österreich-Ungarns. 20. Jahrgang, 20. Folge, 18. 5. 1913, S. 42-43.

Halt macht und in einem Anfall von Lebensüberdruß kapituliert, möglich auch, das – aber das entzieht sich bereits unseren Blicken. Denn nun sind sie abermals um eine Ecke und wir stehen auf einer der Längsstraßen des inneren New-York. Hallo, hwat's de mädder, was ist los? O, nichts, eine kleine Komplikation von Verkehrsstörungen und ein subalterner Justizirrtum. Solche belebenden Paniken, solche aphasieartigen motorischen Lähmungen beim einzelnen als Gegenstück, wie wir sie bei dem auf der Hochbahn ausgeraubten Herrn bemerken können, sind reguläre Newyorkitis, die normale Hysterie einer Großstadt mit verpfuschter Magendrüsentätigkeit. Am Tatort entsteht ein Wirrwarr und dort an der Ecke der elegante Flegel, nehmen Sie Notiz von ihm, bitte, ist der beste und längste Reporter der „Stars and Stripes", des bestinformierten Blattes in New-York und der andern Welt; er – ja, es ist richtig, er schreibt, schreibt, schreibt nicht nur, nein der Teufelskerl zeichnet, er erspäht mit Adlerblicken das „Reizvolle" der Situation und – o, meine Ahnung: – Sie werden es in einer halben Stunde quadratmetergroß in Ihrer „Extra" erleben, es ist wirklich ein farbenprächtiger Durchschnitt durch eine Straßenverschlingung geworden! Noch ist kein Polizist zur Stelle und der, der hier stehen sollte, befindet sich im Augenblicke ungefähr drei Kilometer vom Zentrum des Ereignisses; der Reporter aber hat genug, er sendet einen giftigen Blick nach der ihm gegenüber auftauchenden Visage eines Konkurrenten vom „Abendjournal" und verreist in einem aus dem Tumult aufgegriffenen Automobile. Er schreibt in den Lederpolstern, er macht, weil die Füllfeder nicht mehr zur Ader gelassen werden will, zwanzig Tintenkleckse in den Plüschfauteuil des Aufzuges, der ihn in der Redaktion hochbringt, er versucht in der Office seine Schreibmaschine, sie knaxt plötzlich und die Gelenke sind verhängt, er hext auf einer zweiten, die er einem eigensinnigen, bedachtsam arbeitenden alten Herrn, dem Todesberichterstatter, hat abknöpfen müssen, eine Copy nach der andern heraus; der diensttuende *managing editor* reißt ihm die unorthographischen Fetzen unter der Maschine weg, sein Ka-a-a-pp-y! (Copy) klingt durch den Saal, die Officeboys springen hin und her, und die Senkkasten, die das Werk zur Setzerei hinabbefördern, klappern in ihren Holzschienen. Zwanzig Minuten später kommt eine nasse bedruckte Windel, die Proove (Bürstenabzug) zum Vorschein, schon prangt in dezimetergroßen roten Lettern auf ihr der Sensationstitel des genialen Managers. Eine Stunde nach dem Ereignis steht eine Menge festgebannt an Ort und Stelle, kaum hat der Junge mit den „Stars and Stripes" Ausverkauf gemacht, erscheint eine Kohorte von Bengeln, die das Abendjournal „Extra, Extra" unter einem Pennyregen an das Publikum verteilen; „Stars and Stripes" haben diesmal gesiegt, die ganze Redaktion reibt sich die Hände, ein Schock Witze krepieren rings um den stolzen Mr. Hurry-Ub, der Shakehands und eine 5 Dollar-Zulage pro Woche erntet. Das heißt, „Stars an Stripes" hat einen *beat*, Pfui Teufel, „Abendjournal" ist „geboten worden". In „Stars and Stripes" steht es fix und fertig da, das ganze Abenteuer von A bis Z, der Überfall auf den reichen Herrn, der vor Schreck nicht aufstehen will, der „Todessprung" der Sechse, von denen einer unters Auto gerät, der Krawall, die Meinungen, Cheers! Hurra! und dreimal Donnerwetter. Die Tatsachen gewürzt mit Senf und Ketchup der Romantik. Freudige Bewegung, sozusagen eine Art Frohsinnsepilepsie, ein alle Dämme brechender Strom von gehobener Stimmung, ein Exzeß von hochgemuter Laune allenthalben, man weiß nicht wie und warum und auf welch unerklärliche Weise dieses sensationelle Attentat mit dem eigenen Wohlbefinden zusammenhängt. Die würdigsten Personen tuen erregt, die Gravität hopst, als wäre auch ihr ein Stein vom Herzen gefallen, alles redet wichtig und fühlt die Größe des Moments, die gesalbtesten Gemüter sprechen hitzig und mit hoher Stimme, die pure Gediegenheit, die satteste Erlösung glänzt in allen Gesichtern. Der monotone Alltag ist durchbrochen und man feiert einen Sieg. Das ist die Newyorkitis, die allgemein bekannte Großstadterscheinung, genannt nach dem flagrantesten Fall ihres Auftretens. In New-York, der Stadt der Undifferenziertheit und der Multidinge, der Millionäräußerungen und der Seelenkartelle, in der Stadt, die selbst noch die Empfindung massiert, wachsen sich die Symptome riesengroß aus, sind gleichsam auch für einen Blinden lesbar, stehen da wie die Lettern der Zeitungsköpfe, bleistiftlang und hetzend rot; die Phantasmagorie des Journalisten geht in Erfüllung, Mr. Hurry-Up ist die Seele eines solchen Lebens: „Frechster Holdup des Jahres! Schuß kracht! Der Sechste Todessprung! Polizei fahndet!"

Dieses war der erste Streich; den zweiten wird uns unser Magen spielen. Er entdeckt, frisch aus Europa kommend, die fundamentale Romantik des Amerikaners im Lunchroom. Der Lunchroom ist das Frühstückslokal, ein auf ein wiederkehrendes Repertoire von nationalen Speisen eingestelltes kleineres Restaurant. Gerade ist ein Sitz freigeworden, um Gotteswillen, jedes Zögern kostet 2 Minuten Stillstand wie vor dem Fenster einer Theaterkasse. Vor Ihnen steht ein dampfendes „Irisch Stu" (*irish stew*), ein brühartiges, ein graupeliges, ein klössiges, ein in den unerhörtesten Aggregatzuständen bereitetes Fleischwesen; der erste Bissen, dann eine Pause, Ihr Blick geht prüfend über die auf dem Tisch angereihte Parade von Gewürzgefäßen, die Ihnen gratis zur Verfügung stehen. Wenn Sie Sinn für merkwürdig lautende Namen haben, so sind Sie begeistert über Ketchup, aber wenn Sie nun einmal eine tüchtig eingesäuerte Paradeisapfelsauce nicht leiden, so stellen Sie Ketchup zurück und halten sich an die anderen Namen. Ich wette New-York gegen Wien, in der ersten Woche greifen Sie an den betrensten Gläsern und Tiegeln scheu vorbei nach dem Salzfaß und Pfefferstreuer, am achten Tage aber ist die fade Wirkung der Speisen bereits so durchdringend, daß Sie rasch nach der Ketchupflasche langen. Am nächsten Tage nehmen Sie bereits Senfe, Sie dosieren, Sie vertragen auch Schwefel, auch Salpetersäure. Sie nehmen Sodom und Gomorrha ein, Sie mischen

Ihr Hackfleisch mit Feuer und Schwert im Sudan, und was sonst Ihrem Gaumen schmeicheln könnte. Ich hatte einen guten Freund mitgebracht, er war Wiener, er ist Stockamerikaner geworden, ich habe ihm sein Schicksal prophezeit. Es kam, wie ich sagte. Er beging einen poetischen Raubmord, er wurde ein verdienstvoller Polizeikapitän, dann schrieb er mit Hochbegabung einen Kolportageroman und endet gegenwärtig als Multimillionär. Die Newyorkitis hat sich bei ihm in sympathischen Symptomen geäußert.

Der Amerikaner ist Antialkoholiker, er trinkt seinen täglichen Liter Whisky nebenbei, sein Nationalgetränk ist der sogenannte „zahme Schluck", der *„soft drink"*. Man erkennt sofort die Farben von den Plakaten, den Frauenkleidern, den Zeitungslettern und den Illustrationen wieder, die zahmen Schlücke werden scheu und gehen in einem himmelblauen Transparent durch, in einem schillernden Faltergrün, einem intensiven Glühlichtrot und in einer schönen ultravioletten Strahlung. Einmal ein Farbenkenner, versteht man die malerische Volksseele, die illuminante Grundstimmung, die Feuerwehrkräusche dieser Großstadtstraße. Die Seele ist flau und abgespannt, die Arme hat keinen Appetit, so tun sich denn sechs Genies zusammen und veranstalten einen Putsch auf einen alten Herrn, spielen einmal Theater, riskieren aus purem Spaß ein lebensgefährliches Intermezzo. Es ist sechs Uhr nachmittags, ein noch lange lichter Sommerabend in New-York, die Hochbahn ist vollbepackt mit Menschen. Ein langer Train fährt in die auf ihren dünnen Eisentraversen schwankende 45. Straßenstation ein. Nichts Auffälliges ist an ihm zu bemerken. Die Klappgitter der Plattformen, an deren Koppel je ein Kondukteur die Hantierung besorgt, öffnen und schließen sich, lassen Passagiere ein und aus, das Klingelsignal zuckt von Glocke zu Glocke in den Wagen bis zum Motorführer an der Kurbel weiter. Nur auf den aneinanderstoßenden Plattformen zweier hinterer Waggons rührt sich nichts. Dort herrscht Mäuschenstille. Dies letzte Signal, der Motorwagen fällt sofort in heftiges Tempo vom Start weg, der Train ist eben daran, aus der Station zu rollen, da springen sechs Gestalten über ein Klappgitter auf den Perron und sausen wie der Wind auf die Abgangsstiege zu. Ein Schrei ertönt hinter ihnen, einer der Kerle wendet sich um und feuert einen Schuß in die Luft ab. Stille; da tauchen die Sechs die Stiege hinab und bleiben für die oben verschwunden. Man pfeift, man schreit, man reißt die Klingel, der Train kommt mit einem einzigen Stoß und einem langen Schleifen zum Stillstand; einen Augenblick lang liegen die dicht gedrängten Menschen wie die Dachziegel schief übereinander. Was ist los? *Hwats de mädder?* Auf einer Plattform liegt ein Herr und weint bitterlich, man bemüht sich um ihn, er läßt das Gitter nicht los, er ist nicht zu bewegen, aufzustehen. Ein findiger Schutzmann wird ihm ein Büttel Wasser über den Kopf gießen, und der Lahme wird plötzlich Beine bekommen, ein anderer Cop hätte vielleicht eine Ambulanz requi-

riert und ihn an die Bahre schnallen lassen. Wie dem auch sei, um den ver-
schreckten Hysteriker handelt es sich nicht, wir können ihn mit dem besten
Vertrauen in seine Gesundheit den geschickten Cops überlasten; aber die
Geschichte dieser Affäre ist interessant. Die übrigen Passagiere der Plattform, die gleichfalls Opfer des Überfalls geworden zu sein behaupten, erzählen sie folgendermaßen: An der 148. Straße erscheint ein kleiner Herr,
hinter ihm zwei Männer; in der nächsten Station steigen andere Leute ein,
man achtet nicht darauf. Aber auf einmal nimmt das Bild eine ganz sonder-
bare Gruppierung an, und in dem Augenblicke, da dies einigen auffällt, geht
es auch schon los. Mit dem Rücken die Fensterscheiben nach innen verde-
ckend, stehen nämlich je drei Männer auf jeder Plattform, man hört einige
provokatorische Redensarten gegen den kleinen, gut angezogenen Herrn,
der sich nicht verdrängen lassen will, dann ein „go on!" und sechs Schießei-
sen erscheinen plötzlich drohend auf die 5 oder 6 eingeklemmten Menschen gerichtet, unter denen sich auch der Konducteur befindet. „Hands
up!" sagt der eine der Leute, denen man in ihrer gemischten Eleganz keine
Gemeinschaft zugemutet hätte, zwölf Hände fliegen prompt empor. Der
Vorgang ist approbiert und man kennt den Ernst der Situation. Zwischen
zwei Stationen durchsucht der eine die Westentaschen, die Portefeuilleta-
schen, die Hosensäcke, er kennt sein Geschäft, er macht es ebenso schnell
als gründlich, er hat eine feine Witterung für das Nichts und vertrödelt
keine Zeit. Der Zug fährt in die Station ein und noch immer sind die zwölf
Handflächen in der Luft. Die Schiebetüren fallen zurück und aus dem Innern des Waggons drängen Passagiere nach, nun könnte die Sache bösartig
werden, in diesem Augenblicke reißt einer der Räuber an der Klingel, das
Signal fliegt nach vorne, schon hört die pneumatische Bremse auf zu säu-
seln und die Stränge der Kupplung dehnen sich ächzend, da schwingt sich
einer der Burschen nach dem andern, vom Rest mit einem Revolver gedeckt, über das Gitter und bewerkstelligt die geschilderte Flucht. Der
Letzte gibt einen Schuß ab und verzieht sich, der kleine Herr legt sich auf
den Boden und das Manöver nimmt seinen Lauf. Von den sechs Männern
aber, die trotz des großen Apparates nur eine minimale Beute machten, die
kaum das Risiko lohnte, hat niemand mehr was gesehen. Das ist kein Vor-
wurf gegen die Polizei, aber einer gegen die Gefährlichkeit des New-Yorker
Verbrechers.

Die Amerikaner müssen etwas besonderes zu tun haben, sonst hilft
ihnen die stupide Maschine des Stundentages, das ödeste Uhrwerk irgendeines denkbaren Tageslaufes, nicht zur Verdauung. Und sie müssen Seife
trinken, und picksüß und ätzend scharf die Speisen bereiten, weil in ihrem
veräußerlichten Dasein der Magen an Langeweile litte, wie es ihrem Sinn
ohne Abenteuer geschieht. Der New-Yorker ist der Verbrecher aus verlo-
rener Magenehre, er ist der Romantiker der trägen Verdauung; sein Hero-
entum ist die Beunruhigung eines schweren Schlafes auf vollen Magen.

Amerikanische Jagdkultur

ROBERT MÜLLER[3]

[Rezension zu:] „Licht und Schatten im amerikanischen Leben". Eine kultur-geschichtliche Betrachtung von Professor Dr. Th. Hall. Mit einem Vorwort von Professor Dr. Eduard Meyer. Verlag Karl Curtius, Berlin W. 1916.

In diesem Augenblicke, da auf irischem Boden eine nationale Mündigkeits-erklärung von englischen Söldnern und mit blutigen Opfern unterdrückt werden musste, da die waghalsige und romantische Fahrt des Irenapostels Casement in einem allerjüngsten englischen Polizismus endet, der jeden preussischen Militarismus drastisch überbietet, in diesem Augenblicke kommt das Buch eines amerikanischen Iren zurecht, um wesentliche Grundzüge aus der verfilzten Psychologie der englisch-amerikanischen Po-litik aufzuhellen. Das Buch, eigentlich eine flott geschriebene Broschüre, nein, eigentlich ein fesselnder, unaufhaltsamer Essay, stammt aus der Feder des Professors Dr. Th. Hall und ist von dem Deutschamerikaner Professor Eduard Meyer in einem gesinnungsgleichen Vorwort lanciert.

Halls kurze Arbeit ist mehr intuitiv als systematisch, tut aber gerade darum erfolgreiche Griffe ins volle Menschenleben der Vereinigten Staaten. Zur monumentalen, poetisch gelaunten Geschichtsauffassung geneigt, stellt Hall grosszügig modellierend, den amerikanischen Urtypus hin, den verwilderten französischen Aristokraten, den Buschläufer, eine kaukasi-sche Assimilation an den Indianer. Dieser Wildwestmensch, absoluter In-dividualist nach dem philosophischen Terminus, tritt immer wieder in der Geschichte der Vereinigten Staaten hervor; und fehlt ihm auch, was Pro-fessor Hall als unentbehrlich für eine stabile Kulturschöpfung ansieht, der Familiensinn, so ersetzt er diese staatsaufbauende Kraft durch Fähigkeiten der Phantasie und Initiative. Ein unternehmerischer Typus von Grund aus, gründet er einen Gesellschaftszustand, der nach unseren Begriffen nicht einmal Gesellschaft ist, aber, als Beziehungskonstante vieler Menschen zu-sammen, dennoch als solche begriffen werden muss. Hall nennt diese Ge-sellschaft höchster Fluktuation, diesen Staat von sozusagen wildem Stoff-wechselprozess, eine „Jagdkultur".

Diese Jagdkultur ist, immer im Sinne Professor Halls gesprochen, die Grundlage des neoamerikanischen Menschen, in den die freien Liebesver-hältnisse jener ursprunghaften Buschläufer manchen Tropfen indianischen Blutes und manchen Zug der roten Rasse geätzt haben mögen. Ohne diesen Typus der Jagdkultur ist die amerikanische Seele unverständlich; motivisch beinahe kehrt er in den Äusserungen des Gesamtvolkes bis in die letzten

---

3   In: Belgrader Nachrichten. 29. 4. 1916, S. 1f.

Tage wieder und zeitigt noch heute Repräsentanten, die in ihrer malerischen, hurtigen und leichtsinnigen Art auch dem europäischen Geschmacke imponieren. Was dieser an ihnen vermisst, ist die Ausbildung der geistigen Anlage; der Amerikaner ist, wie Hall bestätigend anführt, intelligent, aber er ist niemals intellektuell oder tief. Seine seelischen Probleme, seine ethischen Konflikte gleiten über eine Oberfläche; dies seine Stärke, seine Unberührtheit von Hemmungen; aber auch seine eigentliche Unproduktivität gegenüber allem, was der geistig zentrierte Europäer Kultur nennt. Die Kultur des Amerikaners ist eben in einem gewissen Sinne heute noch Jagdkultur, Entfaltung physischer, nicht zerebraler Spannungen, Befriedigung des Erfolg-, nicht des moralischen Triebes. Der Amerikaner hat Zwecke, der Europäer hat Gründe, wenn er handelt. Jener, als Jäger, sitzt gleichsam immer mit der Beute da; dieser sitzt vielleicht hinter demselben Busch, aber er wird nicht schiessen, er beobachtet, er studiert. Der amerikanische Mensch ist zweifellos das fröhliche Abbild einer Menschheitsjugend. Der Europäer ist skeptisch, die Erfolgfreude nährt ihn nicht.

Halls Buch schreibt diese Epopöe der altfranzösischen Trapper als der ursprünglichen Kulturträger des amerikanischen Gemeinwesens. Er wäre kein Ire, wenn ihn nicht sein poetischer Instinkt zu diesen pittoresken Erscheinungen hinzöge, genau so, wie er später die Kultur der Südstaaten gegen die massig überlegene Kultur der Nordstaaten, die den Sezessionskrieg für sich entschieden, zu stützen versuchen wird. Wege, ein wenig abseits von neuenglischer Nüchternheit, auf denen wir ihn mit liebevollem Verständnis gern begleiten. Aber er ist ein zu scharfer politischer Beobachter, um nicht gleich die wesentlichen Schwächen seiner Lieblinge zu erkennen. Der Jagdkultur fehlt das Ferment der Familie; sie war nicht nur individualistisch, sondern geradezu monadenhaft, ein loses Aggregat von Individuen. Darum erwies sich die nächste Schicht der Kolonen- und Handelskultur, die vom familienhaft gesetzten Zustrom englischer, holländischer, deutscher und skandinavischer Einwanderer gebildet wurde, als die stärkere. Sie hatte die gesellschaftliche Macht, und damit den politischen Betrieb, der in der Union wirklich ein Betrieb ist, an sich gerissen, hat das „System" gefunden, und die Methoden, ohne indes jenen Typus der Jagdkultur aufheben zu können.

Im Grunde sind es zwei Komponenten, deren Konflikt die innere Geschichte Amerikas ausmacht, aber auch jene weltbekannte Resultante des amerikanischen Bürgers, wie er sich heute herauskristallisiert, ergibt. Mit der Entwicklung der Grossindustrie, die zugleich mit den Kolonen kam, die nicht als eigentliche Bauern und Agrarier von der Scholle lebten, die sie bebauten, sondern gleichsam eine Bodenindustrie bis zu forciertem Raubbau trieben, ist nach Professor Halls Ausspruch der extreme Individualismus abgetan. Um auf dem einmal betretenen Weg schnell weiterzukommen, empfiehlt dieser Irish-Amerikaner nicht etwa den Anschluss an die Entente, sondern glattweg die deutsche organisatorische Schule, für die der Ausgang dieses Krieges spreche. Dies ist das Urteil eines Politikers. Aber ist der Amerikaner denn Politiker, ist er nicht vielmehr Jagdmensch, Cowboynaturell, Roughrider-Existenz? Hall selbst schreibt: „Es gibt heute noch in den Vereinigten Staaten Elemente, die viel besser als Loper du bois in jene Jagdkultur passen würden, denn als ernst zu nehmende Staatsmänner in jetziger Zeit." Er mag damit empfindlich auf den politischen Rauhreiter-Obristen Roosevelt gezielt haben; aber es könnten sich einige Exemplare mehr mit vollem Recht getroffen fühlen. Das Cowboystückchen der amerikanischen Diplomatie der letzten Tage mag sich im Ententezirkus für Gemütsmenschen ganz malerisch ausnehmen; im grossen Programm der Weltgeschichte haben Exzentriknummern noch nie gezogen.

Neben diesen psychologisch aufklärenden Abschnitten sind eine Fülle sachlich interessanter Anmerkungen in das Buch eingestreut. Hall spricht von der Rolle des „Indian corn", der erzamerikanischen Frucht, des Maises, und ist der Meinung, dass unter ruhigen Verhältnissen Kleinasien genug Mais werde liefern können, um Europa vom amerikanischen Weizen unabhängig zu machen. Wie ein Blitzlicht aber schlägt es in den verdunkelten Kontinent der amerikanischen Seele, wenn Hall gelegentlich konstatiert, dass schon die Kolonisten zur Zeit des Freiheitskrieges gegen England keine abstrakte Freiheit gewollt haben. Dies ist aber heute noch das Mass, mit dem mitteleuropäische und amerikanische Zustände zu messen sind. Die abstrakte und geistige Freiheit, die Militarismus und maximale Organisation der Individualität unter Voraussetzung der Durchführung durch weise und unkleinliche Beamte lassen, liegt nicht in der Sehnsucht des Amerikaners. Darum glaubt er, Mr. Asquith bei dessen Bestreben, dem preussischen Militarismus den Garaus zu machen, unterstützen zu müssen. Seine Buschläuferseele revoltiert. Sie als die Urzelle des amerikanischen Organismus aufgezeigt zu haben, ist das Verdienst von Professor Halls scharfsinniger Broschüre.

Requiem in Belgrad

ROBERT MÜLLER[4]

Die Zwiebelkuppel der orthodoxen Kirche von Belgrad verzischt stumm ein lautloses Raketenfeuerwerk, die Sonne eines heftigen Vorsommertages, Choräle tönen aus dem Bau, vor dem Reihen von Wagen und Automobilen

---

4   (Von unserem serbischen R. M.-Korrespondenten). In: Wiener Mittags-Zeitung
    Nr. 155, 10. 7. 1916, S. 3.

sich in die Stahlfedern lehnen wie Lebewesen, von Hitze betäubt; ein wenig schiefgeneigt zum Bürgersteig, mit den Rädern der einen Seite in der Gosse. Die Gespanne aber tänzeln, traben an Ort und Stelle, von Insekten gequält. Der Geruch von Pferden und Benzin mengt sich mit Weihrauch, der nun durch die Portale quillt. Österreichische, ungarische, deutsche und bulgarische Offiziere zagen, noch von Mystik und Stimmung dem Tag entwöhnt, aus dem Kirchenschiff, heben die Säbel in den Arm, knöpfen hellgelbe Handschuhe, grüßen frontierend den Gouverneur. Plötzlich filmt sich ein Farbenchaos auf dem kleinen Platz vor der Kirche, eine etwas erweiterte Wegkreuzung; ein bunter Menschenteppich sprießt hurtig in den nahen Straßenbündeln auf, grelle Blasen steigen nacheinander empor und bleiben über den Köpfen der Menge hängen: die Sonnenschirme der Damen. Ein gereinigtes Lächeln, ein höfliches Glück, zurückgehaltene Intimität vereinigt und sondert wieder die Mienen; befriedigt von gegenseitigem Zeremoniell und Anstand trennt man sich wieder, nachdem man sich im versöhnenden Akt, in einer europäischen Anstandsgeste bereitwillig getroffen hatte. Die Offiziere, schlanker als sonst vom gelben Ring ober den Hüften, dem Dienstgürtel, schwirren auf Gefährten davon zur täglichen bureaukratischen Arbeit. Die Belgrader Gesellschaft, viele Damen, färbt bunt in den Betrieb aus, punktet und fleckt das Hitzweiße der größeren Straßenzüge. Verfeinert, wie nach einer inneren Leistung, neu, wie nach einer Beichte, milde, wie nach gegenseitiger Kenntnis, beginnt der Belgrader Mensch wieder zu emsen, zu tun und zu verwalten.

Nichts Geringeres hat sich ereignet als dies: Am Tage vor dem katholischen Gottesdienst, der zum Andenken der Opfer von Sarajewo stattfinden wird, erklärt die griechisch-orientalische Kirchengemeinde, freiwillig, drei Stunden nach dem katholischen einen eigenen Gottesdienst abhalten zu wollen. Dem toten Erzherzog und seiner interessanten Frau wurde ohne die Aufdringlichkeit eines demonstrativen Loyalitätsaktes die menschliche Achtung bezeugt, jenseits des politischen Ereignisses die Sühne geboten, jene Genugtuung vermittelt, die in der prinzipiellen Ablehnung des politischen Gewaltmittels liegen kann. Ein Gefühl, vielleicht weniger als rechte Reue, aber doch mehr als bloßes europäisches Mitempfinden, keine Scham, aber doch Mißbilligung gestaltete die Zeremonie. Es wäre falsch, sie der Beflissenheit entsprungen anzunehmen, sie erfüllte sich aus einer natürlichen Noblesse, die im Volke liegt. Dieses Volk, genial, ursprünglich, zu Gut und Bös gleich begabt und zuerst von seinen Lehrern mißverstanden, seinen Politikern in fremden Großstädten, die es zur Kleinarbeit, zu Putsch und Verschwörung verzogen; dann von denen, die das Opfer dieser Arbeit waren, aber nicht wissen konnten, wie bedeutend und kraftgenialisch der Schüler ist, dessen wilde Tat die armselige Inspiration freilich an Lebendigkeit übertreffen mußte; dies Volk wäre auch diesmal mißverstanden, wollte man in seiner Anstandsvisite bei Europa, seinem Versuch in verfeinerter

Gesinnung Demut oder auch nur Belehrung sehen. Wie es heute ist, zerrissen in fiebergeschreckte Männer, deren Bataillone Saloniki zum Problem werden, und in harmverbergende Frauen, Greise, Krüppel und Kinder, ist es einer besonnenen Einschätzung nunmehr würdig geworden. Dieses Volk hat den Krieg, den es zwar nicht verursachte, aber auslöste, bis zur Neige verkostet. Ätzender als irgendwo ist der Krieg durch seine Leiber, seine Seelen und über seinen Boden geronnen. Er hat es nicht gedemütigt; aber er hat es gemildert, er hat es zweifelsohne feinfühliger, melancholischer, gehaltener gemacht. Mehr zu erzielen, der liebe Gott sein wollen, der das leidenschaftliche Menschenherz wandelt, kann das Verlangen eines weisen Politikers Mitteleuropas nicht sein. Das Requiem in der griechischen Kirche zu Belgrad darf ihn nicht herrisch machen, es muß ihn rühren.

Die Zwiebelkuppel dieser Kirche ist heute ein goldener Tropfen nach aufwärts, in einen hitzblauen Himmel, der weiße Wolken raucht; ist die gigantische Metallträne eines Landes, aus tausenden Augen, die den Schmerz kennen, am Jahrestag, als es Schmerz über sich verhing: eine Träne, nach aufwärts, aber hart, noch immer hart. Und schön und erlösend, weil die Zeit gekommen ist.

Ein junger Kaiser

ROBERT MÜLLER[5]

Unser Reich ist viele hundert Jahre alt, aber es ist dreißig Jahre jung, denn ein Reich ist an seiner Seele Alter zu messen, und diese Seele ist heute jünger als sie jemals war. Wie aus eigener Vorgeschichte tritt Österreich in die volle Tatkraft männlicher Aktivität ein. Den Begriff Österreich in diesem produktiven Belange, in dieser verheißungsvollen Aussprache, richtigem Akzent, gibt es erst seit gestern. Österreich ist Ausdruck; es ist nicht eine Summe, ein historisches Fazit, eine mehr minder gut gemachte Addition, es ist eine Form, Lebensform, ein Kulturideal, eine ganze immer deutlicher werdende Richtung des mitteleuropäischen Menschen. Der moderne Patriotismus rechnet nicht mehr mit einem Vaterland, er rechnet eher mit einem Gefühls- und Gedankenkomplex, den man Enkelland nennen könnte: Kindeskinderland, Reich der Nachkommen, Zukünftler, Einsteuropäer. Die Vaterlandsliebe ist nach vorwärts akzentuiert, sie gipfelt nicht in sentimentalen Reminiszenzen, sondern in hellgesehenen Chancen eines lieben Bodens und seiner Menschenart. So, wie wir Österreich heute sehen, wurde

---

5   In: Sport & Salon. Illustrierte Zeitung für die vornehme Welt (Sondernummer: Unser Kaiser), 21. Jg., Nr. 31, 29. 7. 1917, S. 105–107.

es niemals gesehen: zentrisch, von innen her, aus seinem Fonds, als Österreich und nichts sonst, eine expressionistische Anschauungsweise. Es als
eine Originalität zu sehen, Aufgaben zu erraten, die gerade in seinen so oft
behandelten Fragwürdigkeiten auf den Menschen warten, ist also dieser
Zeit aufgespart geblieben. Es ist wirklich Neuösterreich, das jetzt zu Worte
kommt. Alle Mißverständnisse über Kraft, innere Berechtigung, Sinnhal-
tigkeit des Reiches sind erledigt; ein neues Geschlecht von Denkern, jungen Historikern, Kulturphilosophen und Publizisten arbeitet unausgesetzt
an der funkelnagelneuen Begriffsmasse, die aus Versunkenheit, wo nur
Dichter sie aufsuchten, aber auch schon mit Sicherheit witterten, in das
kulturelle und politische Bewußtsein des Tages auftaucht.

Angedeutet sind die Qualitäten des neuösterreichischen Denkertyps,
Austrosophen, an der zentralen Person des jungen Kaisers vorhanden. Österreich, das keiner Reichs- und Gesellschaftsbildung der Geschichte entspricht und auch von objektiven und bedeutenden Forschern als
unorganisches, mechanisches Produkt abgelehnt wurde, ist ganz zweckhaft
auf die Begründung eines international mitteleuropäischen Typs hin gebaut. Das Reich, als politisches Phänomen, als kontinuierlicher Machtpro-
zeß, als Statik zu einer am ganzen Planeten nicht wieder auffindbaren
komplizierten Dynamik, erzeugt einen Menschen, dessen Werte weit über
das Politische hinaus in eine allgemeine Kulturbedeutsamkeit wagen. Dieser Mensch ist aufnahmsfähig für die ungemessenen Energieströme aus
dem Osten, leere Räume einer Seele von geradezu amerikanischer Weite,
Nacktheit, „unbegrenzte Möglichkeit" warten auf die Wert- und Kraftmas-
sen, die bei kindlichen Völkern dort im Osten und Süden ungehoben
schlummern. Er ist mit einer speziellen Moll-Aktivität ausgestattet, die jener des Preußen ganz unähnlich ist und wirkt; wie er sich denn gerade von
dieser Spezies Deutschtum weit entfernt, mindestens ebenso weit wie der
Deutschschweizer. Kann man daraus sagen, er, der Deutschösterreicher, sei
kein Deutscher? Gibt es nicht ein verschiedenes Deutschtum?

Es bildet sich ein weitläufiger, sozial sehr stilvoller, schulemachender
Österreicher; manche verwechseln ihn, indem sie glauben, es handle sich
darum, einen Preußen II., einen Made in Germany-Österreicher zu schnei-
dern. Es ist ein Irrtum. Es geht um einen selbständigen Menschen, eigen in
Temperament, Lebenswünschen und in der Bestimmtheit seiner gesellschaftlichen Forderung, die ja vielleicht auf das Unbestimmte ausgeht. Der
neue unabhängige Österreicher ist im Werden.

Dieser Mensch muß uns irgendwo entstehen, der Boden muß Ruhe
und Sicherheit vor fremdartigen Kulturkeimen haben. Um diese Ruhe haben wir gekämpft und kämpfen wir, sie winkt uns. Um also diesen Menschen, der uns interessiert, zu bekommen, muß das Reich mit beinahe
verbohrtem Patriotismus gewollt werden. Grenzen als solche, materielle
Striche über Materielles hin, sind ja an sich gleichgültig, aber da alles motivisch ist, alles irgendwie Zeichnung, bildende Kunst eines expressionistisch

wirkenden Schöpferwillens, ist auch der Kultur seines Reiches nicht gleichgültig, seine Länge und Schwingung am fremden vorbei ein Ausdruck. Das
junge Österreich ist nicht kleinlich im Grenzenbewußtsein. Dennoch, wir
werden uns einkapseln müssen zwischen unsern hartnäckig geliebten Grenzen, jede Irredenta, vor allem aber Kultur- und Stilirredenta, ist zu bekämpfen. Das Reich, wenn einmal das menschliche Ziel erreicht ist, ein historisches Andenken, muß heute mit allem jungen Radikalismus gewollt werden. Es wird den Menschen aufstilisieren. Auf dem Wege zum Reich aber
begegnen wir jenen eingangs geschilderten Vortyp, an den auch die Erscheinung des jungen Kaisers erinnert.

Der Typ war früher da. Immer wieder kommt in den großen Organi-
sationen des Kontinents ein junger Monarch, wenn ein alternder gegangen
ist. Darum verjüngen sich Reich und Hoffnungen nicht. Man kann nicht
immer sagen, ein Reich sei so jung wie sein Monarch, junge Fürsten altern
Reiche schneller, als es ihre Väter getan hätten. Vorbereitung auf des Fürsten Jugend muß gewesen sein, Reich kommt dem Prinzen entgegen, in
fruchtbaren Zeiten. So war es diesmal. Der junge Kaiser ist nicht nur jung
an Alter, er ist jung an Zeit. Diesmal war es ein Zusammentreffen von Jugend. Der junge Kaiser kam mit Verständnis für die moderne österreichische Bewegung, er fand sofort Kenner für seine Person, radikale Anhänger,
in der Armee und der Flotte, im Volke, unter den Intellektuellen.

Der junge Kaiser ist gleichsam eine neue Generation Kaiser. Er hat wie
ein Revolutionärer gewirkt und sofort nach Übernahme der höchsten Ge-
schäfte Politik und Verwaltung einer Revision unterzogen, deren Früchte
man bereits wohltuend spürt. Es ist aber nicht nur die Frische einer neuen
Arbeitskraft, der Reformeifer einer ungebrochenen Persönlichkeit, die jene
Jugendhaftigkeit so glänzend und wertvoll machen. Das Zentrum eines Österreichertums, die Mentalität, das Spezifische dessen, was aus Österreich
für Welt und Menschheit werden kann, scheint begriffen. Auf dieses
kommt es an: Die Konzentration aus dem Bürokratischen kann auch einen
Bürokraten gelingen. Die Bekämpfung des bürokratischen Typs schlechthin, den unsere materielle Entwicklung als Dämon über uns Mitteleuropa
gesetzt hat, ist ethisch. Die österreichische Gesellschaftsusance durchbricht in der Praxis die Strenge der Theorie, aus Trägheit, aber auch aus
Menschlichkeit. Zu untersuchen, wie weit in der Trägheit, die bei den In-
dern ein hochethisches Moment darstellt – Gesundung, Genie, inneres
Wachstum – das Menschliche plastisch ist, und wie weit Unmenschliches
im Menschlichen stört, würde hier Analyse und Differenzierung zu weit
führen.

Die Mängel der österreichischen Gesellschaftspraxis können zu Zu-
kunftstugenden entwickelt werden. Das, was wir mißbilligend „Protek-
tion" nennen, wird einmal das alleinige lockere Ferment jeder Art von
Sozietät überhaupt sein, der Durchbruch der menschlichen Erkenntnis und
Anteilnahme, das Übergewicht des Persönlichen über das Bürokratische,

des Gefühls über die Logik gehört noch dem Bereich uferloser Träumerei. Aber jener fernen Gesellschaftsordnung, in der die subjektive Anteilnahme das Verwaltungsgenie kennzeichnen und das Gesetz entbehrlich, zu einem Gruß, zu einem Reflex, einem unterschwelligen Akt machen wird, mag Österreich, das unter Kaiser Karl begann, als Stammland erscheinen.

Der junge Kaiser ist wie seine Zeit antibürokratisch, er perfektioniert Bürokratisches, wo es aus Trägheit versagte, er wird es abschaffen, wo es am Menschlichen versagt. Wir haben einen jungen Kaiser, Jugend hat einen jungen Kaiser, ein Glückspunkt in der Geschichte, es ist ein Zusammentreffen von Jugend.

Die Verfrauung der Welt

ROBERT MÜLLER[6]

In der Kunst, in der Wissenschaft, in der Technik und täglichen Lebenshaltung hat sich der europäische Mensch von seinem Vorfahr bis zur Unkenntlichkeit entfernt. Jedes seiner Sinnesorgane ist rezeptiv und abgebend zu komplizierten und ungeheuren Apparaten ausgewachsen, jede Knochenverbindung hat ihre nachahmenden Analogien in den Hebelsystemen der Maschinen gefunden. Aus einem Handgriff ist ein Dampfkran geworden, aus dem Trab eine Lokomotive, aus einer ganz rudimentären und traumhaften Anlage irgendwo am Oberkörper und im dazu gehörigen Gehirnzentrum wurde in der Verlängerung der Finger – die sprachlich von den Finnen abstammen, den grätigen Stützen des Urflügels – ein Rundhebel, der Volant, verlängert durch Tragflächen: das Flugzeug; aus einem fernen Jägerblick auf äsendes Wild wurde das Teleskop durch eine lange aussparende Röhre, durch ein optisches Hebelwerk von Linsen schwingt sich der Blick heute auf fremde Stofflichkeiten und Tatsachen. Die Nerven sind in ihrer Reizbarkeit verfeinert und in ihrer Spannkraft gegenüber denen des Frühmenschen gestärkt; die Zustände von damals erscheinen entweder lächerlich oder abscheulich. Der ästhetische und wissende Mensch jedenfalls, der genießende und produzierende Mensch haben sich in ihren Anfängen entfremdet: der menschliche Mensch aber, der Mensch als Glied einer Menschheit und ihrer Bindungen im Kleineren ist noch eben so tief in der Barbarei der Urzeit befangen wie vor mehrstelligen Generationen. In der Kunst haben sich die beherrschenden Gefühle und Voraussetzungen ge-

---

6   Die Verfrauung der Welt. In: Neues Wiener Journal. Unparteiisches Tagblatt. 25. Jahrgang, Nr. 8623, 1. 11. 1917, S. 6.

wandelt, in der Wissenschaft und Technik sich die Einsicht in die zu Gebote stehenden Energien verdichtet; in der Sozialität arbeitet der Mensch noch immer mit den rohesten und simpelsten Hebeln, gebraucht er noch immer die stupideste und eckigste Knochenfügung; er sieht durch kein Teleskop nach dem Planeten Du und der Milchstraße Ihr, und sitzt an keinem runden und exakten Volant, erhebt sich überhaupt nicht über die Fläche seines einen Daseins; ist froh, wenn er mit einem klobigen Griff den Nebenmenschen faßt und zermalmt, und braucht, da ihm Bedürfnis und Geschmack daran fehlen, keinen sozialen Riesenkrahn, der ihm mit einem leichten Fingerdruck den Block der ganzen Menschheit und ihres Wesens vor Augen rückt, wenn er es nötig hat. Seine sozialen Nerven sind noch barbarisch tiefstehend, er reagiert noch mit Gefühlen und Erwartungen auf sein Gegenüber, die um Tausende von Jahren hinter dem gleichen Komplex in seiner Kunst und seiner Kenntnis zurückliegen.

Um diesen Vorsprung einer Partie unserer Anlagen mit dem Rest einzuholen, um das Unproportionierte der heutigen Menschlichkeit auszugleichen, braucht es das Training von sozialem Nerv und Hebel. Das heißt, wir benötigen eine Art sozialer experimenteller Chemie, die mit Erforschung vorhandener Energie und Elemente beginnt, Affinitäten kennen zu lernen strebt und neue hochwertige Bindungen herzustellen vermag. Was Affinitäten anlangt, so sind wir in diesem Kriege, der vielleicht nichts anderes ist als die Eruption der heißen Grundteile im Menschen durch die formgewordene Rinde seiner hohen Anlagen, ein gut Stück weitergekommen. Die Nation, die letzte kennbare Affinität, gilt heute mit Recht als schwächlich. Wir sind dazu gelangt, über die Nation hinaus den historisch-geographisch-wirtschaftlich-psychischen Staat als eine wirksamere und erfreulichere Affinität festzustellen: Wir haben ja auf diese Weise ein hellstes Österreich entdeckt. Aber vielleicht erweist sich auch der Staat als unzulänglich für den Ausdruck der Menschheit, der Staat nicht nur als Individuum unter vielen ähnlichen, sondern Staat überhaupt als planetarische Erscheinung, als Universalsozialität; ja, so geschieht es, der Staat ist nicht die letzte Affinität, die wir im sozialen Laboratorium heraus kristallisieren werden. Vielleicht gibt es so etwas wie eine Ehe auf viele und alle angewandt. Die Ehe, die wirkliche Ehe, ganz gleichgültig, ob sie die Weihe der Kirche hat oder nicht, aber auch unbeschadet dessen, wenn sie diese und den vorschriftsmäßigen Meldezettel ausfüllt, die Ehe kommt dem Hochstand der ästhetischen und intellektuellen Entwicklung im Sozialen noch am nächsten.

Aber vielleicht gipfelt die Sozialität noch in einer unendlich modulierteren und vertieferen Freude, als sie die Ehe darstellen kann. Vielleicht in einem panischen Kunsttaumel oder auch in dem allgemeinen großen, eiskalten, luziden Scharfsinn, den die Wissenschaft erfordert, und der schließlich jedes Empfinden ausschalten wird, also auch das böse, ja dieses zuerst. Aber daran läßt sich nur für den männlichen Teil der Erde glauben, und wenn es so wäre, würde die Entwicklung auf den Mann zugleich mit der Menschheit zu Ende sein und das wird sie kaum, eher wird sie zurückfallen und es dann noch einmal versuchen, und zwar mit der Frau, denn kein Zweifel, die große Hoffnung für die menschliche Zukunft ist die Frau, die erst am Anfang ihrer unendlich reichen Leistungen und ihrer Geschichte steht, das Reservoir der Seele. Das Frauenstimmrecht, das sie jetzt als historisches Debüt in England erhält (acht Millionen Stimmen vorläufig) und in Ungarn erhalten soll, verhält sich zu der anbrechenden Weltgeschichte der Frau wie der lokale Patriotismus der Völker zur menschlichen Sozialität überhaupt: es ist ein recht grober und anfängerhafter, aber notwendiger Hebel für eine unausbleibliche Verfrauung der Welt – was übrigens gar nichts mit Verweiblichung zu tun hat, um den Dialektikern nun gleich den Faden abzuschneiden. Die „Freiheit für die Weltrasse der Frauen" wird vielleicht sogar die langsamere Entwicklung der dunkeln Rassen, deren aktiver Eintritt sich immerhin schon ankündigt und eine bedeutende Knickung der allgemeinen Richtung herbeiführen wird, überholen. Diese Knickung geht in der größeren Kurve verloren, wir werden früher verfrauen, als wir rassisch verdunkeln; aber auch dieses hier kann jenem dort nur weiterhelfen. Beide, die Frau und der Dunkle, sind, dies sehen wir heute deutlich, ganz unausweichlich über den Globus verhängt, da gibt es auch gar nichts zu bedauern. Aber jene eiskalte und luzide Logik wird dann nicht das errechenbare Endglied des sozialen Glückes sein, die Gesellschaft wird sich wollüstig verdunkeln, ein Irrationalismus werden, ein Mysterium: kurz, auf die soziale Chemie sind wir heute angewiesen, sie entdeckt uns die neuen sozialen Elemente, die Frau und den farbigen Menschen. Aber zum Schluß wird die Gesellschaft nicht der Chemiker machen, sondern der Visionär, der Künstler, nein: die Künstlerin.

Frau ist Ordnung. Die Rayonierungen dieser Kriegszeit, um nur ein bescheidenes, aber durchgreifendes Beispiel zu nennen, sind ohne die Beamtin, die Organisatorin undenkbar. Man muß, auch wenn man glaubt, gegenteilige Instinkte zu spüren, den ganzen Kopf mit dem männlichen Kram ausleeren und den ganzen Menschen hineinstellen, die Mutter des Menschen, seine Geliebte, seine erste und letzte Lehrerin und seinen letzten – Daseinszweck. Diese unlogische Person: Frau ist eine große Ordnerin und Entwicklerin, wenn auch auf einem ganz anderen tieferen, listigeren, unbewußteren Wege. Das Matriarchat verspricht ein hartes und ausgiebiges Dasein nur für die männlichsten Existenzen.

Der Mensch aus dem Kino

ROBERT MÜLLER[7]

Der Kinomensch war zuerst im Roman angezeigt. Seine Herkunft führt über eine Spezies von Schriftstellern verwandter Art und verschiedener Bedeutung, wie Karl May, Bernhard Kellermann, Otto Soyka, Johannes V. Jensen, auf die englische Literatur, H. G. Wells, Conan Doyle &c. zurück, im weiteren auf die Amerikaner. Bei Jules Verne war es nur der technische Gedanke, um den sich ein Roman drehte, bei den Angelsachsen ist es schon ein der Maschine entsprechender Mensch. Zuletzt kommt der Kinomensch aus Amerika. Er ist eine Erscheinung des größeren Weltpreises, der sich abspielt, des Eindringens, eigentlich Durchdringens fremdrassiger und vorzeitlicher Einflüsse. Denn die Feststellung, daß der Kinomensch amerikanischer Provenienz sei, bleibt ungenau, da Amerika ein vager Begriff ist. Der Gehalt des Amerikanischen selbst ist indianisch.

Was wir am Amerikaner so gemeinhin bewundern, ist das Erbe einer uralten indianischen Kultur, die Häuptlingshaltung, der vollendete physische Schwung, die persönliche Treffsicherheit und Anpassung. Diese Kultur ist nicht wie die unsere aus dem Wissen, der Kritik, der abstrakten Spekulation der geistigen Durchbildung der Welt aufgebaut; die indianische Bildung ist physisch normal. Der Indianer hat alles liegen und stehen lassen, aber sich selbst hat er zu einem Kunstwerk gemacht, zu einer sinnlich aktiven Entfaltung emporgeschraubt, die ihresgleichen nicht hatte. Beim Amerikaner, seinem Formnachkommen, dehnt sich die Physis zur Physik, das Gegenständliche des Europäers verbindet sich bei ihm mit dem Physischen. Man kennt den Amerikaner nur wenig, wenn man seine Technik als Formwille zum Gegenstand ansieht. Sie ist Ich – formal, ein ichliches Verkürzungsverfahren, körperliche Hochform als Kultur. Hinter diesem blendenden, dem Europäer überraschend überlegenen Typus lauscht das Siouxgesicht, das menschliche Durchbildungs- und Fertigkeitsidol. Es lauscht auch hinter dem Kinomenschen. Was immer wir gegen den Amerikaner einzuwenden haben (und ich gehöre zu denen, die viel einzuwenden haben), es heißt, alle menschliche Wirklichkeit verleugnen, wollte man diesem zähen, behenden, listigen, starken Mann alle Berechtigung in unserer Zeitkultur absprechen. Der alte Sioux Wilson, dessen Menschheitsformeln keine leeren Phrasen, sondern primitive indianische Weisheiten, Visionen eines greisen, gestählten, zerhauten Kalumetrauchers sind, und der anthropologisch zwar unamerikanische Roosevelt, ein Assimilant, dessen tierische Elastizität gleichwohl beste indianische Rasse und Ueberlieferung darstellt

---

7   In: Neues Wiener Journal. Unparteiisches Tagblatt, Nr. 8718, 9.2.1918, S. 3.

(man denke an die Unempfindlichkeit dieses Mannes gegenüber dem Verlust seines Auges), entsprechen einem Kulturcharakter, der auch in Europa durch die Maschen des Zivilisationsschutzes sickert. Nicht erst das Kino hat diese Eigenschaften ersinnen müssen: es mußte sie darstellen.

Das Kino indianisiert uns, beziehungsweise die Indianisierung Europas drückt sich im Kino als dem jüngsten Darstellungsmittel aus. Aber wir beobachten sie auch anderwärts. Die militärische Taktik geht von selbst auf den Indianer zurück. Der Indianer hat nie, auch nicht zur Zeit des Nahkampfes, linear gekämpft, sondern in Schwarmlinie. Der persönliche Kampf mit dem Gehirn, die List, die Verstellung, die Umgehung, der Phantasiekrieg kam ihm gelegen, das Hauptgewicht ruhte auf der sinnlichen Ausbildung. Die Indianerbegeisterung fällt hauptsächlich in die achtziger und neunziger Jahre des letzten Jahrhunderts, ich behaupte, daß sie die Schuld an der großen kriegerischen Spannung trägt, die den damaligen Menschen, diese ganze vorletzte Generation, erzogen hat und sich objektiv in der Rüstungsindustrie, der Freude an der Waffe und am Strategem, manifestierte. Die Spannung entlud sich im Weltkrieg. Schon in der letzten Generation war die Indianerbegeisterung abgeflaut, aber nur, weil sie sich auf ein höheres Niveau erhoben hatte, sie kam mehr den technischen Sparten zugute, die in dieser Zeit florierten, Auto und Aviatik, deren sich dann die Literatur in geeigneten Schriftstellern annahm, zum Beispiel in dem Dänen Otto Rung. Den Weltkrieg verdanken wir mittelbar Amerika, er konnte nicht enden, ohne daß es in ihn eintrat. Hätte Amerika keinen anderen Einfluß auf uns ausgeübt, als den durch seine Präriemenschenliteratur von Cooper bis Walt Whitman und Roosevelt, man könnte es dominierend nennen. Durch Jugendeindrücke bestimmt man eine Generation. Aber auch in der Kunst macht sich das Amerika des Urzustandes fühlbar, durch den in ihr auftretenden Totemismus und durch eine an das Urzuständliche erinnernde Lyrik, die nicht zuletzt durch diesen Instinkt für die künstlerischen Äußerungen des Urmenschen bestimmt ist. In der Kunst sprechen jedoch auch die anderen Kontinentalrassen mit, und daß wir indianisieren, wird nur den wundern, der vergaß, daß wir auch japanisieren und hindoisieren. Das Preußentum ist erst einmal eins, aber dann kommt zweitens gleich der japanische Staat, dann der Insektenstaat und dann überhaupt der Teppich, Faser an Faser, Individuum neben Individuum. Über das Japanische in der Kunst zu reden, erübrigt sich. Der Hindu spricht aus dem Mund der Ethiker, Theosophen und telepathischen Experten; die indische Literatur und Denkungsweise wird nachgerade auffallend vertretungsfähig, politisch spielen die Hindus im modernen England eine ebenbürtige Rolle. Das Einzelwachstum der Menschheit stockt und wird, scheint es, ein Verwachstum. Ein Prozeß der europäischen Aufsaugung, des Zerfalls zugleich in frühere Typen, in Primitive, und der Synthese zu einer neuen tragfähigen Rasse, ein Vorgang, dessen Ende und Folgen nicht vorzustellen sind, ist eingeleitet. Von diesem Standpunkt aus hat man sich als

Kritiker der Kunst zu nahen, ob sie davon etwas zu merken oder zu gestalten vermag. Alles andere, stilvoll oder sublim oder kunstvoll, ist daneben Gaukelei mit Seidenballons – auch eine Art, zu japanisieren. Wir entgehen uns nicht.

Der Weg, das Kino zu einer Kunstdisziplin zu machen, es durch kunstgewerbliche Perfektion zu ästhetisieren, ist unfruchtbar, denn das Kino ist funktionell und nicht statisch; es gehört ganz sicher nicht in die Kategorie der Künste. Aber die sonst verspätet und unecht gewordene Kunst bleibt Kunst, auch wenn sie die drastische, psychologisch ganz richtige Übertreibung des Kinos übernimmt.

Im Expressionismus steckt eine Menge Kino, in Wort und Bild.

Der Trugschluß der Organisation

ROBERT MÜLLER[8]

Die Romantik der modernen naturalistischen Weltanschauung gipfelt in dem Begriff der Organisation, im Heros des Organisators, in der Ästhetik des Technischen. Gruppierung, Abhängigkeitsfunktion, Beziehung ist nicht nur konstitutiv, ausbauend sie wirkt auch dekorativ. Die Freude am Ornament des menschlichen Zusammenhanges ist ein naiver ästhetischer Genuß, ist ein Primitivismus, eine atavistische Anwandlung. Die Freude an dieser „Kunst der Organisation" beherrscht den heutigen Durchschnittsmenschen mehr als an jeder anderen Kunst. Nichts kann die Sensationen und Lüste dieser Ereignisse spenden, kein mitklingender Nerv kann so sehr gereizt, keine verfügbare Idiosynkrasie so hochtönig angeschlagen werden, wie die Wirkungen dessen, das aus dem Rhythmus des Sozialen stammt. Ein Rausch der Ordnung, Verordnung, Überordnung, sogar der Konterordnung (Streiks, Revolutionen) hat diesen Menschen gepackt. Keine Musik kann ihn so ergreifen, wie der Takt aus dem Marsch vieler, die Pace – der Trommelschritt – von Heeren, Massen und Gegenmassen. Das bezieht sich auf das Kleine wie auf das Große. Proportionen, Betonungen, Hierarchien befriedigen und begeistern das seltsame Kunstgemüt der Zeit. Der

---

8   In: Neues Wiener Journal. Unparteiisches Tagblatt, Nr. 8738, 24.2.1918, S. 4–5. Der Artikel ist weitgehend identisch mit dem 1924 aus Müllers Nachlass edierten Text unter derselben Überschrift in der *Neuen Rundschau*. Neben den Abweichungen, die in erster Linie philologisch interessant sind, rechtfertigt auch die Korrektur der Datierung den Wiederabdruck in diesem Band. Es macht einen erheblichen Unterschied, ob eine Kritik am Annexionismus vor dem Ende des Ersten Weltkriegs oder erst 1924 artikuliert wird. Vgl. Robert Müller: Kritische Schriften. Bd. 3, hg. v. Thomas Köster. Paderborn: Igel 1996, S. 216–219.

Begriff zwischen Organisation und Kunst selbst ist verwischt. Literaten, an deren Künstlerschaft kein Zweifel bestehen darf, haben etwa Bismarck einen Künstler genannt, dessen Stoff das Deutschtum, dessen Werk das Deutsche Reich gewesen wäre. Die Armeen des deutschen Generalstabes wurden Kunstwerke genannt, hohe Intendanzbeamte mit den weitschauenden künstlerischen Vertretern der Menschheit verglichen; aber all das war mehr als eine Metafer, es war Gleichsetzung, war Folge eines Mittönens und ist, wie gesagt, die merkwürdige Idiosynkrasie dieses Menschen von heute. Auf der anderen Seite ist die Nachfrage nach einer gewissen exakten, technisch herstellenden Art von Literatur und Kunst ins Anspruchsvolle gestiegen. Romanmaschinen wie „Der Tunnel" von Bernhard Kellermann, und im Abstand davon Arbeiten, wie der noch immer brillante Roman „Welt ohne Hunger" von Bratt[9] haben Kolossalabsatz gefunden; Gegenstand dieser Romane selbst wieder ist das Hohe Lied auf die Mechanik und auf den Ingenieur. Die Wage ist ein Harmonium, der Hebel Anschauungsmodell für den Geschmack, das „Rad" gar, von Joh. V. Jensen zu einem köstlichen Romandaimler zum Symbol alles Geschehens erhoben, ist kreisrunde Weltanschaulichkeit. Die Brooklyn Bridge macht zumindest ebenso erschauern wie der *l'homme au nez cassé* des Rodin. Ich weiß nicht, ob Johannes V. Jensen dies behauptet hat, er ist Tatsachenmensch und sichert sich vor psychologischen Ausdeutungen ein Alibi. Aber er könnte es jedenfalls behauptet haben. In einer Art von moderner Musik wird die Instrumentation „gebaut", man tut mit dem Ohr einen Blick in eine laufende Fabrikshalle, in manchem Sinn; wenn diese Entwicklung weitergeht, wird sich der Dirigent in zwanzig Jahren in einen Brigadegeneral und die musikalische Erfindung in eine Taktik mit Feuerdrill, Schwarmausbildung und Höchstentwicklung der Geräuschwaffe verwandelt haben. Die Malerei baut ihre Geschichte aus einer Art kosmischen Steinbaukasten heraus auf; die Plastik sucht den praktischesten spindelförmigen Ausdruck des in ihr Ausdrückbaren; das Theater kommuniziert mit dem Kino. Der Kinoschauspieler, ein Sammler seiner besten Momente in gelungenen Aufnahmen, nimmt dem Kollegen Star von der Bühne Ruhm und Honorar weg, wenn er nicht im Nebenberuf dieser selbst ist. Der Operateur, der auf ihn anlegt und von dem kunstnahe Finger- und Augenfeinheiten ausgesagt werden, ist eigentlich ein Meisterschütze. Und schließlich, wo auf der Bühne nicht von Kinoschauspielern Kinostücke gespielt werden, herrscht der Regisseur vor, hochstehender Auslagenarrangeur, Reklamechef der Akzente, Licht- und Farbenrythmiker, aber nicht als Melodiker, sondern als Instrumentalist, Poiret des Stationären-Anorganischen. Dann sind Variationen und Perturbationen möglich: instrumentale Lyrik (Futurismus), filmöse Plastik (Futurismus), kinetische Malerei, Simultanismus, Musikprosa &c.

---

9   Alfred Bratt: Die Welt ohne Hunger. Berlin: Erich Reiß 1916.

Ich bin der Letzte, der uns dies alles übel nimmt, und es würde auch keinem von uns helfen. Daß die Übertreibung die Parodie erleichtert, und daß das Großartige mit dem Lachhaften in derselben Wagenklasse fährt, knistert in den Binsen. Die immermenschliche Aufgabe ist es, zum Bewußtsein des Vorganges zu kommen, ihn zu beherrschen, ihn zu veredeln.

Am krassesten tritt die Organisationsmanie und die Überschätzung des Organisators als des großen Genies in den menschlichen Beziehungen hervor. Ist Organisieren, ist das Talent dazu nicht eine Tugend? Mag einer an allem ermangeln, wenn er „organisatorisches Talent" hat, ist ihm vieles verziehen, auch daß es ihm an der menschlichen und charaktermäßigen Berechtigung dazu fehle. Die richtige Erkenntnis, daß die Menschheit der Organisation bedürfe, um allgemein und persönlich fortzuschreiten, hat zu dem Trugschluß geführt, daß jedes Organisieren schlechthin Ausfluß der Naturnotwendigkeit und mithin eine Art religiösen Aktes sei. Organisatorisches Talent ist vielleicht eine Tüchtigkeit, aber noch immer keine Tugend. Der Organisationsbazillus entstand in Amerika und in Neudeutschland. In Amerika zeitigte er jenen berüchtigten Taylor, in Preußen die modernen Gesellschaftslehren, die sich für den Bienenstock eignen mögen, die aber das Wesentliche im Menschen verletzen, von dem das Christenwort geht: Was hülfe es einem, wenn er die ganze Welt gewönne und nähme doch Schaden an seiner Seele? Die Welt ist mittels Organisation zu gewinnen; für die Organisation als letzte Weisheit und gefeites Sakrament treten die „Annexionisten des Lebens" ein, die Nichts-als-Annexionisten, die Wachstumswüteriche, die Habebalds und Haltefests aus dem „Faust"-Gedicht. Was aber bleibt in ihrer Hand? Wozu ist all dieses Organisieren nütze? Wen hat es nun schon glücklicher und besser gemacht? Die im Menschen schlummernden Kräfte brauchen die Organisierung, um ihm dienstbar zu werden; die Beziehungen zwischen Menschen sollen durch Organisation bereichert und ausgeschliffen werden. In ihrer heutigen Form hat die Organisiertheit nicht die Verfeinerung, sondern die Verrohung dieser Beziehungen zur Folge gehabt, die Ausschreitung des laufenden Krieges. Das Massenschwungrad der Völkermaschinen ist nicht mehr zum Stillstand zu bringen. Es liegt eben ein Kurzschluß vor, eine langmütige Gutgläubigkeit der Menschen. Nicht um die sinnlose, wenn auch noch so raffinierte und ins Vieldimensionale gehende Organisierung von Menschen kann es sich handeln; nicht die den Menschen nichtachtende Unterwerfung unter die Satzungen neuer Gesellschaftsapparate ist das Heil, das aus dem Vorbild der Maschine erwartet werden darf. Zeitgemäß und fruchtbringend ist die Organisierung des Menschen und der Menschheit. Den Schlüssel zu einer Anordnung der menschlichen Fähigkeiten zu finden, der Hierarchie zwischen Geist und Praxis, das wäre die Zeittat, die vom Ingenieurmenschen gefordert werden darf. Die maßlose Annexion ins Materielle muß bekämpft, das Molochwachstum der aufs Greifen gerichteten Menschenmaschinen ausgehungert werden. Die Irrlehre ist uns, wir müssen es leider bekennen, von den neudeutschen Staatsprofessoren und preußischen Organisierungs-Philosophen gekommen. Der Trugschluß breitet sich über die ganze Erde aus. Nicht „Organisierung von Menschen" also, aber: Organisierung des Menschen und der Menschheit. Die technoide Anlage des Deutschen muß Methoden zugewendet werden, ohne ein bißchen sich im scheinhieratischen Akt auszuleben.

Bolschewismus und Expressionismus

ROBERT MÜLLER[10]

Wenn das Publikum eine unerwartete, herausfordernde oder ausgefallene Sache im Quadrat und mit dem Ellbogen bezeichnen will, so nennt es sie expressionistisch. Früher hieß das sezessionistisch; heute heißt es expressionistisch, wobei nur ein ungefährer Begriff aushilft, dessen Hauptinhalt die Empfindung von neuartig Häßlichem bildet. Eine Politik, bei der feststehende Gegenständlichkeiten zerflattern, würde man etwa munter und witzig expressionistische Politik taufen. Aber das bliebe nicht lange Witz. Es gibt in der Tat eine expressionistische Politik, und das ist die der letzten Konsequenz aus expressionistischen Denk-, Empfindungs- und Lebensformen.

Aber auch die gegenteilige Begriffsoperation wird durchgeführt. Die jüngste Ausstellung moderner Wiener Künstler in den Räumen der Sezession ist Bolschewismus genannt worden. Damit sollte das Scharfe und Radikale des jungen Kunstwillens treffend umschrieben werden. Diese Begriffszusammenlegung ist jedoch wirklich nur ein Witz. Denn gerade der Expressionismus ist künstlerisch kein Bolschewismus der Form, er ist weder Sanskulottentum des Stils, noch ein Kommunismus in Regeln. Die Expressionisten sind eher eine Fronde, sie streben nach Aristokratie, und Strenge und Klassizität liegen auf ihrem Arbeitswillenswege. Die Vorstellung, daß man es hier mit Formwildlingen zu tun hat, entspringt der Unkenntnis der größeren Öffentlichkeit über Voraussetzungen dieses Schaffens. Die Expressionisten sind überkritische Formfanatiker, frenetische Formwahrheitssucher. Sie gehen auf die große noble Typik aus. Aber sie sind gewiß ebenso wie die Bolschewisten revolutionär, wenn auch zwischen beiden Revolutionen Verschiedenheiten der Ebene, der Richtung und des Umfanges zuletzt nicht nur keine Identität dulden, sondern einen spitzen Gegensatz herstellen. Die Revolution der Expressionisten ist später als die der Bolschewisten. Sie bezieht sich auf den Menschen, auf dessen

---

10   In: Neues Wiener Journal. Nr. 8832 (6 Uhr-Blatt), Donnerstag, 6. 6. 1918, S. 4.

Lebensmodus, nicht auf dessen Einrichtungen. Darin besteht die expressionistische Politik.

Um sie zu begreifen, muß man wissen, was Expressionismus ist. Er ist kein bestimmter Stil, wie die Gotik, aber viele Stile, wie eben die Gotik, fallen unter seine Kraftäußerungen. Er ist eine Vitalitätskategorie, Bekenntnis zu einem gewissen Leben, zu dem die Kunstwerke vorerst die Dynamik und Genußform darstellen. Mittels des „Zauberstabes der Analogie" (Novalis) wird die expressionistische Welt induziert. Der Expressionismus ist stark aktivistisch. Schon der Futurismus, der nur ein Stil blieb, brachte die großen, gutklingenden und außerordentlich gescheiten Manifeste Marinettis. Der Expressionismus aber benutzt das Manifest in Buchform (das berühmte „Ziel" Kurt Hillers), aktivistische Flugblätter, Sonderdrucke, Reden, er tritt ausladend und forensisch in Erscheinung wie eine politische Umwälzung. Das ist er. Er realisiert die Politik des Geistes. Diese ist Expressionismus strengster Observanz. Man wird mit mir übereinstimmen in der Aussage, daß Kunst frühreif ist, sie ist das Altkluge am Menschen, sie gibt Daseinsformen an, die erst sein werden. So folgt aus dem Naturalismus der Sozialismus und Kapitalismus. Der Impressionismus ist ein verfeinerter und dekadenter Naturalismus – im Gesellschaftlichen die berühmte Decadence der Jahrhundertwende, das *fin de siècle*. Ihm entspricht die Spezialisierung und ihre Addition, der Betrieb. Und diesem künstlerischen und gesellschaftlichen Stil unterfließen jene heute schon welken Werte: die Stimmung, der fluidöse Augenblick, der Komfort, die Psychologie, das Parfum der Mondänität, das unser Atmen beherrscht, das Reisen, die materielle Abenteurerlust, der Kolonialgeist, Erotik, der Sport, Höchsttechnik, der Film, der Zirkus, Reinhardt, der politische Imperialismus — dieses vibrierende, lärmende, nervenpackende, unendlich zerteilte, analytische Dasein.

Der Expressionismus aber stellt Perspektiven auf, die ins Kosmische getieft sind. Neben ihm besteht alle diese heutige Welt weiter samt ihren postimpressionistischen Stilen, dem Futurismus und so fort; aber indem er in den Kunstwerken, den Bildern, Gedichten, Romanen die Gedanken- und Formenwelt grundsteinlegt, gießt er gleichsam das lebende Subjekt, und dieses Subjekt, so sagt er sich, muß auf induktivem Wege ein neues Leben zur Folge haben. Die Expressionistenrevolution arbeitet in einem anderen Material als der Bolschewismus. Sie wünscht Umgestaltung des Objekts durch das Subjekt. Der Bolschewismus ändert das Objekt und erwartet davon schon die Lebensänderung auch des Subjekts.

Revolutionen

ROBERT MÜLLER[11]

Revolutionen unterscheiden sich von umfassenden Reformen dadurch, daß sie nicht das Sichtbare zuerst einmal sichtbar ändern, sondern dadurch, daß sie ältere Werte mit der Wurzel ausgerissen haben, noch bevor es zu einer augenfälligen Aenderung der Verhältnisse kommt. Reformen können viel merkbarer und schneller vor sich gehen als Revolutionen. Revolutionen können im Tatsachengefüge viel weniger prompte Wechsel herbeiführen, als es Reformen können, darum weisen die Reaktionäre aller Zeiten immer wieder mit Recht darauf hin, daß die Revolution nichts gebären könne, was sie selber nicht durch ein methodisches Reifen und Ausbauen des Bestehenden einführen würden. So sind sie die Anhänger der berühmten „geruhigen Entwicklung" und sie wünschen die sogenannte Reform der Maschinerie „von oben". Aber der Revolution ist es nicht um die sukzessive Auswechslung der einzelnen Bestandteile zu tun, das brächte die alte Ordnung allerdings entsprechender zuwege. Der Revolution ist es überhaupt um nichts zu tun, sondern sie entsteht einfach, sie ist ein Ablösungsprozeß von Menschheitstypen und jüngere Geschlechter mit ihren originären Werten kommen empor.

Die großen und wirklichen Revolutionen der Menschheit liegen wohl alle hinter jenem Zeitabschnitt der menschlichen Entwicklung, den wir Geschichte nennen. Er ist redlich kurz, das sehen wir erst heute, und er stellt nur einen Ausschnitt aus der wirklichen natürlichen Geschichte des Menschen überhaupt dar. Wir glaubten mit jener kleinlichen klassischen Einteilung in Altertum, Mittelalter und Neuzeit eine überraschende Fülle des Geschehens zu erschöpfen: und haben doch nur einen Minimalbruchteil der Menschheitsgeschichte überhaupt in handliche Gedächtnisbehelfe geteilt. Nicht einmal die nach rückwärts hin möglichen und wahrscheinlichen Zivilisationen und Kulturen erscheinen durch diese Tabelle gedeckt. Die chinesische Kultur etwa, die schon vor fünftausend Jahren der unseren nicht gleiche und nicht einmal verwandte, aber entschieden parallele geistige Vollkommenheiten gezeitigt hat, ist für uns vom Himmel gefallen. Mit zehn Zeilen über diesen chronologischen Himmelssturz beginnen unsere Lehrbücher. Freilich glauben wir der Geschichtskenntnis entraten zu können, weil wir die vorhergehenden Stadien noch als Reste in der Existenz innerbrasilianischer Wilder oder heliotrop und paradiesisch lebender Südseeinsulaner begutachten zu können meinen. Statt wie oben in drei katalogische und doktrinäre Zeitalter, zerlegen wir, was etwa noch vorherging, projektiv und räumlich in fünf Kontinente. Aber da sitzt ein Fehler. Das ist

11   In: Neues Wiener Journal, Nr. 3361, 6.7.1918, S. 5f.

nicht Geschichte. Auf diesem Weg gelangt man bestenfalls zur Kenntnis naturgeschichtlicher Reformen; die Auswechslung der Menschheitsbestandteile kann aus den Requisitorien der Tropen und Tiefseen erschlossen werden. Aber die wahren Revolutionen der Menschheit bleiben unenthüllt und unerlebt. Denn die Geschichte der Menschheit ist Seelengeschichte. Sie ragt vorn und rückwärts weit über den kleinen Ploetz und auch weit über Stielers Handatlas hinaus. Sie ist weder in der Dimension des Zeitlichen noch projiziert in der des Räumlichen zu erkennen, und zu ahnen erst in der des Innerlichen: in der Tiefe.

Auch die Kulturengeschichte füllt das Ereignis Mensch nicht aus. Es gibt auch eine Geschichte des Menschen vor der Kultur, und zwar nicht im Sinne der Kulturprimitiven, denn auch diese haben eben schon Kultur. Ganz kulturlose Menschen sind uns unbekannt, ihre Daseinsform ist in keinerlei Verspätung widergespiegelt. Es muß aber auch den reinen vorkulturlichen und vegetativen Menschen gegeben haben, mit einer gänzlich blumenhaften, narzisseistischen Innerlichkeit. Jeder kann diese von jedweder, auch der Zulu- und Feuerländerkultur, ja gerade von dieser unabhängige Daseinsmöglichkeit noch in entschwebenden Augenblicken in sich selbststellen. Welche Möglichkeiten anderseits nachkulturell vor uns liegen, sollen weitere Abhandlungen anregungsweise andeuten.

Revolution ist Typablösung mit Auswechslung der Ordnungsbestandteile. Die Revolutionen beginnen mit dem Durchbruch einer anderen menschlichen Struktur, mit dem Auftauchen einer Zeitrasse. Das menschliche Dasein, diese ungefähren siebzig Jahre, sind dann auf andere Grundlagen gestellt. Zwischen den Reformern und den Revolutionären gibt es wenig Verständigung. Die Reform ist immer ein Übergang vom Guten zum Besseren: die Revolution ist einer vom Guten zum Schlechteren, aber sie bringt mehr weniger naturgewollt neue Daseinsformen und -werte zur Geltung. Und was die Verschlechterung anlangt, so muß es natürlich innerhalb einer reformatorisch sich entwickelnden Ordnung allen Ordentlichen so erscheinen. Die Revolution ist eine Seelenumwälzung. Revolutionäre sind Weltbildstürmer. Die größte und wirkliche Revolution vermerkt uns weder der große noch der kleine Ploetz, sie ist sozusagen prähistorisch: der Uebergang des in der Menschenseele gespiegelten Geschehens zur Kultur. Innerhalb der Kultur gibt es nur Reformen. Die nächste Revolution wird sein, wenn sich das Weltbild der Menschenseele gegen die Kultur empört. Dann ist die Menschheitsgeschichte in ein neues Alter, in einen neuen „Band" Geschichte eingetreten, der aber vermutlich nicht mehr geschrieben wird, weil er noch „Kultur" sein würde und weil dann die Menschenseele zu ihrer Verständigung nicht mehr des geschriebenen Wortes bedürfen wird, denn das Wissen wird sein, esoterisch, eingeboren, mysterienhaft. Halten wir fest, daß unsere Bibliotheken über Geschichte nur eine Anekdote von der Menschheit sind.

[Finanzpresse]

ROBERT MÜLLER[12]

Der Umsturz ist Geist. Gilt dies als Naturgesetz, so wird es schwer halten, im heutigen Geschehen Umsturz zu agnoszieren. Es ist nur das Äußerlichste geschehen. Statt Befreiung sind Lockerungen eingeführt. Die Freiesten schleppen hörbar die alten Ketten nach. Man kann nicht einmal sagen, daß das alte Personal geändert ist. Es ist bloß reduziert ... Noch lebt der alte Geist. Noch lebt der alte Mensch. Noch wurstelt der Österreicher von gestern.

Fantasia

ROBERT MÜLLER[13]

Ein Karl May-Film, „Die Todeskarawane" wird von einer amerikanisch-deutschen Gesellschaft gestartet. So ist dieser essentiell deutsche Typus, der Fantast, der Münchhausenmensch uns nicht verloren gegangen, er wirkt weiter; unabsehbar ist die Wirkung, die Karl May auf ein gewisses Geschlecht ausgeübt hatte. May wurde kurz vor seinem Tode von Wien aus rehabilitiert, hier hielt er seinen Vortrag über den „Edelmenschen", das war im Jahre 1913, wir haben ihn alle in nahezu körperlicher Erinnerung.

Mays Persönlichkeit überraschte im günstigen Sinne. Alles Artistische und Differenzierte lag ihm fern und wenn er von seiner künstlerischen Berufung sprach, so tat er es nicht so sehr mit Beziehung auf das Manuelle und Tektonische seiner Leistung, als mit Beziehung auf die ideellen Ziele und die Inspiration seines Lebenswerkes.

Er trat in der Konversation mit salomonischer Spruchreife auf. Seine Haltung war voll Gutherzigkeit, verschlossen und zur Formel geneigt: als dem Resultat eines siebzigjährigen Lebens voll physischer und seelischer

---

12 Wörtliches Zitat aus der Finanzpresse von Hermann Bahr: Tagebuch. Eintrag vom 19.11.1918. In: Neues Wiener Journal. Unparteiisches Tagblatt. 26. Jahrgang, Nr. 9002, S. 4.

13 In: Wiener Allgemeinen Zeitung Nr. 12772, 24.11.1920, S. 4. Vgl. Neue Kino-Rundschau, Nr. 2, 22.1.1921, S. 2. Müllers Rezension des Films *Die Todeskarawane* ist hier auszugsweise reproduziert in einer Anzeige der Wiener Lichtbildnerei Film-Verleih- und Vertriebs-Anstalt.

Kämpfe und Entwicklungen. Er war von kleiner Statur, mit kräftigen kurzen Reiterbeinen und einer stramm getragenen Büste, die in einer knappen
uniformartigen Mode steckte. Der Kopf war wunderschön. Eine magere,
auf das Kinn zu betonte Unterpartie und darüber ein stark und breitquel-
lender Schädel, im Gesicht, das in einer interessanten Weise alt und zer-
knittert aussah, ein Paar schmaler Augen von energischer Bläue. May war
sehr nervös; seine Hände zitterten und sein Mund spielte unaufhörlich.
Auffallend war sein schlohweißes halblanges, volles Haar und der weiße
kräftige Schnurrbart, der nebst der spanischen Fliege am Kinn den soldati-
schen Ausdruck noch verstärkte.

May war Selfmademan im besten Sinne des Wortes. Er entstammte einer armen sächsischen Weberfamilie. Die Jugendeindrücke hat May nie vergessen. Die eigentümliche Überproduktion der Phantasie, die ihn erst zum
Abenteurer, später zum Dichter werden ließ, beruht auf dem Umstande,
daß May in den ersten Lebensjahren blind war. In diesem Zustande entwi-
ckelte sich ein äußerst kräftiges und zugleich zartes Innenleben. Die Welt
außerhalb der täglichen Erfahrungen, diese Umwelt, die er mit seinen blinden Augen nicht zu fassen vermochte, entrollte sich dem Kinde in den
Worten der großmütterlichen Märchenerzählerin, die Abend für Abend an
seinem Bette saß und ihn wie eine rastlose Denkerbiene mit dem Honig
ihrer Poesie nährte. Sie pflanzte aus ihrem unerschöpflichen Schatze, der
manchmal durch die originellen Einfälle eigener Erfindungskraft ergänzt
wurde, in das kleine Gehirn den später so stark entwickelten Fabulierin-
stinkt. Und sie schuf Gestalten um das kleine Ich des Hörers herum – nein,
nicht Gestalten, denn die konnte die Vorstellungskraft des kleinen Karl,
dem kein optischer Sinn zur Verfügung stand, ja noch nicht formen; sondern sie schuf Seelen um dieses Ich herum, Schemen und Symbole, und als
das Kind nach der Heilung seines Augenübels plötzlich in das lichte Sein
hinaustrat, da waren diese Vorstellungen so unauslöslich mit aller Empfindung verwachsen, daß sie das Elementare des Gesichtes in zweite Linie
rückten. Dieser Grundzug ist denn auch im Schaffen Mays wieder zu erkennen, der bei seinem Vortrage in Wien, gleichsam Bruchstücke seiner
großen Konfession gebend, den Symbolismus seiner Bücher betont hat.
Die Werke seiner letzten Schöpferjahre haben diese Typen mit transzen-
denten Hintergründen noch deutlicher herausgebracht, man möchte sagen:
May, der ein Autodidakt war und noch während seiner fünfzigjährigen Produktion zugelernt hat – er kam über den Kolportageroman in die ethnische
Tendenzliteratur – May hat erst zuletzt seinen eigentlichen Stil herausge-
bildet, dessen Eigentümlichkeit auf dieser Verknüpfung abenteuerlichen
Erdgeschehens mit mystischem Sein beruht. Dieser Meinung entspricht
eine Bemerkung aus Mays Vortrag, in der er sich als trotz seiner 70 Jahre
„noch nicht reif" bezeichnete.

Karl May ist mehrmals in Amerika gewesen. Er hatte zahlreiche
Freunde jenseits des Ozeans, nicht nur in den Städten, sondern auch in den

westlichen Staaten, in die ihn seine gründlichen Reisen und Jagdstreifzüge gebracht haben. Er war ein großer Verehrer der indianischen Rasse, deren verschiedene Typen er kannte, der Sprache, Sitten und besonders deren religiösen Kulte und Geheimwissenschaften er praktisch und theoretisch studiert hatte. Er hatte unter diesen roten Menschen ebensowohl den Gentleman wie den verlottertsten Farbigen kennen gelernt und stand mit einigen rothäutigen Sirs, die heute in die bürgerliche Zivilisation eingegangen sind, in Korrespondenz. Größte Anziehung hatte für ihn die Christian Science. Das parteilose Christentum und die nackte testamentarische Ethik dieser angelsächsischen Geistesströmung kamen seinen religiösen Instinkten entgegen. Wiederholt trafen Anträge zu Vorlesungen aus verschiedenen nordamerikanischen Städten bei ihm ein, auch Einladungen, ständig seinen Sitz in Amerika zu nehmen hat er erhalten. Als wir bei ihm vorsprachen, hatte er gerade ein Bändchen der Tauchnitz-Edition in Lektüre, der „Barnabas" der Marie Corelli, einer amerikanischen Schriftstellerin, über deren Buch „Sorrow or Satan" er sich begeistert aussprach.

Es hat sich herausgestellt, daß die bürgerlichen Konflikte Mays übertrieben waren. Ein früherer Verleger gestand ein, daß er 5 Prozent May'scher Anfangswerke auf pornographische Zwecke hin gefälscht hat. Eine Enquete, die vom Akademischen Verbande für Literatur und Musik in Wien über Karl May veranstaltet wurde, hat damals die Bestätigung dessen gebracht, was man schon längst geahnt hatte. Die gesamte menschliche Ödigkeit und Schofelkeit war gegen May; alle bedeutenden Künstler, Dichter und Schriftsteller und die ganze aufgeklärte und moderne Welt war für May. Alles, was Natur hat, brachte irgendwie eine Verbeugung für May an. Denn Natur hatte auch May, es war alles Natur an ihm, von seinem Pathos, seinem Christentum herab, bis zu seiner Fabulierkunst. Man weiß nun, daß er losgelassene Phantasie selber war, ein Ausbund an Vitalität, ein quasi Sehendgewordener, der mit den höchsten und tiefsten Trieben ausgestattet, eine komplett veranlagte menschliche Natur, ins Leben hinausrannte und aus einem Überschuß an Einbildungskraft sich verausgabte. Davon wird jetzt der Film leben. „Phantasia" ist das arglose Reitspiel der Beduinen, die wogende Lebenskarawane, der männliche Tanz zu Pferde.

Die Gladiatoren des Urwaldes

ROBERT MÜLLER[14]

Die Tiergeschichte war immer ein wesentliches Rüstzeug der Poesie und alle großen Literaturen führen Tiergeschichten vor. Denn das Tier trägt so leicht die Allegorie, die ihm der Mensch auferlegt, um sein Eigenes, Menschliches auszusprechen. Die Fabeln des Aesop geben menschliche Weisheiten zum besten, und selbst unser Reinecke Fuchs ist, wie andere Tiergestalten des Märchens, ein schlau-gemütliches Männeken im bunten Pelz – des Menschen Hautfarbe, besonders des rosigen, ist poetisch zu anspruchslos.

Aber allmählich gewinnt das Tier in der Literatur an Eigenleben. Es interessiert an und für sich, als vierbeiniges Gesetz des Wachsens und Handelns, als Organismus; poetisch wird dann gerade seine Eigenvitalität. Ob dieses romantische Interesse, vom „Wilden" auf das „Wild" überleitend, nicht doch mit unserer Eigenentwicklung, mir unserer heidnischen Machtphilosophie, mit Nietzscheanertum zusammenhängt, sei für heute dahingestellt; unsere Lust am unmittelbaren tierischen Leben ist jedenfalls geweckt und große Dichter suchen sie zu befriedigen. Die Tierschilderung ist besonders jenen Rassen zur natürlichen Begabung geworden, die das Tier nicht nur als Domestik und vermenschten Degeneraten kennen, sondern in seiner Naturpracht, als originales Geschöpf, und das sind die angelsächsischen Transkontinentalen und Kolonisten, die Pionierrassen. Während selbst in Francis James „Hasenroman" oder Robert Michels „Insektengeschichten" das Tier rührend uns jedenfalls als kongeniale Figur tiefster humanisierender Sentimentalität erscheint, sind die Tiere des Inders Rudyard Kipling oder des Kaliforniers Jack London Ausdrücke einer eingebornen naturalen und derben Mystik. Selbst bei unserem Brehm oder gar bei Bölsche führt das Tier irgendwie ein, man möchte sagen, anständiges, der Wissenschaft gefälliges Leben; schon viel souveräner ergeht es sich bei den großen Jagdschilderern, etwa C. G. Schillings, dem Verfasser des Werkes „Mit Blitzlicht und Büchse". Aber nur der ganz große, gebildete Naturmensch, ein phänomenaler Dichterkerl, die Kombination aus Jägerwildheit und menschlicher Gestaltungsgabe, vermag uns mitten ins Zentrum des tierischen Ethos, seines vitalen Betriebes, in sein Existenzgefühl und seinen spezifischen Egoismus hinein zu träumen.

Einen solchen phänomenalen Burschen gibt es: er ist natürlich ein Kanadier und heißt Charles D. Roberts. Vor einer Minute tauchte er im deutschen Gesichtskreis auf, indem der Gyldendalsche Verlag in Berlin zwei

---

14 Neues Wiener Journal. Unparteiisches Tagblatt. 30. Jahrgang, Nr. 10169, 27. 2. 1922, S. 5-6.

Bücher von ihm herausbrachte, nämlich „Jäger und Gejagte" und „Gestalten der Wildnis". Aber alle Kipling- und Hamsun-Verehrer, alle Genießer der Feinheit und des Raffinements am Wilden und Rohen sind seit dieser Minute auf seiner Fährte. Dieser Roberts ist unbedingt ein Genie. Halb Naturgeschichtler und ganz Jäger, aber nicht von der Sorte, die billig Triumphe sammelt, sondern selbst mit dem Lebenstrieb unheimlicher Ordnung begabt, der den beobachtenden Menschen am Tiere so verblüfft, führt er uns die Tropen, die arktischen Gefilde, die gepflegten Wälder des amerikanischen Ostens, den Urwald im Westen und Norden, das Tierreich von Florida bis Hudson und Alaska und die Tiefsee mit ihrer Ungeheuern so sinnlich deutlich vor, daß man die Empfindung hat, das alles könne nur einer leisten, der sechs Menschenalter lang die Tiere beobachtet habe. Das kann er nicht alles gesehen haben, denn der Einzelheiten und psychologischen Züge sind so viele und zarte, und man müßte sie oft beobachtet haben, um ihr Gesetz endlich so zu erkennen, wie das Roberts sofort vermag. Noch weniger aber kann er das aus der Naturgeschichte gelernt haben. Nein, dieser Roberts ist ein Genie für sich, ein Ereignis auf seinem Gebiet, etwas bisher Unerreichtes; er hat natürlich den größten Teil dieser Duelle, aus denen er jeweils eine vorzüglich komponierte Novelle formt, gedichtet, vollkommen frei erfunden; aber mit jener Treffsicherheit der Wahrheit gegenüber, deren Fabrikgeheimnis eben nie gelüftet werden wird. Die bedeutende tierische Intelligenz wird von etwas in ihm, das selbst Bestie sein muß, wie eine übernatürliche Depesche aufgefangen. Das große Geheimnis des Tieres, die „Witterung", die unerklärliche, schöpferische Unruhe, die plastische „Schau"kraft des Tieres, die aus dumpfen Reizen schlagfertig soviel Figur herausholt, daß es auch sofort Schlüsse und praktische Gegenmaßregeln daraufhin anzuwenden vermag, diese im animalischen Lebenskampf unentbehrliche „Witterung" wird hier von einem Menschenhirn gegenüber einem ganzen Geschöpfekomplex bewiesen. Mit welcher schnurrenden Spannung folgen wir nicht den gegnerischen Kämpfen der großen Tiere auf Tod und Leben, oder dem Versuch der kleineren, sich dem Schicksal zu entwinden, dem Schicksal des Rechtes eines Stärkeren!

Rein sportlich geht die Lektüre auf der Höhe eines materiellen Jagdvergnügens; aber dazu kommt noch der denkende und Perspektiven ziehende Genuß, die psychologische und metaphysische Spekulation und nicht zuletzt das ästhetische Vergnügen. Roberts ist nirgends roh, überall heikel, von einer gründlichen Sauberkeit und Phantasie, aber ohne jede Spur von üblem Sentiment in seiner jägerlichen Noblesse. Nur wenn er, ganz selten, Frauen, Menschenfrauen in die Erzählung einflicht, ist er soviel Angelsachse, daß er ohne ein wenig süßlich schönfärberische und romanzenhafte Galanterie nicht auskommt. Aber das spielt, wie der Mensch in seinem Werk überhaupt, kaum eine Rolle. Unser Interesse gehört seinen Gladiatoren im Pelz. So rauh und doch so zart kann dieser Pelz sein, und was er umhüllt, ist noch rauher, aber auch noch abgestufter, abgestuft wie nur das höchste menschliche Organ, das Hirn. Wenn wir von dieser wilden Süßigkeit gekostet haben, haben wir brennenden Raubtierhunger nach mehr von der Art.

Der „Monte Christo" von heute

ROBERT MÜLLER[15]

Der plötzlich so tragisch aus dem Leben geschiedene Schriftsteller, der für unser Blatt öfters Beiträge lieferte, übergab uns wenige Tage vor seinem Tode diesen Aufsatz.

Mein Freund, der Generaldirektor, geht mit der Mode. Er hat zu den Neuen Reichen gehört, jetzt zu den Allerneuesten Armen. Seine episodisch angelegte reichhaltige Bibliothek trägt er Stück für Stück zum Antiquar. Als er unlängst seinen leinengebundenen Stendhal in schöner Ausgabe der kritischen Brille vorlegte, kräuselten sich des Antiquars Lippen und ihnen entfloß ein verächtliches „das verlangt jetzt niemand". Daraufhin pries der Verkaufende seine moderne Bibliothek. Die gekräuselten Lippen blieben. Bis er auf den Einfall geriet, zu verraten, daß er im Besitze von Tarzans verschiedenen Romanen sei. Da wurde der Antiquar ernsthaft, versicherte leidenschaftlich sein Interesse. „Das bringen Sie mir", sagte er, „das wird gelesen". Und er gab einen anständigen, verhältnismäßig hohen Preis dafür.

Man muß sich fragen, woher der Erfolg eines so naiven Machwerks, wie diese Tarzan-Romane es sind, stammt. Die Stadt ist mit Plakaten überflutet, auf denen das Schulbeispiel der männlich blonden Bestie, ein schöner Angelsachsenjunge mit Lastträgerschuhen und Knabenhüften, mit braunen Gamaschen über schlanken Beinen im Kampfe mit wilden Tieren, menschlichen Ungetümen und Bösewichtern seine siegfriedhafte Ueberlegenheit ausstrahlt. Er ist schön blond, vermutlich blauäugig, hat ein Engelsgesicht, stemmt den Fuß auf die Beute, die er erlegt hat, sei es Löwe, sei es sonst was, und öffnet den Mund zu einem runden Vokal: mit den Augen zu den Sternen funkelnd. Der Inhalt des Buches gibt darüber Aufschluß, daß es das Siegesgebrüll der Urwaldaffen ist, wenn sie den Gegner erlegt haben, das hier aus dem seelenvollen Antlitz des schönen college-boys ertönt. Und dieser markerschütternde Schrei geht erfahrungsgemäß der Leserin zwischen den Zeilen auf die Nerven. Das Urwaldtier, die Rückkehr zum Dschungel und zum Faun deuchen offenbar der Jungfrau verheißungsvoll.

---

15 Rubrik: Gestern und heute. In: Wiener Allgemeine Zeitung. Nr. 13881 (6 Uhr-Blatt), Donnerstag, 28. 8. 1924, S. 3.

Die Psychoanalyse wittert tiefe Gründe. In jedem Weibe schlummert der Traum vom Ungeheuer, das süß überwältigt. Daß das Ungeheuer aber eigentlich ein prinzliches Wesen, vervollständigt die Verzückung. Den zeitgemäßen Jüngling wiederum entzückten außer der schicken Sportdreß die gorillahaften Muskeln an den breiten Schultern und die Siegermiene des byronesken jungen Athleten, der um Doppelhaupteslänge weiße und schwarze Menschlein überragt. So lächerlich dieses alles dem verfeinerten Geschmack erscheinen muß, so verbirgt sich hinter dieser Gestalt das berechtigte Ideal einer Zeit, die aus Ueberzivilisation zurückflieht in Urwald, Ungebundenheit und handfestes Abenteuer. Die Intrigen sind lächerlich und von einer billigen Phantasie erfunden. Frauen werden gerettet, Gentlimanshanddruck entwaffnet tückische Räuber von Frauenehre, Selbstlosigkeit triumphiert und Hochsinn prahlt. Dabei sind die Bücher nicht schlecht geschrieben; sie haben ein gewisses edles Maß des Vortrages, einen guten Stil und schildern sehr anschaulich, wenn auch verlogen, exotische Gegenden und Tiere.

Vielleicht ist dieser „Tarzan" der „Monte Christo" der jetzigen Zeit. Es gibt auch ewige Bücher in der Kategorie der Kolportage und wir alle haben unseren „Monte Christo" und „D'Artagnan" mit Vergnügen gelesen. So liest die heutige Jugend wohl den „Tarzan". An diesem Tarzan fesselt noch eines: sein großer, praktischer, geradezu amerikanischer Verstand, mit dem er wie durch einen einfachen Schlüssel alle Intrigenschlösser sperrt, hinter die man ihn verschwinden lassen will. Tarzan ist der Typus des modernen, smarten, athletischen Jünglings, der sich mit dem Dasein wie es ist beschäftigt und dessen Melancholie die tierische der Gottheit ist, die nicht gerne kämpft, wenn der Appetit fehlt, aber herrlich kämpft, wenn er da ist. Tarzan ist also ein schöner Affe.

Und Darwin hätte seine Freude an diesem Erzengländer aus Urwaldistan gehabt. Er hätte mühelos das missing link konstatieren können. Das Großtuen mit Kräften liegt in der Zeit. Ein deutscher hochgeistiger Autor hat einen Roman geschrieben, der den Titel trägt: „Berge, Meeresgiganten". Kleinigkeit. Billiger geben es Deutsche jetzt nicht. Was sich am Tarzan für die naiven Geister ereignet, ereignet sich bei Alfred Döblin für die hochkultivierten Geschmäcker auf expressionistisch. Der Döblinsche Roman zeigt keinen Wandel und Handel, sondern ist vollgestopft mit Anekdoten von hypertrophierten Wesen, die den Sauriern ähneln. Auch hier fühlen wir die Protzerei mit dem Ungeheuren, die Liebe zur Masse, zur exzentrischen Kraft, zum Fabelwesen der Energie.

Beide Werke entspringen und kommen einer Neigung entgegen, die eben den weißen Mann der Nachkriegszeit charakterisiert. Berauscht von sich selbst, genügt ihm nur mehr die Elefantiasis der Phänomene. Es entsteht eine neue Wesensart beseelter Maschine, Riesenfleischtürme, die ganze Kolonnen Meerestiere einsaugen und sich davon nähren. Irgendwo müssen diese kanibalischen Vorstellungen auf einer femininen Sinnlichkeit der Heutigen beruhen. Auch physiognomisch dringt der Gorilla vor.

Das übrigens haben unsere großen Zeichner schon festgestellt. Gorilla – Guerilla.

Titelgraphiken

Der Ruf

EGON SCHIELE[1]

1   Der Ruf. Hg. vom Akademischen Verband für Literatur und Musik in Wien, H. 3:
Krieg, 1912 (Selbstportrait Egon Schieles).

Typographische Gestaltung des *Tropen*-Romans[2]

---

2   Die Typographie dieses Titelblatts von Müllers *Tropen* aus der Sammlung von
     Günter Helmes weicht insofern von der Gestaltung anderer ‚Erstausgaben‘ ab, als
     hier die Frakturschrift Germania verwendet wurde. Der Roman liegt seit Dezem-
     ber 1915 vor (vgl. die Rubrik „Neue Bücher", in: Innsbrucker Nachrichten,
     18.12.1915, S.21). Erschienen ist er in einer gebundenen und einer gehefteten Edi-
     tion (vgl. die anonyme Kurzrezension im Grazer Tagblatt, 28.12.1915, S.10, und
     die mit dem Kürzel os gekennzeichnete in: Deutsches Volksblatt, 18.6.1916,
     S.16).

Der Barbar

KURT SZAFRANSKI[3]

---

3   Robert Müller: Der Barbar. Berlin: Erich Reiß 1920. Kurt Szafranski hat unter an-
     derem Kurt Tucholskys *Rheinsberg. Ein Bilderbuch für Verliebte* (Berlin-Charlot-
     tenburg: Juncker 1912) illustriert.

Flibustier

JOSEF TENGLER[4]

---

4   Robert Müller: Flibustier. Ein Kulturbild. Leipzig/ Wien: West Ost-Verlag (Inter-
      territorialer Verlag Renaissance des Verlegers Lucian Erdtracht) 1922. Tengler hat
      unter anderem auch den Titel des Romans *Der rote Schleier* (Wien: Salzer 1927)
      von Kurt Sonnenfeld illustriert.

Fragmente

Vor Plava

KAMERAD[1]

Fern übers Land, hoch übern Berg
kreist der Blick.
Zwischen Almenriesen ein Zwerg
stemmt eine Höhe Schlachtengeschick.

Wo die Quirlquellflut des Isonzoblau
Bergfaltenfall umschwenkt,
Monte Santo, Sabotino rauh
Sperre vor welsches Tiefland hängt.

Schließt jene Kote, Kapellenberg,
welschen Einfalls erste Wehr.
Falkengeschlecht, Karsthirtenwerk
schaute dort südlichen Tag bisher.

    *

Dort sendet Donau den seligen Sohn
ins Grenzerland.
Kalksporenriffe, Felsenbastion
greift die städtische Deutschmeisterhand.

Donauweibchen und Rathausmann
zeugten ein steinbewandert Geschlecht.
Alpennahe Wanderbahn
machten es zu Bergschützen recht.

Schusterbub, Schneidergesell, brav Profession,
dies unser Held!
Straßenbummler, Schöngeist, Baron,
Plattenbruder auf Eins gestellt.

---

1   Wiener Mittags-Zeitung, Nr. 175, 3.8.1915, S.3. Robert Müller war als Mitglied der Akademischen Legion und eines Deutschmeisterbataillons an den im Gedicht beschriebenen Orten stationiert, wo er Anfang August unter Artilleriebeschuss einen *shell shock* erlitt. Im Stil vergleichbar ist Robert Müller: Auf Vorposten (1915). In: Die Neue Rundschau. 26. Jahrgang, 1915, S. 1538–1539. Wieder in: Irmelin Rose (Erzählung) und andere verstreute Texte. Mit einem Nachwort hg. von Daniela Magill / Bolschewik und Gentleman (Essay). Mit einem Nachwort hg. von Michael M. Schardt. Paderborn: Igel Verlag 1993, S. 117–119.

Führer, Geführte aus jedem Bezirk
sind nur ein Mann.
Offen Gemüt im Friedensgewirk,
Tod und Teufel im Schlachtenbann.

Ehrliche Meister, deutsch im Geblüt,
sah sie die Welt.
Schönster Geist, Hand, kunstreich bemüht,
hat nun das Bajonett gefällt.
　　※

Plava, wo der Isonzo blau
günstigen Orts überbrückt;
steile Felsmassive grau,
welschen Todes bestückt:

Eines Nachts kam feindliche Macht,
da begann's.
Deutschmeisterblut ward dargebracht
und gewann's.

Dreizehnte Kompagnie! Über den Drahtverhau
stürmten sie vor.
Stürmte sie. Wo der Isonzo blau
tückisch bietet ein Einfallstor.

Feind ist nahe. Deutschmeister her!
Runter! und Raus! das Ziel.
Blieben. Fielen. Der Kommandeur
und sein Fähnrich fiel.

Dutzendmal stürmten sie, Deutschmeistersturm,
hinter die Kompagnien.
Haben am Hang beim Kapellenturm
„Rache für Dreizehn!" geschrieen.
　　※

Still im Land, hinter Waldeswand,
zeugt ein Deutschmeistergrab.
Friedegedenken auf dich, Kommandant,
und deinen Fähnrich herab!

Von einem unserer Redakteure, der als Fähnrich den Feldzug im Süden
mitmacht, ist uns das vorstehende Widmungsgedicht für einen gefallenen
Deutschmeister-Offizier zugeschickt worden. Der Autor bemerkt hiezu:

Professor Dr. Oskar Pollak war Privatdozent der Kunstgeschichte an der Universität Wien und Kustos des österreichischen Museums in Rom. Bei Kriegsansbruch meldete er sich als Freiwilliger zur Akademischen Legion. Er fiel bei Plava im tollkühnen Ansturm an der Spitze der Kompagnie zugleich mit seinem Kompagniekommandanten Winkelmayer. Beide birgt und ehrt ein Grab. Der Verfasser ist sich bewußt, daß diese Widmung weder das menschlich so rührende Thema Deutschmeister noch die Tragik dieses Hingangs eines Geistigen und Zukunftsreifen erschöpft.

Kino und Theater

ANONYM[2]

Das Kino von einst und heute. - Die Regie eines Großstadtkinos. – Der Amerikanismus im Film. – Ein Monsterrepertoire.

Das Kino erzwingt sich seine Wertung. Vorerst als Stätte des Vergnügens, später würdigte man es als Mittel der Belehrung, dank der wirksamen Möglichkeit, Dinge, die man sich sonst nur erzählen lassen konnte, auch vor Augen zu führen. Heute ist es eine Stätte des Vergnügens im wahrsten Sinne des Wortes, heute ist es ein Ersatz für das Theater, in vielen Fällen mehr als das Theater. Dieser Fortschritt in der Wertung beim intellektuellen Publikum hat natürlich viel Arbeit und viel Geld gekostet. Selten hat sich eine Industrie in einer verhältnismäßig kurzen Spanne Zeit so weit von den Zielen entfernt, die ihr ursprünglich gesteckt waren, hat diese Ziele so sehr überholt, als gerade die Filmkunst. Was früher ein Surrogat war („ganz Gescheite" nannten es ein schlechtes Surrogat), ist heute ursprüngliches und unmittelbares Original. Darum wundert man sich nicht, wenn man das Kino mindestens neben das Theater setzt, ja, man wundert sich sogar nicht, wenn das Kino an Massenbesuch das Theater längst geschlagen hat. Das Kino hat ein Repertoire bekommen, auf das man gespannt ist und das man <...> erfahren möchte, ehe Affichen und Plakate es ankündigen.

Einer unserer Mitarbeiter hatte nun Gelegenheit, sich über das Kino und seine Gestaltungsmöglichkeiten mit dem Besitzer eines der führenden Stadtkinos zu unterhalten. So ist das Kreuz-Kino in der Wollzeile eine wirkliche Direktionskanzlei, nicht anders als eine Theaterdirektion. Es hat seine Korrespondenzen mit Filmfirmen, seine Aufführungstermine, sein

---

2   Wiener Mittags-Zeitung, Nr. 208, 9.9.1915, S.3. Der Artikel bedient Müllers Thema „Amerikanismus"; Müller war im September dieses Jahres zudem in Wien.

Aufführungsrecht. Der Besitzer hat seine Chargen für die Bildung des Repertoirs und vor allem, er hat sein Budget, das dem eines sehr anständigen Theaters in keiner Weise nachsteht.

„Sehen Sie," erzählte er dem Besucher, „heute kostet ein Film, der nicht länger als eine Woche das Publikum in Spannung halten darf, die Kleinigkeit von fünftausend Kronen! Um Ihnen das verständlich zu machen: Im Vorjahre zahlten wir für den verfilmten „Tunnel", zweifellos seinerzeit eine der größten Sensationen auf dem Filmmarkt, zweitausend Kronen. Damals schlugen wir über diese Forderung die Hände zusammen. Heute löst ein Film den anderen ab, der mehr als das Doppelte verschlingt. Das hat natürlich seine Gründe. Erstens ist die französische und italienische Filmindustrie ausgeschaltet, denken Sie dann an die enorme Verteuerung des Rohmaterials und vor allem daran, daß der ganze deutsche und österreichisch-ungarische Bedarf, sofern auf Qualität Wert gelegt wird, zum Großteil aus ein und derselben Quelle gedeckt wird: Amerika. Jawohl, auch die Filmindustrie wird amerikanisiert. Das soll heißen, daß der Zug ins Große sich auch hier einzubürgern beginnt und, wie bei sämtlichen amerikanischen Produktionen, seine Erfolge zeitigt. Amerika hat immer Sensationen bedeutet, und das ist auch die Marke des neuen Filmrepertoires, das meine kommende Saison kennzeichnen wird. Dabei sind aber auch die deutschen und dänischen Filmfabriken nicht untätig gewesen und haben tatsächlich keine Kosten und Mühen gescheut, um der riesigen amerikanischen Konkurrenz zu begegnen. Selbstverständlich sind meine Vorbereitungen bis auf das letzte kleine Lustspiel, das dann und wann als Lückenbüßer zu gelten hat, getroffen. Mit solchen Details werde ich Sie und Ihre Leser nicht behelligen. Aber da Sie mich fragen, werde ich Ihnen mitteilen, was ich an wirklichen Sensationen zu erwerben Gelegenheit hatte.

En vogue wird das Detektivdrama sein mit seiner das Publikum in Spannung haltenden Handlung, doch in durchaus vornehmer, künstlerisch einwandfreier Darstellung. Vorerst das Meisterwerk an Kino-Inszenierungskunst, „Jimmy Valentine", ein Detektivdramensujet, wetteifernd an packender Darstellung und an Pracht der szenischen Bilder nur noch mit dem „König der Yankees", der schicksalsreichen Schilderung der Karriere eines Müßiggängers zum Multimillionär, und dem interessanten verfilmten Roman „Herzen im Exil", dieser ist das Phänomenalste, was die Filmkunst bisher geschaffen hat. Ferner sind zu erwähnen die blendende Sensation „Dynamit" mit Alwin Neuß, dann das echt amerikanische Kriminaldrama „Der Schmuck der Madonna", das erschütternde Schaustück „Schmetterling im Winde" mit dem Brand des großen New-York Opera House. Zu nennen wäre auch noch die deutsche Detektivfilmsensation „Der Fall Klerk", die ergreifende Schicksalstragödie „Durch des Zufalls Spiel", besonders aber die seinerzeit auf dem Theater durch Bonn zu einem Sensationsstück gewordene Komödie „Trilby", in der die berühmte Kimball-

Young, Amerikas größter Filmstar, die Trilby spielen wird. Der Schlager des September-Programms wird entschieden der amerikanische Kriminalroman „Und keine weiß, woher sie kam", ein Sujet, welches zum erstenmal die ganze feierliche Aufmachung amerikanischer Strafgerichtsverhandlungen im Film bietet. Die Laufbahn eines amerikanischen Milliardärs wird der Sensationsfilm „Der Mann des Tages" drastisch schildern; einen Blick in das dunkelste New-York wird der Film „Aus New Yorks Tiefen" enthüllen. Hella Moja, wohl eine der schönsten Filmkünstlerinnen, wird in „Der Weg der Tränen" debütieren, während der elegante Einar Zangenberg sich in dem Detektivdrama „Das tote Land" dem Publikum präsentiert. Eine Sensationsgeschichte, die sich „Alte Sünden" nennt, die fulminante Fern-Andra Serie, der ganze Zyklus der Sherlock Holmesschen Detektivdramen, in welchen der unübertreffliche Alwin Reuß seine glänzende Begabung entfaltet, werden das Repertoire ergänzen und trotz der Verschiedenheit der Sujets immer dasselbe bieten: atemlose Spannung für das Publikum. Daß auch in diesem Repertoire Ernst Reicherts Kunst in der Stuart-Webbs-Serie zu bewundern sein wird, ist wohl nach der Anlage dieser Neuheitenfolge selbstverständlich."

Selbstanzeige zur Erzählung *Das Inselmädchen*

[ROBERT MÜLLER][3]

Alle Bücher Robert Müllers sind in ihrer Mechanik utopistisch ausbalanziert. Sie stellen sich planmäßig an den Beginn einer Kulturperiode, zu der in gewissen psychoökonomisch ausgestatteten Individuen vorerst die seelischen Bestände vorhanden sind ... Wie aus dem Kosmischen einer Landschaft Seele wird, schildert die Erzählung „Inselmädchen". Politik, Exotisches, Liebe, Zivilisation und bürgerliche Konflikte, die immer sein werden, können die werdenden Züge eines immer wieder elementaren Menschen, der morgen der Mensch des schärfsten Bewußtseins sein wird, nicht verheimlichen.

---

3   Frontdeckel von Robert Müller: Das Inselmädchen. München: Roland 1919.

Selbstanzeige zum Roman *Der Barbar*

[ROBERT MÜLLER][4]

Im gleichen Verlag erscheint demnächst: Der Barbar. Roman von Robert
Müller. Preis geheftet etwa 10 Mk.

Ein amerikanischer Kulturroman, breiter Hintergrund, das Zusam-
menspiel der Rassen auf einem frisch aufgebrochenen Kontinent, die Bildung einer amerikanischen Seele und Körperlichkeit. Im Vordergrunde
eine Anarchistenlegende. Im Helden Petrus Schildua Lovroch, einem Kaukasier, kreuzen sich europäisch-arisch-heroisches Wesen und asiatische
Ethik; in seiner Seele erfolgt der Zusammenstoß mit der extrem westlichen
pragmatischen Welt. Alle diese rassischen und weltanschaulichen Fragen
sind zentral von der Seele des Helden aus erlebt und dargestellt. Existenz-
kampf eines bestimmten sinnlichen und Intellekt-Typs. Charakteristisch
für den Autor sind die äußerst anschaulichen Schilderungen von Landschaft und Mensch, die in vehementes Tempo aufgelöst sind. Das Buch entspricht sowohl den neuen als den guten alten Romanforderungen.

---

4   Titelei von Robert Müller: Bolschewik und Gentleman. Berlin: Erich Reiß 1920
     [von Müller vermutlich zumindest freigegeben].

Korrespondenz

Briefe und Postkarten an Erhard Buschbeck

Robert Müller
WIEN, VIII.
Florianigasse 75.

3. Febr. 12.[1]

Lieber Herr Buschbeck,
Leider kommt Ihre liebe Karte erst heute Samstag 4 [2] zu mir, und so kann ich da ich heute und Morgen, Sonntag Verpflichtungen habe, auch nicht mehr ankommen, so sehr ich das bedauere. Ich hätte Sie sehr gerne besucht. Montag Vormittag habe ich Dienst im Vereinslokal. Ich komme aber nach dem Essen zirka ½ 3 zu Ihnen hinaus. Vielleicht kommen Sie mit zum Kraus?
   Wünsche Wohlergehen und sende herzliche Grüße
   Ihr Robert Müller

Eventuelle Wünsche bitte mir schriftlich mitzuteilen, werden prompt beherzt.

6. Febr. 1912[2]

Lieber Herr Buschbeck,
wir sind nun vollständig bei Rosenbauer einquartiert, aber dafür wird das Buch auch am 8. oder 9. fertig, dito Plakat. Morgen bin ich wieder von ½ 10 an engagiert – dies der Grund, daß ich schreibe. Ich hoffe dann Donnerstag bestimmt zu Ihnen kommen zu können und freue mich auf ein Plauderstündchen. Sie sind doch nicht bös, daß ich für heute mein Versprechen breche? Gespräch im Dienst der „Kunst". Heute schon waren der Stefan[3] und ich von 2 – 6 heftig beschäftigt. Heute abends Fortsetzung im „Beethoven". <...>
   Aber der Ruf erschallt zum rechten Todt! (Notabene: hoffen wirs erst!)
   Herzlichste Grüße
   Ihr Robert Müller

---

1   Österreichische Nationalbibliothek, Autogr. 1323/20-1, 3.2.1912.
2   Österreichische Nationalbibliothek, Autogr. 1323/20-2, 6.2.1912.
3   Paul Stefan, österreichischer Musikhistoriker und Musikkritiker.

Gloggnitz, 19. Juli 1912[4]

AKADEMISCHER VERBAND FÜR
LITERATUR UND MUSIK IN WIEN
I. BEZIRK, REICHSRATSSTRASSE No 7

Lieber Erhard,
herzlichen Dank für Deine Karte. Ob ich nach Villach komme weiß ich
nicht; würde es machen, wenn ich Dich dort wüßte. Ungefähr 1. August
bin ich jeden falls in Nötsch, am Fuße des Dobrač Gailthal. Nach Innsbruck komme ich nicht vor 25. Aug. und werde Dich noch näher verstän-
digen. Demnächst habe ich eine Raxtour[5] vor.
        Herzl. Grüße immer Dein
            Robert

26. Au. 12.[6]

Lieber Erhard,
viel Dank für Deine prompte Karte, alter Hofrat. Wir sind gegenwärtig für
3 Tage in Steinach verankert, wo ich Verwandte zur Sommerfrische habe.
        Wir kommen nun morgen, Dienstag mit dem 4^{h}33 nachmittag am
Hauptbahnhof an. Wenn Du Dich dort zeigen wolltest, wäre das famos,
wir würden dann gleich auch im „<Bären>" aufkreuzen, vorausgesetzt, daß
es daselbst nicht blos Preise für Hofräte gibt. Vielleicht treffen wir uns alle
schon am Perron, ja?
        Herzl Grüße, auf Wiedersehen, Empfehlungen an Georg Trakl
        Dein Robert.

WIEN IV, 9. Sept. 1912[7]

Lieber Erhard,
erst heute komme ich dazu, Dir für Deine liebe Gastfreundschaft zu danken; ich bin, als ich hieher kam, gleich in eine Menge Angelegenheiten ein-
gesponnen worden, über die ich Dir mündlich erzählen werde. Ich habe
Wien gefunden, wie ich es verlassen, und fühle mich gar nicht zufrieden.
Die Quatschköppe und Nichtstuer sind noch immer obenauf.
        Der Rosenbaum hat sich mit der grafischen Industrie vereinigt; das
wird Dich vielleicht interessieren. Morgen Dienstag, 3 ^{h} nachm. ist in No-
waks Wohnung eine Ausschußsitzung; vermutlich wird Ullm[ann] offiziell
abdanken. Berger habe ich noch nicht gesehen; ich werde ihn heut abend

4   Österreichische Nationalbibliothek, Autogr. 1323/20-3, 19. 7. 1912.
5   Die Rax ist ein Gebirgszug (etwa 80 km südlich von Wien).
6   Österreichische Nationalbibliothek, Autogr. 1323/20-7, 26. 8. 1912.
7   Österreichische Nationalbibliothek, Autogr. 1323/20-4, 9. 9. 1912 (Adresse des
     Akademischen Verbandes wie im Brief vom 19. 7. 1912).

um 7 ^{h} im Beethoven treffen. Er geht angeblich mit Harth demnächst nach Clenowiz[8], als Impresario des K. K. Anderes mündlich. Ich möchte Dir sagen, daß Du dort bleibst. Aber die Geschichte mit dem Verband scheint bald loszugehen!

Bitte, sage Deiner Mama unsern leider recht verspäteten Dank für die liebe Aufnahme und übertrage Handküsse.

Grüße auch Deinen Bruder und sei selbst freundlich gegrüßt von

Ole Estermann und Mir

Dein Robert M.

Robert Müller
Wien III.
Florianigasse 75

WIEN, 10. Sept. 1912[9]

Lieber Erhard,

folgendes von der heutigen Ausschußsitzung:

1. Wir vermissen Deine Arbeitskraft.
2. die Bahrsause liegt ganz in Deinen Händen.
3. Wir machen vorher, d. h. gleich jetzt, einen Vollmoeller – Abend.
4. Wir machen einen Abend: Burgtheater fragen.

Angefragt wird bei Max Reinhardt, Alfred Polgar, Alfred Kerr.

5. Ullmann hat von einer Demission nichts verlautbart.

Unser Ersuchen geht an Dich, Deine beredliche Arbeitskraft zu präsentieren.

Dies bescheinigen mit Gruß und Kuß Deine Saufbrüder

Ullmann Ludwig   Robert Müller   Gruß Berger
Richard Weedt   Herzl Grüße   Heinrich Nowak

WIEN, 19. Sept. 1912[10]

Lieber Erhard,

der H. Bahr Abend ist fix und fertig für den 4. Okt. im kleinen Festsaal – Universität arrangiert; es bleibt also nur noch bei Dir, resp. Bahr, daß die Geschichte zum Klappen kommt. Hoffentlich erfreust Du uns mit Deiner baldigen Mitarbeit. Berger sieht sich den Wirrwarr bereits perspektivisch an, Ullm. tut Ideen haben. Die Michaelis u. der Nansen lesen am 18. im

8   Klenowitz in Böhmen, heute Klenovice / Tschechische Republik.
9   Österreichische Nationalbibliothek, Autogr. 1323/20-5, 10. 9. 1912 (Adresse des Akademischen Verbandes wie im Brief vom 19. 7. 1912).
10   Österreichische Nationalbibliothek, Autogr. 1323/20-6, 19. 9. 1912 (Adresse des Akademischen Verbandes wie im Brief vom 19. 7. 1912). Die Rede ist von einer Lesung der dänischen Schriftsteller Karin Michaëlis und Peter Nansen am 23. 10. 1912.

Beethoven. Nachher liest Alfred Adler; sonst sind wir gesund und schicken
beste Grüße. Herzl.
    Dein Robert.

Zur Anfertigung eines Prospektes bitte umgehend: vollständiges Verzeichnis der Veranstaltungen 11/12. (d. letzten Jahres!)

[Januar 1913][11]

Lieber Erhard,
ich habe im Gewerbe-Verein nichts belegt, da ich nie die Absicht hatte, den
Großmann noch weiter zu managen. Ich habe also nichts veranlaßt; sendet,
wenn ihr wollt, einen andern Mann zu Großmann, 2–3^h in der Redaktion
der Volksbühne zu treffen.
    Ich möchte gern persönlich mit Dir sprechen u. zwar vor der morgigen
Ausschußsitzung. Könntest du mich heute zwischen 3–5^h in meiner Wohnung besuchen?
    Herzlich grüßend
      Robert M.

[Januar 1913][12]

Lieber Erhard,
Extra Karten für Gäste (Bahr) sind nicht gemacht, Sache wird durch <...>
vervollständigt. Ullmann fährt Samstag ab, Freitag Sitzung. Bin Dienstag
4 ^{h} im Lokal. Dort alles andere. Fotos sind soeben beim Entwickeln.
    Herzl. Robert.

---

11   Österreichische Nationalbibliothek, 1323/22-3, undatiert (Adresse des Akademi-
    schen Verbandes wie im Brief vom 19. 7. 1912). Der Brief steht thematisch im Zu-
    sammenhang mit einem Brief, den Stefan Großmann am 14. 1. 1913 an Robert
    Müller gerichtet hat. Großmann war damals noch engagiert in der Leitung der so-
    zialdemokratischen Freien Volksbühne für die Wiener Arbeiter, bevor er im Früh-
    jahr 1913 seine Ämter dort aufgab und nach Berlin wechselte. Briefkopf: Der
    Strom. Monatsschrift der Wiener Freien Volksbühne. Herausgegeben von Engel-
    bert Pernerstorfer / Stefan Großmann, Arthur Rundt. Verlag Österheld & Co /
    Wien V. Schönbrunnerstraße 124. Das Schreiben enthält eine Gästeliste für den
    Vortrag, einzuladen seien unter anderen: Hugo von Hofmannsthal, Oskar Maurus
    Fontana, der Reichsratsabgeordnete Engelbert Pernerstorfer und Dr. Egon Frie-
    dell. Österreichische Nationalbibliothek, Mappe „Stephan Großmann", Signatur
    987/73 (Nachlass Buschbeck). Ursprünglich für Januar angekündigt, hielt Groß-
    mann den Vortrag mit dem Titel „Theaterprobleme" am 22. Januar im Festsaal des
    Niederösterreichischen Gewerbevereins (Ankündigung im Neuen Wiener Journal,
    Nr. 6943, 20. 2. 1918, S. 11. Er wurde unter dem Kürzel „r." besprochen in der Wie-
    ner Zeitung Nr. 48, 26. 2. 1913, S. 6.
12   Österreichische Nationalbibliothek, 1323/22-8, undatiert (Adresse des Akademi-
    schen Verbandes wie im Brief vom 19. 7. 1912). Wegen der Thematik ‚Eintrittskar-
    ten' hier einsortiert.

Robert Müller
WIEN, VIII.
Florianigasse 75.

5. APR 1913[13]

Lieber Erhard,
anbei Däublers und mein Manuskript. Falls Du Futtermangel hast, gebe ich
Dir zu wissen, daß in meinem Besitze Arbeiten sind von Viertel, Emil
Lucka, O. M. Fontana, Werfel, Otto Soyka ferner Gedichte der Protekti-
onsdame des Schauspielers Nerz, die sehr fein sind. Auch Ehrenstein habe
ich, doch halte ichs für schlecht.
    Hast Du L. Ullmann schon angezapft?
    Herzl.
    Robert

14 JUNI 1913[14]

Lieber Herr Erhard,
weist[15] Du etwas von der anliegenden Sache? Wie geht es Dir? Laß doch ein
mal von Dir hören!
    Herzlichst
    Dein Robert Müller

WIEN, 8. Juli 1913[16]

Lieber Erhard,
ich fahre dieser Tage nach Kärnten ins Gailthal, wo ich meinen Sommer-
aufenthalt beziehe; ich weiß noch nicht genau wo, muß mir erst den
schönsten Fleck aussuchen. Was beginnst Du? Bleibst Du in Salzburg?
Wenn Du mich besuchen würdest, würde ich mich sehr freuen; ich glaube
es ist nicht soweit von Dir. Ich bleibe bis 12. Aug. aus. Was ich dann mache,
das weiß ich nicht. Ich habe, aufrichtig gesagt, Österreich wieder einmal
herzlich satt – und ich möchte fort. Ich will noch den „Ruf" wie Du weißt,
organisieren, und wenn der Mechanismus, klappt gehe ich wieder auf Reisen. Dann schreibe ich unterwegs einen Wiener Roman: „Die Beschisse-
nen". – Apropos, was macht Dein Bischof von Salzburg? Arbeitest Du
daran? – Dieses Jahr war für mich verhaut; innen und außen. Innen bin ich
gar nicht weitergekommen, ich habe regelmäßig nur spießig Tag für Tag

13   Österreichische Nationalbibliothek, Autogr. 1323/20-8, 5. 4. 1913.
14   Österreichische Nationalbibliothek, Autogr. 1323/20-9, 14. 6. 1913. Robert Müller
     schreibt von derselben Adresse wie im Brief vom 5. 4. 1913 (Wohnung der Eltern
     in der Florianigasse, Stempelaufdruck am Ende des Briefs).
15   weißt
16   Österreichische Nationalbibliothek, Autogr. 1323/20-10, 8. 7. 1913 (Adresse des
     Akademischen Verbandes wie im Brief vom 19. 7. 1912).

gearbeitet, bin aber dabei eine Bildsäule geworden und das freut mich nicht; ich knarre innerlich vor Würde und Gesetztheit; der Bürger ist gut, aber nur, wenn sich ein Lump in ihn verwandelt hat. Die Zeitungsarbeit behagt mir gar nicht; das ist ganz idiotisch; aber gezahlt kriegt man auch nicht, an und um den Ruhm ist es mir nicht zu tun. Ich weiß also nicht, was ich anfangen soll, und werde wohl irgend einen meiner Berufe ergreifen, Konduktör oder so. – Augenblicklich liegt ein Brief von mir bei Fischer Verlag; ich frug an und gab den Hauptzug, darauf forderten sie mich zur Einsendung auf. Es wird aber nichts sein, weil es sehr antiliberal und auch nicht grade sozialdemokratisch ist. Eine Broschüre, 2 Bogen, habe ich geschrieben, „Der Österreichische Staatsgedanke" antideutschnational, imperialistisch, großösterreichisch, der Chlumecky[17] hat sie gelesen und mir eine Empfehlung für sie gegeben: trotzdem habe ich neun Absagen von Wiener Verlegern. Es ist nämlich sehr konzentriert geschrieben, nicht die obligate Auszehrung der politischen Publizistik, sondern ein Gedanke ein Satz – und das paßt den Leuten nicht. Und gegenwärtig schreibe ich eine südamerikanische Räubersgeschichte ins Reine, sowas Tropisches, für das ich bis jetzt noch keine praktischen Zwecke absehe. Das ist der Ertrag des Jahres. Gearbeitet habe ich in der Zeit, Reichspost, frankfurter Kram, Saturn, Forum. Schaubühne – Jakobsohn hat einen Artikel für demnächst akzeptiert. Verdient habe ich dies Jahr: 60 K. Die „Reichspost" hat überhaupt trotz dreimaliger Forderung für 2 Arbeiten noch nicht gezahlt. Im fremden Blatt[18] soll ein Artikel über Bahr erschein[en]; der <Geyer> tut wenigstens so und beherbergt das schon zurück geforderte Manuskript seit 2 Monaten; aber dieser Lausbub verschläft gewöhnlich alles. – So, dies die Bilanz des Jahres. Du hast wenigstens die Genugtuung, eine Sache (Scheuberg) ganz gemacht zu haben; ich halte lauter Stücke in Händen. Darum gehe ich wieder fort, um das Leben in die Arme zu kriegen; ich habe wieder eine ganz jungenhafte Sehnsucht nach Abenteuern.

Ich bin Dir noch 20 K. schuldig. Ich vergesse das nicht; aber bitte, stunde mir das noch bis auf Weiteres.

Ullmann ist wieder aus Dalmatien zurück. Rheinhardt ist nach Ragusa einberufen. Saufbruder Stern kam soeben von Bosnien zurück, wo er die Grenze bewachte. Nowak hat Schulden und Liebestragödien. Sonst gibt es nichts Neues im Verband. Er ist soweit gesettlet; aber noch immer 3600 K Schulden, Du Mistvieh!

Herzlich grüßend
  Dein Freund Robert

Adresse vorläufig:
R.M. Wien II. Obere Donaustrasse 29

---

17 Vermutlich der österreichische Jurist Johann von Chlumecký.
18 Fremden-Blatt. Müller spielt vermutlich auf einen Beitrag an, der dann im *Ruf* erschienen ist.

[Juli 1913] [19]

Rob. Müller
dzt. Mauthen
Kärnten

    Redaktör
    Erhard Buschbeck
    Salzburg
    Ernest Thunstrasse 9

Bitte richt Herm. Bahr aus, daß ich ihm
herzl. zu seinem Geburtstag gratuliere!
    Rob. Müller

19. Juli 13 [20]

Rob. Müller,
dzt. in Mauthen i / Gailthal
    Kärnten

    Redaktör
    Erhard Buschbeck
    Salzburg
    Ernest Thun Strasse 9

Herzl. Dank für lieben Brief, Antwort
demnächst. Grüße Herm. Bahr; ich würde
mich freuen, wenn Ihr mir mal eine Karte
von Euren Bergausflügen schicktet!
    Dein Robert M.

19   Österreichische Nationalbibliothek, Autogr. 1323/22-17. Undatierte Postkarte
    des Deutschen Schulvereins; Bahr hat am 19.7. Geburtstag. Abgebildet ist der
    Monte Cristallogletscher vom Eduardfelsen.
20   Österreichische Nationalbibliothek, Autogr. 1323/22-14, 19.7.1913.

24. Juli 13[21]

Lieber Erhard,

herzlich Dank für Deinen Freundesbrief. Ich habe immer gewußt, dass wir zwei, wenn wir auch oft in verschiedenen Lagern standen, unserm gründlichsten Wesen nach uns ein Feind sein können. Umso heftiger habe ich mich auch stets dagegen gewehrt, wenn die Leute von Dir gehört zu haben behaupteten, Dein Ausscheiden aus dem Verbande stehe irgendwie mit meinem persönlichen Ehrgeiz in Verbindung. Ich bin zwar nicht ehrgeizig, mir sind alle sozialen Erfolge redlich wurscht, aber ich bin freiheitsliebend wie ein Indianer. Auch in Deinem letzten Briefe glaubst Du noch an meinen Ehrgeiz, an meine Absicht, als Dein Nachfolger nun meinen Kopf aufzusetzen – nein, wozu hätte ich denn sonst den von Rheinhardt aufgesetzt? Mit dem Verband ist, wie ich schon gesagt habe, nichts mehr zu machen als eins: eine Zeitschrift. Diese will ich machen; ich habe aber schon lange nicht mehr die richtige Freude an ihr und halte nur daran fest, weil ich es mir ein mal vorgenommen habe. Nowak wird, Ihr alle irrt Euch in ihm, ein recht guter Redaktör sein – vorausgesetzt daß diese, nicht auf Einmaligkeit riskierte Sache, finanziell zusammen hält; wozu gegenwärtig alles andere denn Aussichten vorhanden sind.

Im Verband wirtschaftet Rheinhardt. Ich habe Knut Hamsun, Selma Lagerlöf und J. V. Jensen eingeladen; erstere beiden sagten ab; Jensen kommt wahrscheinlich. – Der Fortschritt Deines Bischofs freut mich herzlich; wo wirst Du ihn verlegen? Schreibst Du sonst etwas, für Zeitungen oder so? S. Fischer hat mir mein Buch zurückgegeben, mit der Bemerkung, daß es zwar sehr interessant sei, aber zuviel „im Galopp" ginge. Eben. Es ist mir kein Spaß, mich behaglich zu äussern; es fällt mir nicht ein, lange Bücher zu verfassen, um das Leben zu versäumen. Flaubert ist der überlebteste Typus. Ich halte ihn trotz der Bovary für ein Kameel. Jeder schnoddrige Reporter gefällt mir besser.

Die „Zeit" hat mich berufen, – ohne Honorar die Kleine Zeitung zu redigieren. Da sie auch keine Feuilletons von mir bringen, habe ich vorläufig gedankt.

So, und jetzt etwas „wichtiges". Als ich unlängst in einem Kaffee am Gürtel saß, rief mich plötzlich Frau Kokoschka – Mama auf die Gasse heraus. Sie hielt mir eine originelle Naschmarktrede, in der die Worte „Frau Mahler[22]" und „Hure" vorkamen. Ferner wurde ich zur Rede gestellt, weil ich bis jetzt geglaubt hätte, daß der Oskar der Mahler nachlaufe, während es die Mahler sei, die dem Oskar nachlaufe. Dies solle ich speziell Dir mitteilen. Da ich in diesen Geschichten ein Hase war, befand ich mich etwas komisch. Die Frau wollte sich aber nicht einreden lassen, daß ich von alledem nichts wüßte und zog mich auch sozusagen beinahe wegen eines Herrn

---

21   Österreichische Nationalbibliothek, Autogr. 1323/20-11, 24. 7. 1913.
22   Oskar Kokoschka und Alma Mahler waren von 1912 bis 1914 liiert.

v. Webern zur Rechenschaft, der in die „Bibschi" verliebt sei. Ich beteuerte, daß ich nichts dafür könne. Mit dem Webern und der Bibschi ist es also nichts, laß Dir das nicht einfallen. Erst unlängst hat ein Ingenieur aus Olmütz mit soundsoviel Häusern anghalten; aber die Bibschi will nicht. Das is ein Gfrett[23] mit die Kinder! Hat sie sich vielleicht den Oskar „groß" zogn, damit er jetzt die „alte Schachtl" heirath? A Malör gibts, wenn ers heirat! Der Akt war schon am Kommissariat, aber der Vater hat die Papier zurückgholt! Nicht wird er sie heiratn – – – – Mittlerweile erfuhr ich aus den Zeitungen, daß Oskar die Mahler eben doch geheiratet hat. – Dies alles unter uns; obwohl mir Mama Kokoschka streng auftrug, Dir den Kopf über Deine Machinationen zurechtzusetzen!

Ob ich nach Salzburg kommen kann, weiß ich nicht; um den 10. herum muß ich das entscheiden. Ich würde mich sehr freuen, Dich zu sprechen.

Ich grüße Dich herzlich
Dein Freund Robert M.

Adresse: derzeit in   Mauthen / Gailtal
Kärnten
im „Erlenhof"

21. Aug. 13[24]

AKADEMISCHER VERBAND FÜR
LITERATUR UND MUSIK IN WIEN
I. BEZIRK, REICHSRATSSTRASS Nr. 7

Lieber Erhardt,
ich habe Wien in einem trostlosen & entvölkerten Zustande vorgefunden und fühle mich so unbehaglich wie möglich; Du bist Dir wohl gar nicht bewußt, wie schön Du es draußen hast; am liebsten ließe ich hier gleich alles imstich[25], um davon zu rennen, in die Berge. Dazu kommt, daß schon langsam die Verbandsarbeit einsetzt. Ich bin ganz allein. Rheinhardt war 8 Tage hier in Wien und ist jetzt wieder zur Nachkur nach Steiermark gegangen. Nowak ist vollständig verschollen. Es scheint, daß seine Liebesgeschichte in Bad Ischl eine Fortsetzung gefunden hat. Und sonst meldet sich nur M. v. Beer.

Verzeihe diesen dreckigen Bogen; es ist, wie ich zu meinem Schrecken merke, einer unserer letzten; das Briefpapier ist ausgegangen. Kannst Du Dich vielleicht erinnern, wie teuer dieses letzte von Dir bestellte war?

Georg Trakl hat mich hier manchmal besucht; er ist mir sehr sympathisch; doch kann ich mir nicht helfen, ich halte ihn für nicht gesund, und

---

23 das Gfrett = Ärger, Mühe, Plage.
24 Österreichische Nationalbibliothek, Autogr. 1323/20-12, 21.8.1913.
25 im Stich

zwar nicht organisch, sondern aus Schlamperei; das tut mir sehr leid; er sieht elend aus; und das irritiert mich umso mehr, als mir seine Seele gefällt. Ich glaube, er ist zudem noch in finanziellen Schwierigkeiten und ißt nicht richtig seine Mahlzeiten; was mich peinigt, da ich selbst nicht in der Lage bin, ihm zu helfen. Übrigens scheint Adolf Loos etwas für ihn zu tun; Trakl soll nach Venedig, später vielleicht als Lazarettgehilfe auf einen Lloyd-dampfer nach Südamerika – was ihm gewiß sehr gut täte.

Ullmann ist auf Reisen, in den Dolomiten & dürfte Dich Ende August besuchen. – Bitte, weißt Du die jetzige Adresse von Paul Stefan? Ich bräuchte sie <u>dringend</u>.

Der Saturn-Band Jung-Wien erscheint Mitte Sept. Es sind auch Sachen von Georg Trakl darin. 3 Mark. Subskribierst Du?

Recht herzl. Gruß & Handkuß an Deine Fr. Mama

Dein Robert M.

Briefe, bitte, an den Verband!

[August 1913][26]

Erhard Buschbeck.
in Salzburg
Ernest Thunstr. 9 (oder 8)

Wir sind am 26. in Steinach a. Brenner, von da ein Tagesmarsch nach Innsbr. Möchtest Du uns dorthin nicht entgegen-kommen? Bitte jedenfalls Antwort, even-tuell deine Ankunftsanzeige (am Bahnhof) poste restante.

R. M. Steinach / Brenner

Wir könnten dann zusamm nach I. marschieren! Herz. G

Robert

---

26 Österreichische Nationalbibliothek, Autogr. 1323/22-15, Correspondenz-Karte, eventuell Ende August 1913.

[August 1913][27]

Erhard Buschbeck
Salzburg
Ernest Thunstrasse 9

Freitag abend 6^h 50 fix.
Auf Wiedersehen

Robert M.

[August 1913] [28]

Erhard Buschbeck
Artist
Salzburg
Ernest Thungasse 8

Marschieren aus Italien gegen
Bozen. Hoffe dich bestimmt
Wende Aug / Sept. in Innsbruck
zu treffen. <Werde> <belegen>
hier. Komm uns doch zum Brenner entgegen?
    Herzl. Robert M.
    Ole Estermann

[August 1913] [29]

Erhard Buschbeck
Salzburg
Ernest Thunstrasse 9

Herzlichen Gruß u. Dank f. Gastfreundschaft
und Handküsse an Deine liebe Frau Mama!
    Robert Ole Erwin Jf.[30] Hella Seching

---

27   Österreichische Nationalbibliothek, Autogr. 1323/22-18. Undatierte Postkarte
     des Verlags Ortner / Mauthen (Eder mit Cellon und Kellerwand).
28   Österreichische Nationalbibliothek, Autogr. 1323/22-19. Undatierte Postkarte
     (Panorama di Zoppè di Cardore).
29   Österreichische Nationalbibliothek, Autogr. 1323/22-16. Undatierte Postkarte
     des Deutschnationalen Vereines für Österreich.
30   Vermutlich Kürzel für Erwins Frau Josefine.

Das Zeitalter
Halbmonatsschrift
Herausgegeben von
Robert Müller u. Heinrich Nowak
Redaktion: Wien, I. Franzensring 18.

4 Sept 1913[31]

Lieber Erhard,
Ullmann hat mir erzählt, dass Trakl plötzlich die Absicht geäussert hat,
seine Gedichte aus der Saturn Anthologie zurückzuziehen; ich hoffe, er ist
einsichtsvoll genug, mich nicht zu blamieren und auf der Ausführung dieser
Absicht nicht zu bestehen. Ich habe mich feur [sic] ihn, obwohl die Anthologie nur für junge Wiener bestimmt war, speciell eingesetzt, ja, mich
für das Ganze überhaupt nur ineressiert [sic], um Trakl und Däubler un-
terzubringen. Damit aber Subscriptionen zusammenkommen, mussten
auch Andere gemacht werden. Wie kann ein Mensch nur so wenig Rückgrat
haben und sich von dem buckligen Juden, dem Kraus, kommandieren lassen? Ullmann ist von Trakl tief verletzt. Das geht zu weit=Man kann literarisch über Ullmann denken, wie man will, darüber wirst Du mit mir einig
sein, dass unter der ganzen Krausplattn kein Einziger so anständig ist wie
Ullmann. Gerade Ullmann hat sich seit je um Trakl verdient angenommen
und ihn stets als Mensch und Künstler vor meinen Einwürfen verteidigt.
Das will ich dem Kraus nicht vergessen, so ein Krüppel an Leib und Seele.
Wenn Trakl nicht im Ruf schreiben will, weil Kraus ihm das verboten hat,
nun, dann werde ich das aus persönlichen und artistischen Gründen bedauern. Ich fühle mich dadurch, kannst Du ihm sagen, persöhnlich [sic], als
Redaktör [sic] beleidigt. Die Saturn Sache aber habe ich nicht die Absicht,
aufzuhalten. Als Trakl mir damals die Gedichte gab, hatte ich durchaus
nicht die Ansicht, dass es irgedwie [sic] auf einen moralischen Zwang hin
geschehe.
    Im Uebrigen: ARSCH! Mir geht es gut. Und ich grüsse Dich herzlich
        Dein Freund
        Robert

[September 1913][32]

Lieber Erhard,
ich komme Freitag abend 6^h 50 in Salzburg an, vorausgesetzt, daß du imstande bist, mir bis 15. Sept. 20 K zu leihen – und bleibe bis nächsten Nachmittag! Bitte schreibe mir kurz und umgehend, ob dir diese Summe bis zum

---

31 Österreichische Nationalbibliothek, Autogr. 1323/20-15, 4.9.1913. Adresse sei-
    tenverkehrt gedruckt auf der zweiten Seite des Briefes.
32 Österreichische Nationalbibliothek, Autogr. 1323/22-5, undatiert. Wahrscheinlich
    besteht ein Zusammenhang mit den im Brief vom 4. Oktober erwähnten Schulden,
    die Müller bei Buschbeck aufgenommen hat.

angegeb. Termin entbehrlich ist? Da ich meine Heimfahrt danach einrich-
ten muß! Ich bräuchte das Geld erst in Salzburg!
    Hzl. D. Robert.

4. OCT 1913[33]

Lieber Erhard,
vorerst Verzeihung, daß ich mit meiner Schuld von K. 30 schon wieder
elend im Rückstand bin. Es ist mir peinlich genug, Deine Liebenswürdig-
keit so ausnützen zu müssen. Ich sitze jetzt ungesund drin; die Stelle an der
Reichspost, die mir schon seit Monden versprochen ist, ist noch immer
müllerlos. Wenn ich aber erst Chefredaktör der „R." bin, werde ich Dir alles
mit günstigen Besprechungen Deiner Zukunftsbücher verzinsen.
    Im Verband grosses Halali; die Mitglieder aber gefährlich und war wie
ein richtiger ‚Verbandsschreck'. Demnächst erscheint Ruf V. Überlege Dir,
ob Du für die folgenden nicht doch was hergibst. Ich werde mich sehr
freuen. Im Übrigen bin ich bei den Herren Kollegen recht „unbeliebt";
dann werden wir auch bald zu zweit schimpfen – eh scho <rossen>!
Wie geht es Dir, was machst Du, und schreibst Du viel? Gib Empfehlungen
an Deine Mama. Was macht Trakl? Will er nicht doch in den Ruf?
    In herzl. Freundschaft
    Dein Robert.

11. 10. 1913[34]

Erhard Buschbeck
Salzburg
Ernest Thunstr. 9

Lieber Erhard,
herzl. Dank für lieben Brief! Ebenso für die Freiluftkarte, die grosses Hal-
loh! hervorrief.
    Beitrag von Dir ist stets, womöglich sofort willkommen, das 2. Heft
bereits in Angriff. Das 1. (5.) erscheint demnächst.
    Hzl. Robert

---

33   Österreichische Nationalbibliothek, Autogr. 1323/20-13, 4. 10. 1913.
34   Österreichische Nationalbibliothek, Autogr. 1323/20-14, 113. 10. 1913.

Robert Müller
Wien, II.,
Obere Donaustrasse 33/7.

13 DEZ 1913[35]

Lieber Erhard,
heftigen Dank für Deinen lieben Brief. Es freut mich immer sehr, wenn
so'n gesunder Brief von Dir kommt. Ja, mit dem Verband habe ich jetzt
also ein für allemal abgeschlossen. Kaum daß ich mich sehen lasse. Ich bin
auch ziemlich geächtet. Von den Klassischen Verbandsleuten ist jetzt nur
mehr Paul Stefan drin; und der wird umso mehr bleiben, als ich ja nun nicht
mehr der Stein das Anstosses bin, und die echten „Künstler" nun mehr unter sich sind. Ich war ja doch immer nur ein profanes Weltkind, das von
wahrer Kunst keine Idee hatte.

Ich arbeite nun sehr fleissig für mich, denn da ich Chanzen[36] habe,
wegzukommen, will ich verhüten, daß, wie das erstemal, Fragmente liegen
bleiben, die ich dann nie mehr wieder in Angriff nehme. Man kommt nach
einer grossen Reise ja doch stets etwas verändert zurück und hat an seinem
früheren keinen Geschmack mehr. Da liegt eine Gefahr, sich überhaupt zu
verbummeln. Nur, ob recht ob schlecht, ich machs fertig und setz mich
dann auf die Kohlen. Ich will draussen noch was lernen. Diesmal im Osten.

Und da wäre ich ja auch bei Deiner Kritik meines „Asiaten." Ich bin
ganz mit Dir einverstanden. Der A. ist in seiner Art so vollendet wie der
Gote. Ich schreibe gerade jetzt über diese Seele wieder. Und glaube, dies
auch im Asiaten gesagt zu haben, der leider fürchterlich verstümmelt ist;
wie gewöhnlich sind die Feinheiten von den Tatsachen hinausredigiert: Ich
meine nun, daß eben der A. und d. Kaukasier, gerade weil sie vollendet sind,
feindliche Typen sind; und finde es widerwärtig, ein Zeichen der Deka-
dence, daß es einen „Präsident von China" geben soll. Das ist scheußlich.
Das ist eine ekle Fälschung, die beweißt[37], daß dieser Asiate von heute nicht
mehr der von ehemals ist: und daß die Weltherrschaft dem Goten, als dem
immer noch besser erhalteneren Typus gehört. Ich ziele auf ein politisches
Resultat hin ab, ich filosofiere immer gern den Weltkrieg herbei: Er liegt
mir im Blute. – Den Worringer trachte ich zu lesen. Als Gegenempfehlung:
sieh Dir mal das Bild von Percival Lowell „die Seele des fernen Ostens" Verlag Diederichs an. Ausgezeichnet. Das Beste darüber.

Sonst mache ich nix. Von 8 – 10 gehe ich spazieren. von 10 – 6 arbeite
ich. Abends ist Ole Estermann bei mir. Sonntags in den Wiener Wald. Ich
bereite mich auf Kommandos vor und bin sehr zufrieden. D. h. nicht mit
Österreich. Darüber empfinde ich geradeso wie Du. Aber ich sage es nicht.

---

35   Österreichische Nationalbibliothek, Autogr. 1323/20-16, 13.12.1913.
36   Chancen
37   beweist

Weil ich den Chor der Schwarzseher nicht verstärken will. Unlängst hatte ich mit einem „grossen Manne", der jetzt ein vierziger ist, eine lange Auseinandersetzung. Er will eine Zeitschrift gründen, zu der ich mithelfen soll. Er verlangte meinen Tip. Ich sagte: Großösterreich, Besiegung der inneren Verhältnisse durch imperialistische Politik, Eroberung Serbiens, Balkanbund, mit Saloniki als Zentrum unter österr. Fahne, von dort Anschluß nach einem Kleinasiatischen Hafen, vis á vis von Rhodos. Er sagte: Auf dem quivive stehen, – denn wir beide, er & ich, erleben noch die Revolution. Muß verhindert werden sage ich. Denn ein Großserbisches Reich geht bis Prag und nimmt Linz-Wien mit. Oder: ein Deutschland das bis Pettau geht, muß auch wieder bis Cattaro gehen. Das ist ghupft wie gsprunge. Geht Österr. flöten, so geht auch Deutschland dahin. Frankreich, Dänemark, Holland, Rußland, Großserbien – teilen – und dann ist Deutschland ein Staat von der Bedeutung Belgiens. Das muß verhindert werden, indem man angreift. Statt sie uns, müssen wie sie erobern. Das Friedenszeug ist doch Geschwätz.

Es fließt noch immer Blut auch durch das subtilste Gehirn. Weiß Gott, ich sterbe nicht gern. Mir gefällt das Leben. Aber in die sogenannte friedliche und <koschere> Arbeit kann ich mich nicht hineindenken. Das Kriegerische hat mich seit meiner Jugend so beschäftigt, ich bin so ganz zum Soldaten erzogen worden, von sehr schneidigen und oft harten Eltern, daß es mir immer wieder wie das Natürlichste Ereignis vor Augen steht. Es ist keine literar. Geste, wie manche von mir glauben. Ich bin überhaupt nur Literat geworden aus Schmerz darüber, daß die Krieger aussterben. Warum soll denn das sein? Wegen der Verfeinerung? Liliencron war doch auch kein Hornochse!

Ullmann sehe ich selten, überhaupt kaum jemanden. A. ist sehr bös auf den Verband. Warum auf Dich? Ich glaube, das beruht auf Irrtum. Werde ihn demnächst aushorchen.

In der Schaubühne erscheint demnächst was Amerikanisches von mir. Sonst habe ich nicht viel Glück. Saturn bringt auch noch Sachen von mir. Der Bahrartikel war herzlich schlecht. Nowak hat seinetwegen die Redaktion f. Österr. niedergelegt. Dieser Nowak wird allgemein unterschätzt. Er ist ein Lump, aber ein christlicher, Dostojewskischer, ein Mensch mit einer ungeheuren Sehnsucht nach Reinheit und Heldentum. Er ist nicht der Schlechteste und bei weitem der Tiefste. Ausserdem: grundarisch. Will er einmal Geschäftsjud sein, legt er sich ins Wasser.

Schreib wieder mal und sei herzlichst gegrüßt von
    Deinem Robert.

11./2 14[38]

Lieber Erhard,
herzlichen Dank für deine lieben Zeilen, deren Inhalt, nämlich gedanklich,
mir sehr gefallen hat. Besonders interessant ist, was du von den regen geistigen Interesse [sic] der italienischen Allgemeinheit gesagt hast. Gerade
darüber muss ich mich hier am meisten beklagen. Der Wiener hat nicht ver-
altete Ideen ... das wäre kein Unglük [sic] Er hat überhaupt nichts, das ihn
interessierte, als die ordinärste alltägliche Karriere. Und was noch schlim-
mer ist, er glaubt einem Menschen ehrliche Begeisterung oder Interesse gar
nicht – – er selbst ist ja leer und lebt vom Zynismus. Und nun mein altes
Thema: ich halte dies gar nicht für seinen wesentlichen Charakter, sondern
für Verjudung. Man ist blossgestellt, wenn man Ideen hat, für die man eventuell auch sterben, oder doch wenigstens verhungern würde.

Danke der Nachfragen. Meine Vorlesung ist von meinem Standpunkt
aus ganz gut gewesen, da ich mir ja gar nichts erhofft habe. Die Wirkung
war sehr gemischt. Im Allgemeinen war es mehr ein persönlicher, als ein
schriftstellerischer Erfolg. Die Literatur, das heisst, die betreffenden Judenjungen haben sich fürchterlich gelangweilt, und da ich immerhin zwei Stunden lang recht gedankenvolle Sachen, die sich durch gar keine artistische
Aufmachung anboten, las, so war es nach Däublers Vorlesung sicher der
zweitgrösste Exodus, den die Hälfte des Publikums veranstaltete. Mein
Anhang bestand merkwürdigerweise aus Damen und Laien, und da hatte
ich denn allerdings so etwas wie einen Erfolg. Ich soll übrigens zu schnell
gelesen haben.

An der Mittagszeitung schmocke ich ganz ehrlich und tüchtig. Ich will
doch auch einmal den Trost haben, dass ich das auch kann, und dass ich gar
nicht so ungelenk bin, wie ich ausschau. Vorläufig bleibe ich also in Wien.
Da Du den Li erwähnst, die Contre Anarchie im saturn [sic], die ich dir
nach Salzburg geschickt habe aber nicht, vermute ich, dass Su [sic] das nicht
erhalten hast. Es war bis jetzt meine wichtigste Publikation.

Grüsse Theodor Däubler recht herzlich. – – – Im Verband ist jetzt
wieder der Jud eingerissen. Knöpfmacher wirtschaftet dort mit Manieren
aus der Judengasse, die dem Verband die letzten moralischen Kredite entziehen werden. Die andern nämlich hat er eigentlich verbessert. Eine geschäftliche Rücksichtslosigkeit um einer grossen Idee willen, imponiert
mir. Aber in der betulichen Geschäftstüchtigkeit a la Amerikaismus [sic]
um ihrer selbst willen kann ich nichts Entschuldbares erblicken.

Schreibe bald wieder und sei herzlich gegrüsst von Deinem
Robert

---

38   Österreichische Nationalbibliothek, Autogr. 1323/20-17, 11.2.1914.

[Februar 1914][39]

Lieber Erhard,
ich danke Dir für deine liebe Karte.

Ein Gerücht sagt, daß du inzwischen in Wien gewesen bist. Da ich sehr zurückgezogen lebe, habe ich dich nicht zu Gesicht bekommen. Das Gerücht erzählt aber auch, daß du gekränkt seist über eine angebliche Äußerung aus meinem Munde, daß man dich „anzeigen" müßte oder so. Wieviel ein solcher bürgerlicher Ausdruck, wie bürgerlich, mir angeheftet, wert ist, das einzuschätzen überlasse ich ohne weitere Verteidigung dir selber.

Lieber Erhard, Du bist ein Fuchs, aber niemand weiß besser als ich, wie diskret du ein anständiger Kerl bist. Darum tue ich, was ich nie tue, wenn die Quatschköpfe zwischen dem Zentral & und dem Museum sich einmal so verquasselt haben, daß es mir als dem Bedachten in den Ohren klingt: (Säusler finden sich immer.) Ich erkläre, daß es unwahr ist, und daß mir im übrigen der Fuchs an dir ebenso lieb ist wie der gentleman, was übrigens jeder von meinem Geschmacke schon wissen könnte. Es wäre doch blödsinnig, wenn wir zwei einzigen Arier uns durch jüdische Zyniker und Kleinmacher gegeneinander aufhetzen lassen sollten wie Dorfköter. Es lachen doch die Andren. –

Ich sage: Zusammenarbeit im späteren Leben unter allen Umständen ist bei unser beider Eigenart wohl unmöglich; eine solche unter <u>gewissen</u> Umständen dagegen ebenso möglich als wünschenswert; wir haben beide darüber unsere Erfahrung. Was aber sicher ist, das ist, daß ich dir mehr glauben werde als einem Andern, und auch stets mehr auf deinen Menschen und sein Urteil geben werde, als auf die Artisterle und ihr Urteilchen. Nun halt es, wie dus kennst und magst.

Mit herzl. Gruß
Dein Robert

---

39   Österreichische Nationalbibliothek, Autogr. 1323/22-6, undatiert. Hier eingefügt wegen der antisemitischen Bemerkung, das schließt an den Brief vom 11. 2. 1914 an.

Telephone der   **Wiener**   Telephon der
Redaktion   **Mittags-Zeitung**   Administration
Nr. 1214 u. 1215   Nr. 3668

Redaktion: I. Grünangerstraße Nr. 2. –
Administration: I. Schulerstraße Nr. 14
Telegramm-Adresse: „Mittags-Zeitung Wien"

Wien, am 28. März 1914[40]

Lieber Erhardt,
besten Dank für Deine lieben Briefe. Bitte gedulde Dich noch bis zum 1.
April, ich werde Dir dann 20 K. senden und den Rest, ich glaube 10 K, am
15. da ich mein Gehalt in zwei Monatsraten bekomme. Ich würde Dir selbst
sehr gern aktiv zur Verfügung stehen, weiß aber selbst nicht wie Geld aussieht.
        Am 1. April erscheint meine Krausbroschüre. „Karl Kraus oder Dalai
Lama, der dunkle Priester. Eine Nervenabtötung." Kannst Du es einrich-
ten, daß Dein Hof & Leibbuchhändler die Broschüre, die als N° - 1. der
Monatsschrift „Torpedo" erscheint, an auffälliger Stelle dem Publikum vor-
setzt oder gar ein Plakat anbringt? Ich möchte auch fragen, ob er direkt von
meinem Selbstverlage Exemplare übernehmen möchte.
        Ich habe grosse Schwierigkeiten damit gehabt, denn niemand hat Cou-
rage. Goldschmidt, Haller, Rosner-Stern und selbst Heidrich, der in der
Spieglergasse eine eigene Verlagsbuchhandlung eingerichtet hat, haben sich
nicht getraut, die Sache in Kommission zu nehmen. Bis zur Stunde haben
wir, d.h. Knöpfmacher, der das Administrative gegen Geschäftsanteil übernommen hat und recht tüchtig ist, und ich noch keinen Kommissionär. Die
Sache ist schon bei der 2. Revision; gedruckt bei einem kleineren Drucker.
2 ½ Bogen – 60 h Ladenpreis. Wüßtest Du einen Buchhändler, der den Vertrieb für die Provinz und für Deutschland übernimmt? gegen 50 %. Die
Sache dürfte ziemlich Krawall schlagen. Wenn es gut geht, will ich „Torpedo" fortführen als „großösterr. Organ für Kultur u. Politik." Hier wird
N. 1. in den Trafiken verschleißt. Plakate von Erwin Lang.
        Habe ich Dir eigentlich schon mitgeteilt, daß ich Redaktör der Mit-
tagszeitung bin? Mit Brenner, Ficker & Dallago werde ich wohl Krach bekommen. Ich bin sehr kampfesfreudig. Daß ich arm bin, nimmt allen
meinen Unternehmungen aber immer wieder den Boden weg! – Sei herzlst.
        gegrüßt von Deinem
        Robert.

---

40   Österreichische Nationalbibliothek, Autogr. 1323/20-18, 28. 3. 1914.

Wien, am 11. April 1914[41]

Lieber Erhardt,

Ole und ich sind sehr erschrocken über Deine Meldung und können es uns gar nicht vorstellen, daß ein so fescher Bursch krank werden könnte. Wir würden gern näheres erfahren und nehmen sehr Teil an diesem Fall. Das muß sich doch noch leicht richten lassen! Ihr seid in vermögenden Verhältnissen: schickt doch den Burschen schon nach Afrika, Kairo oder Transvaal, dort wird jeder Fall geheilt!

    Gib bald Nachricht!

      Hzl.st.

        Robert

10. VI. 14[42]

Erhard Buschbeck
Schriftsteller
Salzburg
Ernst-Thunstrasse 7

L. E!

Teile Dir mit, daß Saturn schrieb, er interessiere sich sehr für Deinen Roman und ich also diesen an ihn weitergebe!

    Hzl.

      Robert.

13. VI. 14[43]

Lieber Erhardt,

vor allem wünsche ich dir Glück. das [sic] was Du zusammengebracht hast ist ein ehrliches Werk, vielleicht sogar ein Kunstwerk. Dieses zu entscheiden bin ich nicht geeignet, da ich nur mit der Selle [sic] urteile und gar nicht mit Mässen. Dass ich aber glücklich bin, Dir meine Ergriffenheit äussern zu können, magst du mir glauben.

41   Österreichische Nationalbibliothek, Autogr. 1323/20-19, 11. 4. 1914. Briefkopf der Wiener Allgemeinen Zeitung (vgl. den Brief vom 28. 3. 1914).
42   ÖNB, Autogr. 1323/20-20, 10. 6. 1914 (Poststempel).
43   ÖNB, Autogr. 1323/20-21, 13. 6. 1914.

Ich weiss nicht, was ich mehr loben soll, die Architektonik; die sprachliche Form, die nur noch im ersten Teil meiner Meinung nach an Stellen geläutert werden müsste, [w]as aber in der Revision geschehen kann, oder die herrschaftliche Enthaltsamkeit von jeder Attitude: alles in Allem bin ich darauf begierig, es erscheinen zu sehen und die erste Kritik darüber schreiben zu können.

Weil das Buch so gut ist, habe ich es mir noch überlegt und dem Saturn, dessen Bereitschaft ich Dir schon mitgeteilt habe, das Manuskript noch nicht geschickt. Ich will zuerst doch noch mit dem Steiss reden. Sagt der ab, oder will ers auf Herbst verschieben, was wahrscheinlich ist, so gebe ichs dem Saturn ab. Bist du einverstanden.? [sic] Auch will ich den Verlag Schmidt befragen.

Ich sage Dir bald Bescheid! Bis dahin sei herzlichst begrüsst
Dein Freund
Robert

Der Höhlenforscher von Bahr in der Presse hat mir sehr gefallen!

[Juni 1914][44]

Lieber Erhard,
die sprachlichen Flüchtigkeiten des 1. Teils sind nicht so wichtig, wie du sie genommen hast; die kannst du in der Revision leicht beseitigen. Im übrigen ist die gehobene Sprache des 2. u. 3. Teiles geradezu hervorragend schön und sehr vornehm. Und sonst ist überhaupt kein Einwand zu machen.

Und nun: Dr. Steiss interessiert sich für dein Buch „ausserordentlich." Ich habe aber nicht den Eindruck gewonnen, als ob eine rasche Erledigung zu gewärtigen wäre. Lerne diplomat. Versprechungen: „So bald als möglich ..." ect. wird er es lesen. Mittlerweile hat Saturn mich um das Manuskript gedrängt. Ich habe es noch keinem gegeben. Bitte umgehend um Bescheid, wem es zugehen soll!
Entschuldige, daß ich für die Marken noch nicht Dank gesagt habe. Geschieht hiermit.

Mit der Krausbroschüre habe ich nichts mehr zu tun. Die gehört Waizner, dem Drucker, der den Verlag an Lea Heidrich I. Spiegelgasse 21 gegeben hat. Von diesem müßten weitere Exemplare bestellt werden; dürften aber nicht mehr so günstig (50 %) kommissioniert werden. Wird der Buchhändler darauf eingehen? In Deutschland wird die Broschüre noch immer gekauft und Heidrich erhält fortlaufend Bestellungen!

---

44 Österreichische Nationalbibliothek, Autogr. 1323/22-4, undatiert, schließt aber
    thematisch an das Schreiben vom 13. 6. 1914 an.

Mit „Flugblätter" bleibe ich in Verbindung. Würden die in <u>Salzburg</u> nicht gekauft werden? Auch bei <u>Heidrich</u> zu bestellen.

Bitte also umgehend um Antwort!

Herzliche Grüße

Dein Robert Müller

Mein Buch[45] erscheint diese Woche!

30. Juni 14[46]

Lieber Erhard,

in den buchhändlerischen Dingen verstehst Du wohl mehr wie ich; ich wäre nicht darauf gekommen, daß Meister Würgabsichten hat, da ich Preise gewöhnlich sowenig kenne wie das Ende vom Nordpol; wenn er nur nicht im letzten Augenblicke für 100 Stück solcher Prospekte, wie ich Dir sandte, mich hätte <u>6</u> Mark zahlen lassen. Ich kann nicht kontrollieren, ob das echt ist; aber ich finde das horrend teuer. Ganz furchtbar aber sind die 650. M. die er für Dein Buch rechnet. Der Mann ist ja irrsinnig. Zu so hohen Druckspesen – soviel verstehe ich auch – könnte ja kein Verlag leben! Denn wieviel müßte da verkauft werden, damit alles gedeckt ist!

Dies sind also wohl Meisters Schattenseiten. Ich bereue sehr, daß ich die Subskription gemacht habe, da mir die 7½ K allgemein vorgeschmissen werden. – Mit <u>Steiss</u> will ich ganz sicher dränglichst sprechen. Betreffs des Verlages Hugo Schmidt, München, habe ich noch keine Antwort. Dein Buch ist so gut, daß es sündig wäre, Dich's auch noch verlegerische Anstrengungen kosten zu lassen. – Hast Du sonst noch eine Idee? Ich stehe Dir gerne zur Verfügung.

Ullmann ist bereits in die Schweiz abgereist.

Für Deine Ratschläge bezüglich Lanzierung meines Büchels herzl. Dank. Ich wäre nicht draufgekommen!

Herzlichst grüßt Dich Dein Freund

Robert.

---

45 Gemeint ist die Erzählung *Irmelin Rose. Die Mythe der großen Stadt* (Heidelberg: Saturn-Verlag Hermann Meister 1914). Das Erscheinen des Buches wird angezeigt in: Neue Freie Presse, 28. 6. 1914, Nr. 17902, S. 39.

46 Österreichische Nationalbibliothek, Autogr. 1323/20-19, 11. 4. 1914. Briefkopf der Wiener Allgemeinen Zeitung (vgl. den Brief vom 28. 3. 1914).

[Juli 1914] [47]

Lieber Erhard,

soeben deine Karte erhalten. Wollte Dir bereits mitteilen, daß Steiss versprach, das Manuskript diesen Sonntag zu lesen. Samstag komme ich wieder mit ihm zusammen. Er behauptet, „Saison", „Theaterstücke" ect nähmen ihm Zeit weg. Auf die „Presse" hin war er erschüttert. Er konnte es nicht fassen und ich mußte ihm nähere Details über deine Beziehungen zu Bahr erzählen. Das kann Dir ja nicht unangenehm sein?

Ich selbst bin sehr beschäftigt und arbeite an einer Broschüre über den jetzigen Thronfolger, die ganze Politik, Judenfrage, serbische Frage etc. Habe schon einen deutschen Verleger. Wir hoffen auf 100 000 Ex. Absatz.

Sonst all right. Ich vernachlässige Deine Sache sicher nicht! Verlaß dich! – Habt ihr schon die Flugblätter? Heft 5!

Hzlst. Robert.

16. / Juli 14[48]

Lieber Erhard,

herzlichen Dank für l. Karten u. Brief.

Steiss war in den letzten Tagen infolge einer Trauersache nicht zu sprechen. Er hat erst halb gelesen, sagt er.

Es wäre mir angenehm, zu wissen, was Dein Wunsch ist. Soll ich ihm, wenn er noch zögert, das Manuskript nehmen? Wenn sie es machen, gewiß nicht vor Herbst. Das glaube ich schon jetzt sagen zu können. Du kennst ja die Leimsieder. Stets „überhäuft!" Ekelhaft, diese Wirtschaft!

Hugo Schmidt ist augenblicklich ebenfalls mit Sachen politischer Art beschäftigt. Das wäre sonst der rechte Mann.

Paul Stefan möchte Dein Manuskript lesen. Will, daß ich es für ihn dem Steiss nehme. Aber das kann ich doch nicht; ich kann Dir doch nicht die Möglichkeit, die ja immerhin besteht, vorzeitig verderben. Ist es mit Steiss nichts, und erhalte ich das Manuskript zurück, darf es Stefan dann lesen?

Vom Saturn möchte ich Dir nach meinen Erfahrungen abraten. Soll ich es nicht doch dem Musil schicken? Was machen wir sonst? Lieber warten, als mit Krämern zu tun zu haben! Meine neueste Erfahrung.

Herzlichst grüßt Dich

Robert

---

47   Österreichische Nationalbibliothek, Autogr. 1323/22-9, Briefkopf der Wiener Allgemeinen Zeitung (vgl. oben den Brief vom 28. 3. 1914). Der Brief ist undatiert, Müller hat ihn vor der Publikation des Essays *Was erwartet Österreich von seinem jungen Thronfolger?* (München: Hugo Schmidt, August 1914) verfasst. Vgl. die Anzeige in Neues Wiener Tagblatt, 12. 8. 1914, S. 29.
48   Österreichische Nationalbibliothek, Autogr. 1323/20-23, 16. 7. 1914. Vier von Müller ab der zweiten Seite oben links nummerierte Blätter.

18. VII. 14[49]

Erhard Buschbeck
Salzburg
Ernest Thunstr. 7

L. E.
Herzl. Dank für Brief. Werde nächste Woche d. Manuskript. durch Karl
Hans Strobl, zu dem ich Verbindung habe, an L. Staackmann schicken. Dieser bevorzugt Österr. und ist der Verleger Nabls „Ödhof". Würde Dir das
passen? Hyperion Verlag kennt Nowak. Habe diesbezüglich bereits ermit-
telt. – Bitte um Adresse Däublers!
    Hzl.
        Robert

Ist Bahr in Salzburg?

21. VII. 14[50]

L. Ehrh.
Nowak ist zur Übersendung an Hyperion oder Delphin Verlag gern bereit.
Ich habe bei Hugo Schmidt angefragt, allerdings für Herbst.
    Hzl. Robert

[August 1914][51]

Lieber Erhard,
die große Zeit ist da. Ich fühle mich sehr ruhig und glücklich. Ich glaube,
auch wir werden gebraucht werden und warte, bis die Reihe an mich
kommt.
    Bezüglich deiner Münchenfahrt kann ich dir nur zuraten. Es wäre sehr
gut, mit den Leuten in Verbindung zu treten, daß du das zurückstellen
sollst finde ich nicht. Es schließt sich alles ein, es ist ein Leben, es ist ein
Geschlecht, das mit Feder und Schwert arbeitet.
Die Adresse Hugo Schmidts, das ist der Mann selbst, ist:
    München
    Bauerstrasse 14

---

49 Österreichische Nationalbibliothek, Postkarte, Autogr. 1323/20-24, 18.7.1914
    (Poststempel).
50 Österreichische Nationalbibliothek, Autogr. 1323/20-25, 21.7.1914 (Poststem-
    pel). Adressiert wie die Karte vom 18.7.
51 Österreichische Nationalbibliothek, Autogr. 1323/22-11, undatiert, nach Aus-
    bruch des Ersten Weltkriegs (die „große Zeit").

Ich kenne natürlich persönlich nicht, sondern wurde von John von Gorsleben[52], München Altfreimann, an ihn empfohlen. Diesen solltest du auch
besuchen und Grüsse von mir ausrichten. Diese Verbindung kann für alle
Teile nur in Ordnung sein.

Gorslebens nähere Adresse erfährst du bei Hugo Schmidt.

Dies zur schnellen Mitteilung. Bevor dein Buch zu Hyperion geht, lesen es Ullmann und Stefan.

In Herzlichkeit Dein Freund und Kamerad
        Robert

                                                    [Dezember 1914][53]

Erhard Buschbeck
Dresden
Christianstrasse 29
Pension Höflein

Hzl. Dank für l. Karten. Befinde mich gegenwärtig wie umstehend. Gelegentlich mehr. Briefe, Klatsch sehr erwünscht. Grüsse Däubler und Ida
Hienert plus Norwegen (?)
        Heil
        Robert

Gruss aus dem Brucker Lager   Mannschaftsbaracke

---

52   Rudolf John Gorsleben gab nationalistische alldeutsche Flugblätter heraus, er mel-
      dete sich bei Kriegsausbruch freiwillig.
53   Österreichische Nationalbibliothek, Autogr. 1320/33, Poststempel aus Kiralyhida
      vom 8.[?] 12. 1914.

Wien, 3. Jänner 1915.[54]

Lieber Erhard,

Deine Briefe haben stets Angenehmes und Interessantes für mich gebracht, aber meine militärische Ausbildung war so scharf, daß ich zu eigenem Schreiben absolut keine Zeit (und kein Licht, da in der Buckow Baracke nur Kerzenstümpfchen an der Nachtordnung waren) fand. Du stellst Dir vielleicht selbst garnicht so recht vor, was diese Ausbildung bedeutet. Seit 4 Monaten bin ich von aller geistigen Beschäftigung abgeschnitten, habe keine Beziehungen zu alten Freunden, und bin ganz und gar der Vorbereitung fürs Feld hingegeben. Umso angenehmer war es stets, wenn Ihr Euch draussen meiner erinnertet.

Bis auf einen dreckigen Katarrh, den ich aus dem vier Wochen Buckow Lager (der sogenannten kleinen masurischen Seenplatte) mitgebracht habe, bin ich ganz beinand. Es sind auch nicht einmal Strapazen und Entbehrungen, die unsereiner am schwersten trägt, sondern die niederträchtige Banalität des Dienstes, hinter der, durch ungeeignete Maßnahmen und Personen, der grosse Gemütsanlaß vollständig verschwindet. Immer wieder mußt Du um ihn ringen, aus den Mißverständnissen der Vielen und der seelenlosen Organisation die Erkenntnis des Einzelnen retten, daß trotzdem und alledem die Kritik vorläufig zu schweigen und ihr berechtigster Träger sich zu opfern hat. Daß das leicht sei, oder wenigstens, daß es mir leicht fiele, darf ich leider nicht bekennen. Es ist ein nervverzehrender intellektueller Kampf inmitten derbster Tatsachen und bringt ein wenig herunter. Daß ich ihn besser bestehe als selbst die Ungeistigen, ist die einzige Linderung für die Enttäuschung, daß ich ihn überhaupt führen muß.

Die Unterbindung der eigenen Kritik und schöpferischen Erkenntnis ist die Qual der untergeordneten Soldatenexistenz. Ihre Überwindung ihr einziger Lohn. Und denke ich schärfer zurück, so haben wir, will sagen, ich, damals auch nichts anderes gemeint, als wir den Krieg als den Erlöser vom Subjektivismus begrüssten, und sei dieser noch so schöpferisch und genial. Der Ekel vorm „Einzigen und seinem Eigentum", möchte ich sagen, mußte aktiv werden, damit der Einzige in seiner geistigen Selbstaufopferung zu seinem wahren Eigentum gelange. In diesem Sinne, glaube ich, verstehst Du auch Deinen eigenen Ausspruch über „Klärung vieler Dinge". Ich habe es oft bedauert, daß ich an Euren Debatten mit Däubler und Moeller van den Bruck nicht teilnehmen konnte. Wie mir denn überhaupt die geistige Tätigkeit schon recht begehrenswert zu werden beginnt. Das kann jetzt eine Spanne lang für mich besser werden, denn ich bin jetzt nach Wien zu den 21. Jägern versetzt, wo ich vermutlich ein Zugskommando als Kadett bekomme. Darauf freue ich mich riesig, denn dann bin ich der Erzieher von 50 Männern, die mit mir ins Feld gehen sollen, und diesen will ich Pippas

54   Österreichische Nationalbibliothek, Autogr. 1323/21-1, 3.1.1915.

Menschheitsfünkla[55] ins Herz springen lassen, sie sollen mir ob dem Regelment den Welturgrund der grossen Sache nicht vergessen.

Eure freundliche Gesinnung für mein, wie mir heute scheint, recht armseliges Büchel, hat mich stets erwärmt. Ich habe auch schon andere Zustimmungen, von fremder Seite erhalten, von Botschaftsrat, Graf, Baron und ähnlichem Typ, auch aus der Umgebung des jungen Thronfolgers. Verschiedentlichen Berufungen und Einladungen zu Debatten in politisch geschlossenem Kreis konnte ich noch nicht Folge leisten. Sehr gefreut hat mich die im Prospekt meines Verlegers abgedruckte Äußerung Hermann Bahrs. Was macht er, und wie geht es ihm?

––––––––

Der Berthel war allerdings mit mir bei der Legion. Verbindung hielten wir aber gar keine. Ich hielt mich sehr reserviert. Die ganze akadem. Legion war so etwas wie ein akadem. Verband f. L. u. M. in Uniform, made in Austria. Sie beruhte ausserdem auf radikal deutschnationaler Basis und rieb sich mit meiner Auffassung von der großösterreichischen Staatsidee. Eine einzige Person habe ich näher kennen gelernt, einen Wiener Advokaten, älteren Herrn; auch dieser[,] der entsprechend grosses Verständnis für die Idee erwies, kam von der christlich-sozialen Seite. Als Partei beschränkt, besitzt sie, (die chr. s. P.), doch die fähigsten Politiker in Österreich.

Däubler, wenn Du ihn siehst oder hörst, herzlichen Gruß und Handschlag; gerne würde ich seine jüngeren und letzten Schöpfungen kennen lernen, denn ich bin ausgehungert nach feinen Dingen. Kann Du mir etwas senden (auf Borg) oder besser angeben, wo erhältlich, ich kaufe und besitze es gerne. Sehr leid tut mir der Verlust jenes letztes Gedichtes Trakls an die Deutschen. Hat es sich nicht gefunden? Weiß Ficker nichts darüber? – Wie geht es diesem? Trakls Schwester? – Von unsern Bekannten weiß ich wenig: Berger ist mit seiner Kriegskompanie gefangen in Rußland. Überhaupt sind viele gefangen. Erwin Lang in Rußland, von Förster, der Mann der Lilith Lang, in Serbien. Denke Dir, Ullmann wurde bei der Musterung behalten. Er ist konsterniert, wie Du Dir denken kannst. Er hoffte sich sicher. Ich finde es, angesichts seiner Konstitution und Krüppelhaftigkeit, auch lächerlich. Es muß ein Irrtum sein.

Hast Du gute Bücher gelesen? Kannst Du etwas empfehlen?

Dein Manuskript geht jetzt sofort an Dich ab. Schreibe mir wieder bald, lieber Freund, Deine Briefe sind jetzt ausser denen Oles oder meines Verlegers die einzigen die ich bekomme.

Mit treuem Gruß

Dein Freund Robert.

––––––––––––––––––––

55   Vgl. Gerhart Hauptmann: Und Pippa tanzt. Ein Glashüttenmärchen in vier Akten. Berlin: S. Fischer 1906.

Nach dem Kriege verspreche ich mir grosse Arbeit! Ideen komplet[t]. Nur hinsetzen und schreiben. Und dann: modeln, organisieren, Pace geben, tut uns allen doch so not! Fehlt ja noch immer!

3. II. 15[56]

Rob. Müller, Kad. Asp.
I. R. 4/4 Feldkomp. 14   Erhard Buschbeck
Feldpost 106   Salzburg
                               Ernest Thunstrasse 9
L. E.,
dritte Woche am südlichen Kriegsschauplatz, befinde mich ausgezeichnet. Wie gehts Dir, eingerückt, oder sonst wo flanierend? Däubler? Noch bei Dir? Nachricht an umstehende Adresse sehr erwünscht! Schreibe mehr.
Hzl. Grüße
Robert

Südlicher Kriegsschauplatz. 5. Febr. 15[57]

Rob. Müller
Kad. Asp.   Hermann Bahr
IR 4/4 14 Feldkomp.   Salzburg
Feldpost 106   Amberg Schlössel

S. g. H. B:
Lese soeben mit großer Freude u. Begeisterung im Hugo Schmidt'schen Taschenbuch Ihr österr. Bekenntnis. An uns Jungen soll es nicht fehlen, wir sind voll optimistischen Übermutes.
Ihr sehr ergebener
Robert Müller.

---

56 Österreichische Nationalbibliothek, Autogr. 1323/21-5, 3. 2. 1915, Feldkorrespondenzkarte.

57 Feldkorrespondenzkarte. Der Poststempel dieser Karte stammt vom 8. 2. 1915. IR = Infanterieregiment, Feldpost 106 = Suchweg. Zum Infanterieregiment 73 gehörte ein Infanteriebataillon 4/4, es handelte sich um das 4. Bataillon dieses Regiments, das wiederum in 4 Kompanien untergliedert war. Die 4. Kompanie des Bataillons war die 14. Feldkompanie des Regiments. Vgl. dazu auch Ole (= Olga) Müller an Erhard Buschbeck: 23. 1. 1915 (ÖNB, Autogr. 1323/21-3). Müller spielt auf folgenden Artikel an: Hermann Bahr: Österreich. In: Alois Schremmer (Hg.): Taschenbuch auf das Kriegsjahr 1914/15. München: Hugo Schmidt 1914, S. 79–86. Dank an Martin Anton Müller (Theatermuseum Wien) nicht nur für diesen Hinweis, sondern auch für die Klärung genereller Fragen zum Verhältnis zwischen Müller und Bahr. Signatur dieses Dokuments im Theatermuseum Wien = AM 59.240 Ba.

[Februar 15]⁵⁸
ROBERT MÜLLER
OLGA ESTERMANN
TEILEN ALLEN FREUNDEN UND BEKANNTEN IHRE
TRAUUNG MIT.
1915

2. April. 15⁵⁹

Rob. Müller, Kadet   Erhard Buschbeck
I. R. 4 / 4   Pension Höflein
Feldpost 106 B.   Dresden
                                      Christianstr. 29
L. E.
wünsche Dir frohe Feiertage, soweit Dirs nach dem Letzten zuzumuten ist.
Würde mich sehr freuen, von Dir zu hören, ob Du arbeitest, wie u. was u.
was los ist. Bist mitDäubler beisam[m]en? Leb recht wohl Dein
        Freund Robert

Mein Buch in Deutschld. Sozusagen verboten. Weißt schon?

Robert Müller
Lang Enzersdorf bei Wien
Wiener Strasse 35   Herrn Hermann Bahr
                                      Salzburg
                                      Amberg Schlössel

5. Aug. 15.⁶⁰

Sehr geehrter Herr Bahr,
traf Karl Adler, der mir enthusiasmiert erzählte. Meine Adresse umstehend.
Ich befinde mich eigentlich nervenkrank (2 mal Chok) im Spital u. dürfte
ins Kriegsarchiv kommen. Ich freue mich schon sehr, Sie wieder ein mal zu
sehen und zu sprechen.
        Sie freundlichst grüssend Ihr sehr ergebener
        Robert Müller

---

58 Österreichische Nationalbibliothek, Autogr. 1323/22-20, 8.–10. Beilage. Unda-
    tiert, Heiratsanzeige, direkt nach der Heirat (22.2.1915). Von Robert Müller liegt
    eine Visitenkarte des „German Herold" bei, die Adresse ist überstempelt mit
    „Wien II.", „Florianigasse 75". Auf Olga Müllers Karte ist der Name „OLE ERNA
    MÜLLER" aufgedruckt. Die Rückseite trägt den handschriftlichen Vermerk:
    „Mein innigstes Beileid Ihnen und Ihrer Frau Mama".
59 Österreichische Nationalbibliothek, Feldkorrespondenzkarte, Autogr. 1323/21-6,
    2.4.1915 (Poststempel vom 3.4.1915).
60 Theatermuseum Wien, AM 59.241 Ba.

Wien. 13. Okt. 15.[61]

Lieber Erhard,

soeben erhalte ich durch <Enny>[62] Deine beiden lieben Briefe, für die ich Dir wirklich herzlich danke. Wie Du siehst, nehme ich die Sache massiv, da ich, obwohl es vorgeschrittener Abend, Dir sofort schreibe. Besonders danke ich Dir für die Nachrichten über Dich. Wie Du Dich verändert hast – – hätte ich beinahe gesagt, weil der Ton Deines Briefes selbst diesen Ausruf sozusagen erwartet: es stimmt aber nicht. Du hast Dich wohl gar nicht verändert. Kann man das? Man kann nur seine Meinungen ändern. Die hast Du vielleicht, durch letzte Erfahrungen, geändert und damit Deine Lebensordnung. Aber sonst lag Dir immer die Idylle im Blut: gar kein Widerspruch zu einem tätigen Manne. Siehst Du, genauso stelle ich mir Hindenburg vor. Und Moltke und Bismarck waren so. – Ich bin freilich in gerade der entgegengesetzten Stimmung wie Du. Kannst Du Dir vorstellen, für mich hat das Leben noch einmal begonnen. Ich lebte vier Monate, nicht vor einem Grabe, schon in einem Grabe, aber verschärft durch Bewußtsein. Mein Lebenshunger ist ganz kindlich, wenn auch mit einem schnell befriedigten und blasierten Stich: müde Nerven, wie ich sie früher nie kannte. Mein Gehör war demoliert, psychisch und gesundheitlich (ich hatte 6 Kilo zugenommen) kam ich unlädiert zurück, aber die Nerven sind futsch, ich bin eine Art „kurzatmig".

Das ist der nachgeschleppte Druck der vier Monate Front (nahezu ununterbrochen). Aber meine Lebens[-] und Tatenlust ist ganz ungeheuer. Ich bin nun Soldat gewesen, und hab gemacht, was da von mir zu machen war. Es hat mich nicht befriedigt. Es hat mich <herausgetrieben>[63], vieles mißfiel mir, ich will nun auch, bevors mich ganz weghaut oder Dinge geschehen, die ich mit meinem Blut nicht besiegeln möchte, ein geistiger Führer meines Volkes sein. Man hat mich anstandslos superarbitriert, schwere Neurasthenie und dann die Hand. Nun bin ich da, ich habe mir einen sehr smarten Betrieb eröffnet, wie Du gleich sehen wirst, um noch soviel ich das vermag, ins Räderwerk einzugreifen. Ganz ohne Reue geht es freilich nicht. Es war scheußlich, mutig gesprochen; ich habe nur Elend gesehen. Nun, da ich wieder in der Nähe der Hebel sitze, Distanz habe und sehe, wie wir dahinsausen, reizts mich, wieder wesenlosen Dampf zu spielen. Aber das geht vorüber. Ich habe meine Route klar im Kopf.

Es wird wohl noch ein'ge Zeit dauern, bis ich meine Nervosität abgelegt habe. Sie ist rein mechanischer Natur. Ein Leben, wie Du es führst, ist beneidenswert; beneidenswert die Natur, die es zu geniessen vermag. Ich könnte das nicht. Ich fiebere nach „Betrieb". Es liegt etwas Erlösendes in

---

61 Handschriftlich oben links nummeriert, insgesamt 9 Seiten, Österreichische Nationalbibliothek, Autogr. 1323 / 21-8, 13. 10. 1915..

62 Möglicherweise auch <Emy> oder gar <Erich>; vgl. auch den Gruß auf der Postkarte vom 15. 10. 1915.

63 oder <heraufgetrieben>.

dieser Arbeit; und was ich erlebt habe, läßt mich Betrieb noch tiefer lieben. Allerdings, mit meiner Hand am Knopfe – Du verstehst mich. Wirst auch verstehen, wenn Du meine Sachen liest.

Ich bin glücklich verheiratet und habe ein hübsches, gesundes Mäderl, Erika Erna, 12 Wochen. Wir wohnen jetzt in Lang-Enzersdorf und ziehen November nach Wien. Hoffentlich besuchst Du uns bald. – Ich teile Dir noch mit, daß ich sehr deutsch bin, jetzt. Es ist das einzig mögliche Volk, besser: Rasse. Alles andere ist nicht mal Hälfte davon. Kennengelernt.

Meine Deutschmeister sind Helden. Aber das erzähle ich Dir mündlich. Ich habe ein Buch geschrieben, „Macht – psychopolitische Grundlagen des Krieges", erscheint demnächst bei Hugo Schmidt in der Ausführung meines letzten. Bei Friedensschluß erscheinen „Tropen". Dann bitte ich Dich um einen Beitrag für „Kriegswerkstatt. Gedenkblätter des Jahres 1915." Däubler auch. Erscheint Broschürenformat bei H. Schmidt. Haltung: geistiger Imperialismus! Verstehste. Du mußt unbedingt dabei sein. Rutra schreibt Dir Näheres, er macht so die nette Arbeit. Er ist übrigens sehr treu und hat stark an Leistung zugenommen. Honorar wie gewöhnlich keines. Zweck des Buches, wie gesagt, Vergeistigung der Politik, wenn man so sagen darfen [sic].

Mit S. Fischer habe ich Vertrag auf ein Kriegsbüchel. Im Auftrag H. Bahrs, der sehr lieb ist, und Hofmannsthals werde ich ferner ein Buch für Insel Verlag, Österreichisches, schreiben. Essays von mir bei Schmidt erscheinen später unter „Der Weltdeutsche." Das alles in Arbeit, dazwischen Aufträge auch Kleineres, wie zum Beispiel „Merker" etc. Mein Kopf schwirrt von Bildern, Plänen, Sätzen. Wird Dir nicht gefallen, dieser betriebliche Robert Müller. 8 Monate Front u. 4 davon totlebendig machen aber heißhungrig. Ich habe massiv sterben sehen. Nun weiß ich, wie man das Leben nehmen muß.

Und nun, was ist mit Deinem Traklbuch? Oder Essay. Hast Du schon Pla[t]zierung? Wenn Dir paßt, gebe Dir sofort Empfehlung zu H. Schmidt. Mordstüchtig. Würde mich übrigens sehr interessieren, das zu kennen. Wenn es Essay, vielleicht zu Schickele, Weisse Blätter. Denkst vielleicht, ich bin sehr roh, daß ich nichts anderes dazu zu sagen habe. Ich kann mir nicht helfen, sterben interessiert mich nicht mehr. Weder für meine Person noch für andere. Es ist eine viel selbstverständlichere Sache, als man annimmt. Also ganz un filosofisch. Es geht die Sage (Irene U.) von Dir im Fischerkostüm. Das Bild möchten wir haben, meine Frau und ich. – Wie geht es Däubler? Grüsse ihn sehr herzlich und schreib mir über ihn.

Meine Adresse bleibt vorläufig:
Lang Enzersdorf bei Wien,
Wienerstrasse 35.
Ole und ich grüssen Dich herzlich, lieber Erhard, und erhoffen bald Nachricht von Dir. In Freundschaft
Dein Robert

Wien 25. 10. 15[64]

Robert Müller
Lang Enzersdorf bei Wien   Erhard Buschbeck
Wienerstrasse 35   Post Vitte bei Stralsund
     Kloster
L. E.
Herzl. Dank f. lb. Brief. Hoffentlich beteiligst Du Dich bei den „Gedenk-
blättern", auch Däubler. Schick bald was. Däubler als <Meer> <...>[65] ist
<gemalt> auf dem Bilde und Du siehst ja aus wie Gabriel Schilling.
     Hzl. Robert

     Herzl. Gruss!
         <Enny> G.[66]

Lang Enzersdorf, 29. Okt. 1915[67]

Lieber Erhardt,
ich erhielt heute deinen Fluchtbrief, der mich sehr gefreut hat, weil er deine
Aufrichtigkeit wieder einmal wohltuend vermeldet. Dass ich gleichwohl
nicht deiner Meinung bin, tut ja nichts. Rutra ist ein sehr tüchtiger und
anständiger Mensch. Ich sehe gar nicht ein, warum ich nicht neben ihm
veröffentlichen soll. Ich habe zwar keinen überwältigenden aber doch einen
sehr guten Eindruck von seinen Arbeiten. Und der Mensch ... ja, mein
Gott, man kann nicht wissen, was in einer so gequälten Natur, wie Rutra
eine ist, steckt. Ich stelle mir Dostojewsky [sic] als durchaus verkommen
vor, zum Beispiel. Und Sonnenschein, der scheint ja auch was zu können.
Die Sachen von Viertel aber sind direkt ungeheuer gut. Kann ich dafür, dass
unsere Christen nichts können? Sag mir wen, ich werde sofort für ihn ein-
treten. Auch wenn er mir persönlich gar nichts zu geben hat. Dann ist auch
Trakl mit Briefen vertreten. Die Sache ist nicht so schlecht. Ich sehe natürlich, dass von einer Veröffentlichung Deines wunderbaren, makellosen
Traklessays unter diesen aversiven Umständen Deinerseits nicht die Rede
sein kann. Aber es tut mir wirklich leid, dass von Dir nichts dabei sein soll.
Nun musst Du allerdings nicht meinen, dass ich der ganzen Sammlung einen so kolossalen Wert beilege. Nein, ich helfe dem Rutra, weil ich ihm eine
Freude machen will, und weil mein Verleger sich auch dafür interessiert.

---

64   Österreichische Nationalbibliothek, Postkarte, Autogr. 1323 / 21-10, 25. 10. 1915
     (Poststempel). Die Gedenkblätter, von denen hier die Rede ist, sind tatsächlich
     erschienen, allerdings ohne Beiträge von Müller und Buschbeck. Vgl. Emil von
     Woinowitsch: Aus der Werkstatt des Krieges. Wien: Manz 1915.
65   Eventuell <Meerhünhe> (Meerhüne?).
66   Vgl. den Anfang des Briefes vom 13. 10. 1915.
67   Österreichische Nationalbibliothek, Autogr. 1323/21-7, 29. 10. 1915.

Warum nicht? Ich habs nicht nötig, wahr. Aber ich habs auch nicht unnötig. Ich machs mit dem linken Fuss, und ich bin überhaupt mehr beratendes als ausübendes Mitglied des Unternehmens.

Ich habe Trakl erst aus Deinem Essay verstehen gelernt. Er war mir vorher vollständig fremd. Siehst Du, Trakl, das war so Einer, ein Christ, ich hatte Einwände gegen ihn, ich konnte die Notwendigkeit dieser Existenz nicht begreifen. Aber ich habe die Einwände gegen ihn nie getan, weil ich ja doch sah, dass etwas an ihm war. Das ist auch etwas, sagte ich mir, und Du verstehst ihn eben nicht

Ich verstehe ihn heute, durch deine Arbeit. Dass ich ihn fühle, das kann ich nicht sagen. Es liegen „sittliche" Denkfehler vor, nach meinem Empfinden, ein rudimentäres menschliches Funktionieren, ein Mangel an Dialektik. Dass aber diese Mängel heroisch sind, das werde ich nicht leugnen. nun [sic], nachdem ich dich gelesen habe, noch weniger. Es war ein sehr fruchtbares und gutes Werk, das Du da an deinem toten Freund getan hast. In Styl, Kraft des Ausdrucks, Sorgfalt, bist du nicht wiederzuerkennen. Ich kann nicht begreifen, dass du danach Wolfdietrich umarbeiten möchtest. Aber nur feilen! Bossel nicht zuviel, schreib lieber was Neues! Ich bin nicht fürs Korrigieren. Das ist schal. Schau, was ist Flaubert gegen den schlamperten Dostojewsky! Das kann sich nicht ins Aug schauen.
Ich sende Dir die Schriften, wie Du gewünscht hast.

Augenblicklich schreibe ich für Hofmannsthal „Österreich und der Mensch". Mit den Kapiteln, die Dir alles sagen: Österr. Reichszucht. Österr und die Frau. Österr. und der Mann. Die Überwindung Wiens. Österr. und die Welt.

Von Däubler wird also auch nichts zu erwarten sein? Was schreibt er denn nun? Metafysisch? Das würde mich sehr interessieren. Da las ich Kritiken über ihn, in denen wird er mit Dante verglichen. Dante ach, das ist doch entsetzlich, das ist doch ein unmöglicher Vergleich heute. Da will ich lieber mit der Integralrechnung verglichen sein, als mit Dante. Überhaupt diese Romanen! Die armen, kolossalen Heldenserben rottet man aus. Und sowas wie das Romanische nennt man geistig und kultiviert. Das ist doch das ungebildetste Volk, das mir wurst ist, aber das ich wegen seiner Borniertheit hasse. Ich versuchte, Balzac zu lesen, also einen von den bessern. Das ist überhaupt keine Literatur. Sowas fades. Es gibt überhaupt nur eine russische und skandinavische Literatur und ein bissel Deutsche. Auch Dickens ist lau. Kipling ist übrigens gut.

Meiner Frau und meinem Mädel geht's gut. Ole lässt dich herzlich grüssen

In alter Treue dein Robert

Wien. 27. Nov. 15[68]

Lieber Erhard,
erhielt mit Freude Deinen lb. Brief vom 20. ds. Ich bin jetzt als Adjutant
einem Spitalskommando zugeteilt, nämlich Kriegsspital III. in Baumgarten.
Es liegt sehr schön, in der Hütteldorfer Mulde; heute hatte ich zum Beispiel
die ganzen verschneiten Wienerwaldberge vor mir. Ich fühle mich zufrieden und bin gesund. Der Dienst ist durchaus angenehm. Ich habe die letzten zwei Monate soviel geschrieben, daß es ganz gut ist, wenn ich wieder
was andres tu. Es geht also kein „Wasser" verloren, wie Du boshaft bemerk-
test.
          Ich wohne sehr hübsch mit Familie Knapp beim Spital in Baumgarten.
Kommst Du einmal nach Wien? Mein Mädle floriert prächtig, ist ein athle-
tisches Kind.
          „Auf Vorposten" hast Du also gelesen. Man sagt, es sei „unverständ-
lich." Das versteh ich nicht. Jeder Satz darin ist klar wie eine Banalität. Du
findest es „schwanger". Siehst Du, ich bestrebe mich nie, diesen Effekt zu
erzielen, von dem ich jetzt sprechen werde: nämlich, bei mir hängt eine
Dürerreproduktion „Ritter Tod und Teufel." Was ist da, in ganz unwahr-
scheinlicher Komposition, alles drauf! Ich kann es täglich ansehen, und immer wieder find ich was Neues, einen Zug mehr, ein Bild im Bilde. Ich finde
das restlos, Produktion, Welt, Leben. Die romanische „Luzidität" ist mir
zuwider. Unter uns, was ist Tizian für ein flacher Kitsch etwa gegen Dürer!
– Und so glaube ich ergeht es dem deutschen Bildner und mir. Gotik: er-
starrte Explosion, wirbelnde Simultaneität! Darum halte ich die neue Kunst
für so wesentlich deutsch!
          Mein österr. Büchel ist fertig. Fischer schrieb mir um Vorlegung. Ich
ziehe Fischer der Insel vor. Sache schwebt. – Du machst mir einen so me-
lancholischen Eindruck. Was ist los mit Dir, lieber Erhard? Einst so „tät-
lich", mönchst Du heute. Komm wieder nach Wien, ich glaub gar, Du hast
Heimweh. Hab ichs erraten?
          Wolf Dietrich schmeißt man natürlich nicht fort, sondern wartet und
arbeitet aus, verstandewuh? Wu, Wu!
          Ole grüßt herzlichst. Bist Du mit Däubler? Was machst Du doch den
lieben langen Tag?
          Heile und herzlich Gruß Dein
                    Robert

Wien XIII.
Linzerstrasse 358 <u>A</u>   Gartenvilla

---

68   Österreichische Nationalbibliothek, Autogr. 1323 / 21-9, 27. 11. 1915, 4 Seiten.

[Dezember 1915][69]

Die besten Wünsche zum Neuen Jahre[70]
Robert & Ole Müller-Estermann

8 – JAN 1916[71]

Absender:
Robert Müller   Erhard Buschbeck
Wien XIII.   Schriftsteller
Linzerstrasse 358   Pasing bei München
K. u. R. Leutnant   Spiegelstrasse 7

L. E.
herzl. Dank für lb. Nachricht. Tropen an dich gegangen. Sonst wenig
Neues. Bei S. Fischer erscheint „Ö. und der Mensch." Hast du „Macht"?
Schreibe jetzt mein Kriegsbuch „Leutnant Johannes. Beilage vom Krieg".
Wahrsch[ein]lich S. Fischer.
　　　Schreib bald, Alterchen, u. sei herzlichst gegrüßt von Deinem
　　　Robert

Brief an Josef Redlich

18. I. 16[72]

Hochgeehrter Herr,
Herr Hermann Bahr hat mir geschrieben, ich möge Sie nach vorhergegan-
gener Verabredung besuchen.
　　　Ich bin Militär und gewöhnlich erst nach 6^h n. m. frei. Ich bitte mir
indes eine ganze bestimmte Stunde für einen Tag anzugeben, ich werde
mich hiefür frei machen und Sie sehr gerne aufsuchen, wenn es Ihnen gefällt.
　　　Mit vorzüglicher Hochachtung
　　　Robert Müller

Telefon 81321 (dienstlich im Kriegsspital III., Baumgarten)

69　Österreichische Nationalbibliothek, Autogr. 1323/22-20. Undatierte Neujahrs-
　　grußkarte, vermutlich 1915.
70　Gedruckter Text auf der Vorderseite.
71　Österreichische Nationalbibliothek, Autogr. 1323/21-11, 8.1.1916 (Stempel),
　　Feldkorrespondenzkarte.
72　Österreichische Nationalbibliothek, Autogr. 1451/13-1, 18.1.1916. Vgl. Josef
　　Redlich: Schicksalsjahre Österreichs. Bd. 2: Tagebücher 1915 – 1936. Wien / Köln:
　　Böhlau 2011, S. 136, Eintrag vom 23.1.1916: „Von 5 bis ½8 der junge Schriftsteller
　　Robert Müller, von Bahr gesendet, bei mir: ein sympathischer Mensch. Seine
　　Schrift ‚Macht' gestern gelesen, verworren, aber gedankenreich!"

Briefe und Karten an Erhard Buschbeck

[25. 1. 1916][73]

Lieber Erhard,

nix Kant, nix Nietzsche. „Tropen" ist ein Bekenntnis zur ungeschriebenen Theorie der heutigen, gegenwärtigen, vorläufig-zukünftigen Kunst, zu Synthese, Expressionismus, Postimpressionismus. Eine Weltanschauung? Heute nicht mehr. Dafür: ein Lebensgefühl, in dem Anschauungen nicht Thaten, sondern Synthesen sind.

Tropen: eine Gestaltung des Gestaltens. Jede andere Auffassung wäre altmodisch, *metafysice et moraliter* romantisch.

Kein Glaube? Im Gegenteil: ein Glauben! Dein Glauben ist metalogisch, Funktionssache, Sicherheitsgefühl. Haben wir. Siehe Slim.

Die kategorische nicht anti-aber a-wissenschaftliche Sicherheit: was hassen wir „Jungen" mehr als diese. Dies ist mir Glauben. Ich brauche keinen Messias u. keinen Katechismus. Ich akzeptiere sie für jeden, der sie braucht. Mit mir viele. Siehst du, man glaubt oder glaubt nicht. Du glaubst nicht, denn du möchtest glauben. Ich glaube, weil es mir wurscht ist, ob ich glaube. Jedenfalls bezweifle ich ebensosehr das Wissen als das Zweifeln. Daß wir ohne Objekt glauben, (Gott ect.) ist kein Grund, anzunehmen, daß wir nicht glaubten. Glauben liegt heute im Subjekt. Sein ist Position, Synthese, Fantoplasma, Expressionismus. ect – – – –

Gute Literatur ist Tropen nicht. Dazu zu pampfig. Es ist ein Versuch (vielleicht ein halber und mißratener) zu sagen, wie dieser Mensch ist: 1912 – 16 den Krieg machen wir, einen fabelhaften Frieden machen wir. Was man logisch, künstlerisch, moralisch dagegen sagen kann, fällt hin vor der Tatsache, daß Tropen zum erstenmal <ihn zutrifft>, mit Andeutungen undarstellbarer Rasse, <aussuchen>[74] zum – befürworten!

Ich war auf Bahrs Wunsch bei Josef Redlich, der sehr jugendlich ist und mir gut gefällt. Darüber andermal.

Hzl. Dein Robert

---

73   Österreichische Nationalbibliothek, Autogr. 1323/22-7, undatiert, wegen des Rückverweises im Brief vom 26. 1. 1916 vermutlich 25. 1. 1916.

74   Oder <aufsuchen>?

26. I. 1916[75]

Lieber Erhard,
sandte Dir gestern einige Zeilen und erhielt bald darnach Deinen 2. Brief
vom 22.

Du hast Dich sehr verändert. Ich weiß nicht, ob Du früher so an Deiner Innerlichkeit gelitten hast; jetzt muß es wohl der Fall sein. Warum bist Du so böse auf die „Analyse?" Ich trage sie seit meinem 12[.] Lebensjahr herum. Die Zeit bis 22 war schlimm, ich war ein wüster und zerworfener Charakter.

Aber seither bin ich mit ihr so glücklich, als man nur immer ohne sie sein kann. Sie hat mich nicht gehindert, ein mordsfideles Kindchen hervorzubringen; sie hat mich überhaupt an nichts gehindert. Im Gegenteil. Und da bin ich bei meinem Buche, dessen Dogma Du anfichst.

Erstens ist es nicht analytisch; es überwindet die Analyse organisch. Was nicht durch retrograde Bewegung, nicht durch Auslöschung ect. geschehen kann. Schließlich ist Dein Einwand gegen die „lähmende" Analyse der gleiche wie gegen den Mangel an „Glauben." Aber Du irrst. Ich muß Dich unreif sprechen. Die Analyse ist herrlich; denn sie macht reinen Tisch, sie stellt das Gemütschaos her, aus dem erst wieder geformt werden kann. Was zerstört sie? Die Konventionen, die sozialen Zwangsvorstellungen; sie macht zum Nihilisten; aber bei diesem erst fängt ein neuer Konservativismus an. Die grossen Dinge, Lebensfreude, Liebe in jedem Sinn, Fantasie, Schöpferlust, Schöpferkraft, Glaube mit und ohne Objekt, Sicherheit, zerstört die A. nicht; was sie zerstört, war würdig zerstört zu werden.

Ich werde den „Slimismus" stets vertreten, denn es ist meine Erfahrung, mein Plus über das bisher Erreichte. Deine Einwände sind altmodisch. Man lebt auf mit der Analyse; ja, möchte ich sagen, woher nähmen wir ein moralisch Recht auf unsere Arroganz, unsere Zuversicht, unsern „Imperialismus", wenn es nicht ein Positivum aus einem Negativ wäre? Und schliesslich: kannst Du so Elementares wie Analyse weglügen, wegzwingen, wegglauben? Du kannst sie nur so extrem <führen>, daß sie eine neue Kraft, ihr eigenes Gegenteil, wird. „Glaube" – ja, Glauben, aber unsern Glauben, doch nicht den der Alten? Glaube ist subjektive Sicherheit, mit und ohne Objekt.

Ich spreche Dir nach: Eine analytische Richtung, die nach einen greift, muß nicht notwendig die Wirklichkeit des Menschen zerstören, die Ideen vernichten, die Gestalten zerschlagen. Analyse muß das Geschehen der eigenen Brust erfassen: dieses wird trotzdem, ja verstärkt und aufs Wesentliche geläutert, in seiner Naivetät verlaufen. Siehe Slims „zweite Naivetät," seinen Katholizismus, seinen Lebensappetit, seine Schöpferfreude, sein soziales Empfinden.

---

75   Österreichische Nationalbibliothek, Autogr. 1323/21-12, 26. 1. 1916. Der Brief
        umfasst 13 Seiten, die links oben nummeriert sind.

Daß Idee u. Gestalt in den „Tropen" zerschlagen sind, durch Analysen, wäre nur schlimm, wenn man auf der Konvention steht, daß dies unkünstlerisch ist. Aber mich z. B. würde eine solche frühere, gestaltenhafte, unanalytische Kunst nicht interessieren. Kann sie nicht lesen (z. B. Dickens) geschweige möchte ich sie schreiben. So wie ich Tropen schrieb, bin ich, freue ich mich, und würde es auch anderwärts gerne lesen.

Ich habe das Gefühl, daß Tropen noch immer nicht das Richtige sind. Unsere Romantechnik ist ganz falsch und verlogen, schematisch unschöpferisch. Davon mag vieles noch in Tropen vorhanden sein. Aber auch schon wesentlich frisches, geradewegs unbekümmertes. Das Epos muß zyklopisch arbeiten, verschwommen sein wie Rodin, aus den inneren Anlässen gestaltend, nicht aus den Styl- und technischen Gewohnheiten, die vom oft behandelten Sujet <...> <...> strahlen, Verstehst du mich?

Sist ähnlich wie mit der der modernen bildenden, von der ja in Tropen auch geredet ist. Die Innendarstellung des Künstlers muß direkt und ehrlich zuwort kommen, auch auf Kosten einer nicht „verwirrenden" Form, unanalysierter Gestalten ect. Mit diesem Gefühl, daß z. B. selbst der beste Roman sogar ein Hamsun ein Schwindel ist, eine Gestaltung aus vererbten Gestaltungsgewohnheiten balge ich mich oft. Eben die naive und unanalytische, eigentlich postanalytische, nämlich expressive Gestaltung, innerhalb der die Analyse bis zum Maximum und Absurdum durchgeführt sein muß, muß frei walten gelassen werden.

Verstehst Du mich? Ich habe es verachtet, sogenannte klare Plastik zu schreiben. Daß vieles verwirrend ist, wirkt, ist klar. Aber im Buch selbst ist eigentlich das Anagramm enthalten, wieso es als Buch so wurde. Ich selbst bin über alles in <Frieden> so klar wie über einen Gebrauchsgegenstand. Daß Idee und Figur zerschlagen aussieht, mag sein; aber nicht zerschlagener als die Wirklichkeit: l'homme au nez cassé. Meine seelische und körperliche Zerschlagenheit hindert mich nicht, Muskeln und einen sehr realen Machtwillen zu besitzen. Das wäre ja die Neuerung: „mit dem Gift im Blute gesünder leben!" Steht in Tropen.

Mich hindert die ewig wache Analyse an gar nichts. Im Gegenteil, sie macht mich pur, naiv, skrupellos und erweckt den Wunsch, auf dem gelösten Nichts nun erst recht zu: bauen! Es ist gar kein Unterschied zwischen dem schwarzgelben Buch und Tropen. Jenes ist ja eine Erfindung, ein Fantoplasma, das der Analytiker Jack Slim synthetisiert haben könnte.

Grüße Dich allerherzlichst Dein
  Robert.

Lasest Du „Merker?"

8. IV. 16[76]

Postabteilung des k. u. k
Kriegsspitales III.
Baumgarten, Wien XIII / 4   Militärpflege

Absender [...]:
Lt. Rob Müller   Erhard Buschbeck
                                        Pasing bei München
Zensuriert   Spiegelstrasse 7. III.

L. E.
Hzl. Dank f. l. Karte. Erhielt Buch über Däubler – ferner von Däubler sein
Neues „Silberne Sichel".[77] Du, das ist fabelhaft. Größte Literatur. Werde
darüber schreiben. Wo wohnt Däubler. Schreib wieder!
        Hzl Robert

                                Etappenpost Belgrad, am 23. Jan. 17.[78]

Belgrader Nachrichten
Beogradske Novine
Belgrádi Hirek
Schriftleitung

Lieber Erhard,
es freut mich ganz besonders, nachdem Du so lange geschwiegen hast, auf
diese glänzende und vielversprechende Weise von Dir zu hören. Danke also
für die Sendung, das Büchlein sieht gut aus. Den Inhalt habe ich ja schon
lieben gelernt. Nochmalige Lektüre vergewisserte mich in meinem Urteil,
es ist wunderbar aufgebaut, der Mensch wird sfärisch klar – womit ich sagen
will, klarer, als durch eine normale Biografie.[79]
        Was treibst Du dort? Schreibe einmal länger. Hast viel Gutes vor? Bist
Du mit Däubler?
        Ich dürfte demnächst ins Kriegspressequartier nach Wien kommen.
        Also herzlich Dank und Gruß
                Dein Robert

---

76   Österreichische Nationalbibliothek, Autogr. 1323/21-13, 8. 4. 1916 (Poststempel),
     Feldkorrespondenzkarte.
77   Theodor Däubler: Mit silberner Sichel. Dresden: Hellauer Verlag 1916.
78   Österreichische Nationalbibliothek, Autogr. 1323/21-14, 23. 1. 1917.
79   Erhard Buschbeck: Georg Trakl. Berlin: Neue Jugend 1917.

Postkarten an Hermann Bahr

8. 9. 17.[80]

Lt. Robert Müller
Wien II.
Untere Donaustrasse 29.
K. u. k. Kriegspressequartier
Auslandstelle.

Lieber Herr Hermann Bahr,
wir haben Ihren kuraschierten Artikel im N. W. Journal vom 8. ds gelesen
und sind begeistert über ihren Freimut. Deutliche Bekenntnisse und Härte
gegenüber dem Gemüts- u. Bourgeois-Nationalismus sind heute nötig.
Ihre ergebensten
[unleserliche Unterschrift] Robert Müller

Wann kommen Sie wieder nach Wien, Herr Bahr?
Mit freundl. Grüssen Ihr Rob. M.

1●[11].17[81]

Lt. Rob. Müller
Wien II.   Hermann Bahr
K. u. k. Kriegspressequartier   Salzburg
Auslandstelle   Amberg-Schlössl

Verehrter Herr Bahr,
ich habe Ihnen mein neues Buch „Europ. Wege" gesandt. Da ich erfahre,
daß verschiedene ausgeschickte Exemplare ihren Bestimmungsort nicht erreicht haben, frage ich an, ob das Ihre angekommen ist.
Freundlichst grüssend Ihr sehr ergebener
Robert Müller

---

80   Der Artikel spielt an auf Herrmann Bahr: Tagebuch. In: Neues Wiener Journal,
     Nr. 8570, 8. 9. 1917, S. 4. Signatur dieser Karte: Theatermuseum Wien, AM 59.243
     Ba.
81   Theatermuseum Wien, AM 59.244 Ba, 8. [11].1917. Das Datum des Briefs ist ge-
     locht. Robert Müllers Essay *Europäische Wege* ist im Oktober 1917 erschienen (vgl.
     die Annonce im Grazer Tagblatt, 27. Jahrgang, Nr. 295, 26. 10. 1917, S. 7 und die
     Kurzrezension in Armeeblatt. Militärwissenschaftliche Wochenschrift für die In-
     teressen unserer Land- und Seemacht. 36. Jahrgang, Nr. 44–45, 3. 11. 1917, S. 10.

„DER ANBRUCH"
FLUGBLÄTTER AUS DER ZEIT   Herrn
SCHRIFTLEITUNG: Hermann Bahr
WIEN I, FRANZENSRING NR. 18.   Salzburg
                                           Ambergschlössel

WIEN, AM 13. JANUAR 1918[82]

Sehr verehrter Herr Bahr,
herzlichen Dank für die freundlichen und gewiss überschätzenden Worte
im N. W. J. ebenso für die Warnungen darin. Ich hörte von einem Vortrag
Ende Januar und freue mich, Sie zu sehen, wo kann man sich melden?
      Mit freundlichen Grüssen Ihr
      Robert Müller

Briefe an Josef Redlich

Lt. Robert Müller Wien II   22. I. Januar 18[83]
Untere Donaustrasse 29
Kriegspressequartier
Auslandstelle

Sehr geehrter Herr Professor,
der „Anbruch", dessen erst zwei Nummern ich Ihnen einsende, veranstaltet
Kultur und Kunstvorträge. Die Herren, die ihn herausgeben, würden es
sich zur Ehre anrechnen, wenn Sie im Rahmen des Anbruch einen Abendvortrag über ein Ihnen nahegehendes Thema halten würden, zum Beispiel
über Lokalautonomie oder dergleichen. Sehr interessant wäre auch „Pazifismus", Bolschewiken" oder sonst Aktuelles.
      Über die näheren Umstände würde ich mir erlauben mit Ihnen per-
sönlich zu sprechen, wenn Sie die Zeit dazu haben und würde mich auch
sonst freuen, wenn ich Sie in dieser interessanten Zeit einmal persönlicher
hören könnte.
      Ich bin im Pressequartier 9 bis drei uhr Tel. Nr. 43 1 86 anzurufen,
eventuell bitte ich um wenige gütige Zeilen zur Sache der vorliegenden Anfrage.
      Mit ergebenen Grüssen und vorzüglicher Hochachtung Ihr
      Robert Müller

---

82   Poststempel vom 14. 1. 1918, Theatermuseum Wien, AM 59.242 Ba.
83   Österreichische Nationalbibliothek, Autogr. 1451/13-2, 22. 1. 1918.

„DER ANBRUCH"
FLUGBLÄTTER AUS DER ZEIT   Herrn Prof.
SCHIFTLEITUNG   Dr. Josef Redlich
WIEN, I. FRANZENSRING NR. 18   Wien XIX.
                                         Armbrustergasse 15

                                                      Wien, am 25. I. 1918[84]

Sehr geehrter Herr Professor,
ich werde mir erlauben, Sonntag Vorm. vorzusprechen.
       Mit vorzügl. Hochachtung und ergebenen Grüssen Ihr
       Robert Müller

                                              Wien, am 13. Mai 1918[85]
Hochgeehrter Herr Professor!

Vor allem teile ich untenstehend meine neue Adresse mit. Ich würde Sie
gerne einmal wieder sprechen, die politischen Zustände haben sich augenblicklich so zugespitzt, dass die Monarchie, wenn nicht ein innenpolitischer
Staatsstreich rechtzeitig erfolgt, in Frage gestellt erscheint. Ich spiele besonders auf die südslawische Bewegung an. Es ist der psychologische Moment zur Auflösung des Bündnisses mit Preussen-Deutschland gekommen, jetzt haben wir alles zu gewinnen oder wir werden alles verlieren. Die antideutsche Bewegung ist, wie Sie wissen werden, in allen Schichten der Bevölkerung, besonders aber unter der radikalen geistigen Jugend
zu einem unüberbiegbaren [sic] Extremismus herangereift. Ich weiß, dass
Sie immer nur ein bedingter Parteigänger dieser Anschauung waren und
immer zur Mässigung geraten haben. Diese Politik hat aber bis jetzt noch
keinen Erfolg gezeigt, im Gegenteil. Die deutsche Vormacht in der Politik
der Monarchie hat, wie Sie ja jedenfalls wissen werden, noch zugenommen,
und selbst die kritischesten [sic] und freiesten Geister vermögen sich der
durch die alldeutsche Propaganda ausgeübten Suggestion nicht ganz zu entziehen. Daß die Deutschen ohne uns jedoch nichts ausrichten können, beweist ihre Forderung, sie mit einer Millionenarmee in Flandern zu
unterstützen, eine Forderung, die allerdings Arz abgelehnt haben soll. Man
bräuchte also das so oft angedrohte Einmarschieren deutscher Truppen in
die Monarchie nicht zu fürchten. Die sind selber am Hund. Wenn Sie einmal eine Stunde zu einer Debatte über diese Dinge Lust und Gelegenheit
haben, sehr verehrter Herr Professor, so bitte ich es mich wissen zu lassen.

84   Österreichische Nationalbibliothek, Autogr. 1451/13-3, 25. 1. 1918. Vgl. Redlich,
     Schicksalsjahre, Bd. 2, S. 376: „Robert Müller hier, um mich für den ‚Anbruch' zu
     interessieren." (28. 1. 1918)
85   Österreichische Nationalbibliothek, Autogr. 1451/13-4, 23. 5. 1918.

Mein Telephon ist 62.29. Meine Adresse ist: Kriegspressequartier, Auslandstelle Wien, III. Rochusplatz No. 9, Tür 12.

Mit den allerherzlichsten Grüßen Ihr sehr ergebener
Robert Müller

16. X. 18[86]

Hochgeehrter Herr Minister,

Ich bin seit Monaten in Krankenbehandlung. Dadurch bin ich ausser Kontakt mit Ihnen, Herr Minister, gekommen.

Durch Vermittlung des Herrn Bahr erhielten Sie gewiß von meinem Bedürfnis Kenntnis, mit Ihnen zu sprechen. Ihr Sekretar, Herr Dr. Kuhn, hatte die Freundlichkeit mir einen der Vormittage, 10 Uhr, Treffpunkt Finanzministerium, schriftlich vorzuschlagen. Ich war dafür sehr dankbar. Leider bin ich aber an den Vormittagen Patient und in Behandlung, so daß ich davon nicht Gebrauch machen konnte. Es kamen noch die turbulenten politischen Zwischenfälle der letzten Tage dazwischen, und ich wollte nicht stören.

Diese letzte Sorge habe ich noch. Wenn es aber möglich ist, sehr geehrter Herr Minister, Sie aufzusuchen, ohne allzu sehr zu stören, und Sie einiges Interesse haben, mit mir über politische und journalistische Fragen zu reden, möchte ich bitten, mir ein paar Worte an die unten stehende Adresse zukommen zu lassen.

Man kann, glaube ich, heute bereits mit einer Konsolidierung nach der gemäßigten Seite hin rechnen. Die klaren Köpfe müssen jetzt hervortreten.

In Erwartung
Hochachtung
Ihr stets ergebener
Robert Müller

Finanz Presse
I. Helferstorferstrasse 13.

19. X.[87]

Hochgeehrter Herr Minister,
da ich keine telefonische Verbindung bekomme, danke ich auf diesem Wege für die überaus gütige Zuschrift. Ich werde morgen Mittwoch um 4 Uhr-Nachmittag versuchen, Sie zu Hause zu treffen. Bitte sich nicht aufhalten zu lassen; wenn Sie nicht zu Hause sind, benütze ich die Ausfahrt zu einem

---

86   Österreichische Nationalbibliothek, Autogr. 1451/13-5, 16. 10. 1918.
87   Österreichische Nationalbibliothek, Autogr. 1451/13-10.

kleinen Spaziergang. Bitte mir vielleicht ein paar Zeilen zu hinterlegen, wann am <u>Nachmittag</u> ich vorsprechen dürfte.

    Mit Hochachtung und ergebensten Grüßen
        Ihr Robert Müller

[Oktober 1918][88]

Presseamt
der Deutschösterreichischen
Staatskanzlei

Robert Müller
Wien II. Zirkusgasse 10

Hochverehrte Exzellenz,
verzeihen Sie, daß ich mich auf Ihre freundlichen letzten Zeilen hin noch nicht gerührt habe. Ich hatte in der letzten Zeit sehr viel zu tun, da ich im Preßdepartement des Auswärtigen Amtes angestellt war, bis spät Abends. Ich bin nicht mehr dort, es war nicht der Platz für mich. Diese deutschnationale Regierung[89] ist preßtechnisch ebenso wertlos wie ihre Vorgängerinnen.

    Ich würde nun wieder sehr gern mit Ihnen, verehrte Exzellenz, einiges besprechen und werde mir gestatten, in den nächsten Tagen telefonisch anzufragen.

    Bis dahin* bin ich mit Empfehlungen Ihr ergebenster
        Robert Müller

* Opfer der Floskel: natürlich nicht nur bis dahin!

Einladungen an Erhard Buschbeck

Rob. Müller   [Dezember 1918 / Januar 1919][90]
Wien   Datum des Poststempels.

Euer Wohlgeboren!
Werden zur Tagung des Gründer-Rates am Freitag, den 3. Ds., um 3 Uhr

---

88   Österreichische Nationalbibliothek, Autogr. 1451/13-9. Vgl. Redlich, Schicksalsjahre, Bd. 2, S. 472. „Heute Nachmittag Robert Müller hier, der mir sehr interessant über die ‚Geistigen-Arbeiter-Sozialisten‘, die Kommunisten und die Rote Garde erzählt. Ein innerlich feiner und sehr geistreicher Mensch!" (20. 11. 1918).

89   Die Regierung unter dem am 30. 10. 1918 zum Staatskanzler gewählten Sozialdemokraten Karl Renner.

90   Österreichische Nationalbibliothek, 7. Beilage zu Autogr. 1323/22, undatiert, vermutlich Gründungsphase des Bundes der geistig Tätigen im Dezember 1918 / Januar 1919. Maschinenschriftlich, Durchschlag.

N. M. in die Wohnung
VIII. Auerspergstrasse 13
(Berthold Wolf[91])
    Eingeladen.
        Robert Müller

                        [Dezember 1918 / Januar 1919][92]
Robert Müller
WIEN

Am 10. Ds. Freitag, 3[h]. p. m. Plenarsitzung bei Berth. Wolf
VIII. Auerspergstr. 13.

Brief an Heinrich Mann

ROBERT MÜLLER / FRANZ KOBLER[93]

BUND DER GEISTIG TÄTIGEN
Telephon Nr. 33537
Sprechstunden von 3 bis   WIEN, den 29. Februar 1919.
4 Uhr nachmittags   VII., Mariahilferstraße 112

          An Herrn
          Heinrich Mann und den Münchener
          „Politischen Rat geistiger Arbeiter"
          MÜNCHEN.

Hochgeehrter Herr!
Durch Dr. Kurt Hiller – Berlin und durch Zeitungsmeldungen haben wir
vom Entstehen und Wirken Ihres Rates gehört. Mit der Organisation der
Herren Brentano und Endres[94] sind wir bereits in Fühlung; diese Form des
Geistigen-Zusammenschlusses ist aber nicht die Analogie zu uns, nach der
wir allenthalben fahndeten. Die Empfehlung des Dr. Kurt Hiller bestätigt
uns, dass Ihr Politischer Rat den ursprünglich aktivistischen Absichten entspricht.

---

91   Bertold Wolf ist wahrscheinlich der Verfasser von *Der Einfluss des Krieges auf die*
      deutsche Theaterwelt, Leipzig: Sonderdruck der Leipziger Abendzeitung 1915.
92   Österreichische Nationalbibliothek, Autogr. 1323/22-13, undatiert.
93   Heinrich Mann-Archiv / Literaturarchiv, Akademie der Künste (Berlin), Signatur
      2781. Dank an Christina Möller.
94   Der Nationalökonom Lujo Brentano und der sozialdemokratische Politiker Fritz
      Endres.

Wir glauben, dass es die vorläufige Aufgabe ist, den Geistigen einen bei Wahrung aller Individualität engen defensiven Zusammenschluss zu ermöglichen. Dieser soll die geistige Revolution inmitten eines Umsturzes bloß materieller Verhältnisse wahren. Es gibt kein Werben, kein demagogisches Überreden zu einem Programm, nur ein sympathetisches Affilieren. Die Formel, auf die wir uns geeinigt haben, entnehmen Sie aus dem beiliegenden Aufruf.

Wir bitten Sie nun, mit uns in einen geschäftsmässigen Informationen-Austausch und wenn Sie Lust und Zeit dazu haben, in eine geschriebene, schlagwortartige Diskussion über die grundlegenden Punkte, Theorien, aber auch praktische Massnahmen zu treten. Dr. Hiller hat diese Postkarten-Diskussion, Übermittlung bündigster Kritik und essentiellen Vorschlägen zu einer sehr anregenden Technik ausgebildet, die schon zwischen Berlin und uns zu greifbaren Resultaten geführt hat.

So werden Sie schon von der Absicht verständigt sein, zu Pfingsten einen Aktivistentag zu arrangieren. Wir schlagen als Ort hiefür München vor; zögen aber für unseren Geschmack und unsere Tendenz einen noch südlicher gelegenen, landschaftlich schönen, geistig disponierenden Ort an der Schweizer Grenze, wie Konstanz, vor, weil wir auch Schweizer und Franzosen zu versammeln hoffen. Das hat allerdings den Nachteil, dass der Nachhall des Kongresses in der Öffentlichkeit kleiner sein würde, als er es bei der Wahl einer Grossstadt sein dürfte. Wir erbitten Ihre Ansicht und Stellungnahme.

Die von unserem Bunde an Henri Barbusse und seine Mitstreiter gerichtete, in der Presse bereits veröffentlichte Antwort dürfte vielleicht schon zu Ihrer Kenntnis gelangt sein. Wir legen jedenfalls eine Abschrift bei.

Wir werden Sie über unsere Tätigkeit und unsere Erlebnissen [sic] auf dem Laufenden halten und bitten Sie um die entsprechende Gegenaktion. Die Erfahrungen der einzelnen Gruppen und Dependancen kommen dem Ganzen zugute.

Mit Ehrerbietung für Ihre Person und aktivistischen Grüssen an den Politischen Rat

Für den „Bund der geistig Tätigen"

Robert Müller   & Franz Kobler

Briefe an Erhard Buschbeck

Wien, den 22. Juli 1919[95]

Lieber Erhardt,
eine Bitte: Hast Du vom zweiten Jahrgang des Brenner jene Hefte, in denen
eine Erzählung von mir „Das Grauen" und ein Gedicht „Mittag am Mam-
lukenmeere" stehen, und würdest Du mir diese beiden Nummern gegen
Rückschluß zur Verfügung stellen? Wie geht es Dir, ich fahre demnächst
nach Berlin und komme auf der Rückfahrt eventuell bei Dir in Salzburg
vorbei.
        Herzlichen Gruß und Dank,
                Dein Robert

[November 1919][96]

Lieber Erhard,
um nicht zu verzögern, sende ich handschriftlich. Wird es taugen? Wenn
nicht, bitte gib es nur zurück! Wenn ja, bitte Korrektur mich selbst lesen
lassen!
        Hzl. Robert

LITERARISCHE VERTRIEBS- UND PROPAGANDA GESELLSCHAFT m. b. H.
Wien, I. Tuchlauben No. 11

---

95   Österreichische Nationalbibliothek, Autogr. 1323/21-15, 22. 7. 1919. Adresse wie
     im Brief an Heinrich Mann
96   Österreichische Nationalbibliothek, Autogr. 1323/22-10, undatiert. Vermutlich
     geht es hier um den Beitrag, den Müller im Dezember 1919 in den *Blättern des
     Burgtheaters*, publiziert hat, vgl. KS 1, S. 130 und S. 136–144, und den zurückzuzie-
     hen Müller in seinem Brief vom 25. 11. 1919 angeboten hat.

ROBERT MÜLLER   WIEN, am 25. November 1919.[97]
WIEN, I.
Tuchlauben Nr. 11 [...]

R/R.
Herrn
    Erhard Buschbeck
    Sekretariat des Burgtheaters
    Wien I.
    Burgtheater.

Lieber Erhard,
ich will Dich anpumpen um Theaterkarten für meinen Bruder Erwin und
seine Frau u. zw. von den modernen Stücken „Geschlecht" „Sterne", „Die
Fahrt ins Blaue", unter der Voraussetzung, dass es Dir nicht schwer fällt.
    Wegen der Beiträge für deine Zeitschrift ist mir eingefallen: hoffent-
lich ist es Dir leicht, die Sache dem Hock plausible zu machen, denn sonst
möchte ich sie, um dich nicht zu inkommodieren, trotz der Bestellung lieber zurücknehmen; aber das soll natürlich kein Dringen sein. Eh schon wissen! Wie gehts sonst?
    Herzlichsten Gruss
        Dein Robert

LITERARISCHE VERTRIEBS- UND PROPAGANDA GESELLSCHAFT m b. H.
Wien, I. Tuchlauben No. 11

                             10. Dec. 19[98]

Lieber Erhard,
weißt Du die gegenwärtige Adresse von Franz Werfel? Wenn ja, bitte um
schnelle Mitteilung. Herzl. Gruß
    Robert.

---

97   Österreichische Nationalbibliothek, Autogr. 1323/21-16, 25. 11. 1919.
98   Österreichische Nationalbibliothek, Autogr. 1323/21-17, 10. 12. 1919.

ROBERT MÜLLER
Schriftsteller
WIEN, I., Tuchlauben 11
Telephon 18–7–23
Postsparkassen-Konto 176.883
Telegrammadresse: Literaria Wien

                                                    WIEN, am 5. I. 1920.[99]

Lieber Erhard,
ich teile Dir auf <Eings> Anfrage nur mit, daß ich 3 Expl. „Burgtheater" und kein Honorar erhalten habe. Honorar bitte an obige Adresse. Hast
Du Inselmädchen erhalten? Willst Du etwas (Beitrag) für „N. W." spenden,
dann letzte Nummer Dir zugeht?
        Herzl. Gruß Dein
        Robert

            und Dir u. Deiner Frau herzl. Prosit!
            Bitte um Deine Privatadresse!

                                                              [1920][100]
ROBERT MÜLLER
Schriftsteller
WIEN I., Tuchlauben 11
Telephon 18–7–23
Telegrammadresse: Literaria Wien

L. E. in Eile, bitte sende mir die Manus des Rottauscher zu, ich sage dir
umgehend Bescheid, ob ich es machen kann.
        Herzlich Dein Robert

---

99   Österreichische Nationalbibliothek, 1323/21-18, 5. 1. 1920.
100   Österreichische Nationalbibliothek, 1323/23-1, undatiert, vermutlich 1920, da ein
      Essay Müllers über Alfred Rottauscher von Malata mit dem Titel „Ein Komödien-
      dichter" in den *Blättern des Burgtheaters* 1, Heft 11 / 12, Juli-September 1920, er-
      schienen ist. Müller verwendet auch einen relativ ähnlichen Briefkopf wie im Brief
      vom 5. 1. 1920. 1923 erscheint von Alfred Rottauscher ein „steyrisches Bauern-
      spiel" mit dem Titel „Die Königin Herodias" in der *Muskete* vom 1. 6. 1923, S. 9–11.

Brief und Postkarte an Josef Redlich

ROBERT MÜLLER
Schriftsteller   WIEN, am 10. Feber 1920.[101]
WIEN I., TUCHLAUBEN 11
Telephon 18-7-23
Postsparkassen-Konto 176.833
Telegrammadresse: Literaria Wien

R/R.

Herrn
Professor Dr. Josef Redlich
Wien 19. Armbrustergasse 15.

Sehr geehrter Herr Professor,
um den Verlust, den wir durch den Tod unseres Freundes Karl Techet[102],
der ja auch Ihnen nahestand, erlitten, zu bekunden, plant der Bund der
Geistigen in Verbindung mit allen Freunden eine Veranstaltung in der eine
Gedächtnisrede auf den Dahingegangenen gehalten werden und Stücke aus
seinen Schriften zum Vortrag gebracht werden sollen. Wir fragen an, ob Sie
irgendetwas besonderes zu bemerken, eventuell einen Rat zu geben sich
imstande fühlen. Ich bin telefonisch und schriftlich an der obigen Adresse
erreichbar. Techets Hingang trifft mich sehr.
     Das Buch des jungen Herrn habe ich erhalten: ich danke und werde
nicht versäumen, es nach Gebühr zu würdigen. Es ist eine sehr reife und
interessante Aeusserung.
     Mit den ergebensten Grüssen Ihr
          Robert Müller

---

101 Österreichische Nationalbibliothek, Autogr. 1451/13-6, 10. 2. 1920.
102 Carl Techet war am 19. Februar 1920 im Alter von 43 Jahren in Wien verstorben,
     bekannt geworden durch einen Literaturskandal um seine Publikation *Fern von
     Europa – Tirol ohne Maske* (1909).

An Herrn Prof. Dr.
Redlich
In Wien XIX
Armbrusterg. 15

14. 2. 20[103]

Sehr verehrt. Exz.
ich habe Sie heute leider verloren, als ich Sie unten erwarten wollte, Sie waren von so vielen Bekannten u. Verehrern umgeben. Wie kann ich die versäumte kurze Unterredung nachholen?
    In Verehrung Ihr
       Rob Müller

Ihr Speech stach sehr vorteilhaft hervor!

Brief an Erhard Buschbeck

ROBERT MÜLLER
Schriftsteller   WIEN, am 22. März 1920.[104]
WIEN, I., TUCHLAUBEN 11
Telephon 18-7-23
Postsparkassen-Konto 176.833
Telegrammadresse: Literaria Wien

R. / R.

Herrn
Erhard Buschbeck
Sekretariat des Burgtheaters
Wien I.

Lieber Erhard,
nach unserer seinerzeitigen Besprechung schrieb ich an Deinen Verlag und der Brief ist heute, wie Du siehst, retourgekommen. Vielleicht ist Wolgast jetzt polnisch oder sollte der Verlag nicht mehr existieren, oder ist die Adresse zu unvollständig? Stehst du mit dem Verlag in Verbindung?
    Herzlichen Gruss
       Dein Robert Müller

---

103 Österreichische Nationalbibliothek, Autogr. 1451/13-7, 14. 2. 1920.
104 Österreichische Nationalbibliothek, Autogr. 1323/21-14, 22. 3. 1920.

Brief an Armin Theophil Wegner

ROBERT MÜLLER
Schriftsteller   WIEN, am 31. März 1920[105]
WIEN, I., TUCHLAUBEN 11
Telephon 18-7-23
Postsparkassen-Konto 176.833
Telegrammadresse: Literaria Wien

Herrn
    Dr. Armin T. Wegner
    z. Z. Wernigerode, Schülerstr. 17

Sehr geehrter Herr Doktor,
herzlichen Dank für Ihre eben eingetroffenen 3 Nummern „Der Osten",
die ich zum Teil schon kannte und die mir schon seinerzeit gefielen. Erscheint Ihre schöne Zeitschrift nicht mehr?
    Sie ergebenst grüßend Ihr
        Robert Müller

Briefe an Erhard Buschbeck

                   WIEN, am 21. April 1920[106]
R.

Herrn
Erhard Buschbeck
Sekretariat des Burgtheaters
Wien 1.

Lieber Erhard,
das Hans-Sachs-Manuskript habe ich erhalten; besten Dank.
    Recht herzlichen Gruss
        Dein Robert

Belege ect. vorläufig noch nicht.

---

105 Dieser Brief befindet sich in der Handschriftensammlung des Literaturarchivs
    Marbach unter der Signatur HS.NZ78.0001, 31.3.1920.
106 Österreichische Nationalbibliothek, Autogr. 1323/21-20, 21.4.1920. Adresse des
    Absenders wie im Brief an Theophil Wegner vom 31.3.1920.

ROBERT MÜLLER
Schriftsteller   WIEN, am 22. IV. 1920[107]
WIEN, I., TUCHLAUBEN 11
Telephon 18-7-23
Postsparkassen-Konto 176.833
Telegrammadresse: Literaria Wien

Lieber Erhard,
erhielt Belege u. die 135 Kr. Besten Dank. Das Sachs-Manus hast Du treff-
lich redigiert u. die Nummer ist mit Ausnahme des Gemauschel-gebaudi-
schels sehr gut.
    Herzl. Gruß Dein
    Robert

Brief an Armin Theophil Wegner

                                 WIEN, am 28. April 1920[108]
R/R.
    Herrn
    Dr. Armin T. Wegner
    Wernigerode, Schülerstr. 17

Sehr geehrter Herr Doktor,
ich erhielt Ihre so überaus frdl. Zeilen vom 18. Ds. und danke Ihnen sehr,
auch für die mir gesandten Manuskripte. Leider haben wir augenblicklich
kein Papier, um mit der „Wirtschaft" herauszukommen und die Herstel-
lungskosten sind so enorm, besonders bei uns in Oesterreich, dass wir noch
ein wenig zuwarten müssen, bevor wir ein neues Heft herausbringen. Bitte
lassen Sie Ihre Manuskripte bei mir, sie sind hier sicher und stehen Ihnen
auf Wunsch jederzeit zur Verfügung. Wenn nicht in der „Wirtschaft" so
kann ich vielleicht in einer anderen hiesigen Zeitschrift eine oder die andere
Sache verwenden.
    Ihr Buch habe ich noch nicht erhalten, danke Ihnen aber sehr; es hat
schon jetzt mein Interesse.
    Mit den besten Grüssen Ihr sehr ergebener
        Robert Müller

---

107 Österreichische Nationalbibliothek, Autogr. 1323/21-21, 22. 4. 1920.
108 Absender wie im Brief vom 31. 3. 1920. Handschriftensammlung des Literarar-
     chivs Marbach, HS.NZ78.0001, 28. 4. 1920.

Brief an Josef Redlich

WIEN, am 25. Sept. 1920.[109]

R/R.

Herrn
Professor Dr. Josef Redlich
Wien 19. Armbrustergasse 15.

Verehrte Exzellenz,
Danke für Ihre überaus freundlichen Worte über den „Bolschewik". Ich
fahre anfangs nächster Woche nach Berlin und kann Sie leider vor Ihrer
Abreise nach London kaum mehr sprechen, hoffe aber zu einem späteren
Zeitpunkt wieder bei Ihnen Audienz zu bekommen, um über die grossen
Gegenwartsprobleme zu sprechen. Ich bin ja eigentlich Ihrer Meinung über
die Vorherrschaft niederrangiger Motive in der politischen Welt. Aber anderseits wird die geistige Laune der kommenden Geschlechter, und das
sieht man ja an unseren jungen Leuten, auch vom stärksten Verstand, der
auf die praktische Welt hinweisen kann, so wenig gebrochen werden, wie
seinerzeit religiöse Wahnvorstellungen. Sie sehen ja, dass die russischen
Bolschewiken eigentlich eine fanatische Sekte sind, mit denen sie im Einklang mit meiner Auffassung zum Beispiel der Engländer Bertrand Russell
(„Nation") verglichen hat.

Uebrigens behaupte ich, dass Sie kein voller Westler sind und nicht die
vernagelte Mentalität der Engländer besitzen, sondern, wie schon Ihre Neigung für Erscheinungen wie Pannwitz zeigt, der östlichen Geistesrichtung
erschlossen sind. Sonst wären Sie ja auch kein so typischer Oesterreicher
im besten Sinn.

Die Broschüre ist von mir geschrieben, der ich mich ganz als Westler
und Gentleman fühle, weil ich unsere eigenen Schwächen einzusehen begonnen habe. Die Broschüre wurde denn auch von den Kommunisten in
Wien so aufgenommen, die sagten, der Verfasser sei wohl Gentleman, aber
nicht Bolschewik, und die daher in einem grimmigen Gegensatz zu mir stehen und mir Fehde angesagt haben, was mich nicht hindert, ihre Bedeutung
richtig einzuschätzen.

Ich habe die Broschüre aber auch unter dem praktischen Gesichts-
punkte in politicis geschrieben, um der Entente und besonders England
keinen Zweifel darüber zu lassen, dass, wenn sie fortfahren, sich gegen
Deutschland so wie bisher zu benehmen, sie sich den eigenen Ast absägen.
Ich habe so viele Stellen, mit denen ich in Deutschland in Verbindung bin,
sowohl in kommunistischen und aktivistischen Gruppen, als auch unter

---

109 Österreichische Nationalbibliothek, Autogr. 1451/13-8, 25.9.1920. Adresse des
      Absenders wie im Brief vom 31.3.1920.

den sogenannten Reaktionären unter der Studentenschaft, die draussen sehr gut organisiert ist. Alle diese Gewährsmänner und Freunde schreiben mir übereinstimmend, dass Deutschland vor einem nationalen Bolschewismus steht, das heisst es werden sich gerade die rechten und linken Extreme vereinigen, um mit Russland gemeinsam das finanzielle Uebergewicht der Entente dadurch zu brechen, dass man ihm eine ganz heterogene Gewalt, nämlich das, was ich die geistige Forderung nenne, entgegenstellen wird. Man möge sich in England nicht täuschen: Südafrika, Indien stehen vor einer farbigen Insurrektion, die in Moskau finanziert wird. Irland ist Englands Achillesferse; Australien, das sich vor Japan schützen muss, mit dem zusammen London noch immer gegen Amerika unter der Decke spielt, neigt zu einem Anschluss an Amerika und das bedeutet einen weiteren Riss in das englische Weltimperium. So bedauernswert der Untergang dieses Imperiums für mich als Kulturmensch wäre, so sehr ich den Typ des englischen Gentleman verehre, so würde ich doch, und viele meiner geistigen Bildungskameraden gleich mir, ein Mittel gutheißen müssen, das Deutschland wieder aufs Ross setzt. Dieser Teil unter der jüngeren deutschen Generation darf in Deutschland nicht unterschätzt werden. Bitte Exzellenz, Sie vollführen eine Mission, wenn Sie das Ihren englischen Freunden täglich unter die Nase reiben. Entweder England setzt Deutschland instand, sich finanziell emporzuarbeiten und dadurch das russische Wirtschaftschaos unter seine Leitung und Tüchtigkeit zu bekommen, oder Deutschland wird sich conterfinanziell benehmen müssen, ganz gleichgültig, was nachher geschieht. Der deutsche geistige Mensch steht vor der Verzweiflung: er kann die Schätze, die seine Nation geschaffen hat, nicht an ein schieberisches und militärisches Siegertum preisgeben. Mein „Bolschewik und Gentleman" ist auch eine Warnung an England, das Spiel nicht zu weit zu treiben, und sich und Frankreich zu dämpfen.

Ich lege ihnen noch zwei kulturpolitische Arbeiten bei, aus denen Sie, Exzellenz, entnehmen mögen, wie komplex ich die Dinge sehe und wie gar nicht ich ein Parteibolschewik oder gar Kommunist bin: ich bin immer nur dieses Eine: Kulturpolitiker, und als solcher suche ich einen russischen Vorsprung, eine deutsche Möglichkeit und einen englischen Knax.

Ich hoffe für Sie Exzellenz den gebührenden Erfolg in London und bin mit den herzlichsten Empfehlungen Ihr stets ergebener

Robert Müller

Postkarte an Kurt Hiller

8. Nov. [1920][110]

Literaria
Literarische Vertriebs- und Propaganda Gesellschaft m. b. H.
Wien I. Tuchlauben No. 11

Dr. Kurt Hiller
Berlin-Friedenau
Hähnelstr. 9

L. K. H.

Ich war die letzten Tage nicht mehr in d[er] Pension Delar wohnhaft u[nd]
erhielt Ihre freundliche Einladung gerade vor meiner Abfahrt, d. h. zu spät.
Habe ich viel versäumt? Ich komme Wende Dezember auf lange Periode
nach B[erlin] u[nd] suche Sie sofort auf. Bitte senden Sie wenn möglich die
„Ziel" Jahre an Frl. Nelly Schwarz, Pension Delar, Augsburgerstraße 49 =
Bis Termin mit fr[eun]dl[ichen] Grüßen
immer Ihr Robert Müller

Briefe an Albert Paris Gütersloh

ROBERT MÜLLER
Schriftsteller   WIEN, am 28. VII. 1922[111]
WIEN, I., TUCHLAUBEN 11
Telephon 60-2-83
Telegrammadresse: Literaria Wien

Sehr geehrter Herr Gütersloh,
ich bin vom Urlaub zurückgekehrt, der sich in Tirol und Bayern abspielte
und erhalte ihren Brief. Zugleich wird mir die Mitteilung, daß Sie die
50.000.- Kr. Rest auf das uns verkaufte Bild richtig erhalten haben.

In der Angelegenheit Nebehay[112] hatte ich Order gegeben, den Kauf
schleunigst durchzuführen, kurz bevor ich Wien verließ. Aus diversen
Gründen, die zu explizieren zu lang Zeit nehmen würde, ist diese Anwei-
sung leider bis heute nicht befolgt worden, so daß Herr Nebehay selbst
bereits telefonisch nachgefragt hat. Ich kann Ihnen nunmehr schon heute

---

110 Nachlass Kurt Hiller (Poststempel: Wien, 8. 11. 1920). Mit Dank an Harald Lüt-
    zenkirchen von der Kurt-Hiller-Gesellschaft (Neuss).
111 Österreichische Nationalbibliothek, Autogr. 1409/3-1, 28. 7. 1922.
112 Gustav Nebehay, Kunsthändler.

mitteilen, daß der Ankauf morgen den 29. ds. erfolgt. Verzeihen Sie vielmals diese Verzögerung, sie ist mir in unserem Falle umso unangenehmer, als mit dieser Aktion meine ganz persönliche Sympathie verbunden war. Ich hoffe nur, daß Herr Nebehay morgen keine Schwierigkeiten macht. Die Schuld der Verzögerung liegt wie gesagt absolut nicht bei mir persönlich, sondern in den vielen Diskrepanzen, die ein so großer Betrieb, wie der unsere, zeitigt.

Aus Ihrem Brief geht hervor, daß Sie in München waren oder sind. Die verspätete Kenntnis dieser Tatsache bedaure ich umsomehr, als ich selbst einige Tage in München zugebracht hatte, ohne von ihrer Anwesenheit dort zu wissen. Wir hätten dabei, von allen persönlichen Annehmlichkeiten, die mir Ihre Gesellschaft bietet, abgesehen, so schön über unsere geschäftlichen Pläne Aussprache pflegen können. Ihr Brief zeigt mir, daß Sie offenbar einen starken Auftrieb haben.

Ich will Ihnen nur noch mitteilen, daß ich sofort nach unserer damaligen Unterredung in Wien Ihrem Verleger Regner einen recht resoluten Brief, bezüglich Ihrer Person, geschrieben habe, auf den er mir aber die Antwort schuldig geblieben ist, was auch eine Unart ist. Es würde mir aber schon eine Genugtuung sein, wenn die Antwort an Ihre Adresse gegangen wäre und Sie etwas von der Wirkung meines Briefes verspürt hätten. Bitte mich darüber zu unterrichten. Bekannt ist mir durch eine Besprechung meines Bruders mit Kurt Wolff, daß Regner seinen Verlag zum Teil an Wolff verkaufen will, darunter befindet sich wahrscheinlich als Handelsobjekt auch die Serie Ihrer Bücher. Ich habe bei Regner eine Bestellung auf Ihre Bücher für mein Sortiment gemacht und von ihm auch Rezensionsexemplare derjenigen Ihrer Bücher verlangt, die ich noch nicht kenne. Beides ist bisher ohne Echo geblieben. Ich kann Ihnen nur raten, sich diesen Verleger vom Hals zu schaffen, wenn er so fortfährt. Sie tun das am Besten, indem Sie Ihre nächste Arbeit einem anderen Verleger geben, wobei ich Ihnen vielleicht behilflich sein könnte.

Empfehlen Sie mich bestens Ihrer Frau und seien Sie selbst
herzlichst gegrüßt von Ihrem
    Robert Müller

Was wissen Sie von K. Adler[113]?

---

113 Karl Adler, Wiener Journalist, Sohn des führenden österreichischen Sozialdemokraten Viktor Adler. Müller kennt ihn seit 1915, vgl. die Mitteilung an Bahr vom 5. 8. 1915.

„LITERARIA"

Literarische Vertriebs- und Propaganda-Gesellschaft m b. H.

Grosso-Buchhandlung – Reise-Buchhandlung – Verlagsauslieferung

Zeitschriften-Zustelldienst des Reichsverbandes der Trafikantenvereine Oesterreichs

[...]

WIEN, am 14. August 1922[114]

Herrn
PARIS von GUETERSLOH
BAD-ISCHL
Siriuskogelgasse 11

Sehr geehrter Herr,
Wir teilen Ihnen mit, dass wir mit Herren Nebehay die Angelegenheit Ihrer
Aquarelle erledigt haben. Wir haben dieselben zum Preise von K
500.000. - - abgekauft. Herr Nebehay beorderte uns diese Summe an Ihre
Adresse zu befördern, welcher Ordre wir bereits nachgekommen sind. Wir
bitten um Mitteilung nach Eintreffen der Summe uns zeichnen
     mit vorzüglicher Hochachtung
     Robert Müller
     Buchhandlung und Zeitungsbureau
     HERMANN GOLDSCHMIDT
     Gesellschaft m. b. H.[115]

ROBERT MÜLLER
Schriftsteller   WIEN, am 23. April 1923.[116]
WIEN, I., WOLLZEILE Nr. 11
Telephon 4092, 5385
Telegr. Adresse: „Literaria" Wien.

     RM/VN

     Signor
     Alberto Gütersloh,
     pr. Overhof,
     Frascati presso Roma,
     Villa Aldobrandini.

Mein lieber Freund!
Ich bestätige mit Vergnügen eine Karte von Ihnen und einen ausführlichen
Brief vom 17. ds. auf den ich, das Geschäftliche vorwegnehmend folgendes
zu erwidern habe:

---

114 Österreichische Nationalbibliothek, Autogr. 1409/3-2, 14. 8. 1922.
115 Stempel.
116 Österreichische Nationalbibliothek, Autogr. 1409/3-3, 23. 4. 1923.

Ihr Manuskript ist mir außerordentlich willkommen und ich zweifle nicht an seiner Originalität und wesentlichen Bedeutung. Bitte, wiederholen Sie mir noch einmal den Titel; ich habe bereits einmal, im Hanak-Buch[117] nämlich, auf das Erscheinen hingewiesen.

In dem Brief der „Vossischen Zeitung", der verloren gegangen zu sein scheint, stand, dass man einen direkten Berichterstatter für Rom nicht braucht, dass man aber Herrn Passarge aufmerksam machen würde: er wolle sich in Verbindung mit Ihnen setzen, so dass eventuelle feuilletonistische Referate oder Beschreibungen für die Voss nicht ausgeschlossen wären. Wenn Herr Passarge sich inzwischen nicht gemeldet hat, so ist das vielleicht darauf zurückzuführen, dass er eifersüchtig über sein Berichtmonopol wacht und sich keinen Nebenbuhler züchten will. Da ist dann allerdings nichts zu machen, weil, wie ich glaube, Passarge vertragsmässig die ausschliessliche Berichterstattung für Rom in Händen hat; vielleicht aber meldet er sich doch eines Tages bei Ihnen. Sie sind informiert.

Ich bin froh, gehört zu haben, dass das unvorsichtiger Weise auf gewöhnlichem Wege gesendete Muskete-Manuskript in Ihre Hände gekommen ist. Es war selbst mit dem Mikroskop nicht möglich, Schrift und Sinn zu entziffern. Vielleicht ist es möglich, dass Sie einer der Damen in aufeinanderfolgenden Tagespensen das gar nicht lange Manuskript in eine leserliche Handschrift diktieren, das würde genügen.

Bezgl. des „Odilon Rédon" habe ich noch keinen Bescheid von Ihnen. Bleibt er mir oder soll ich den Ansprüchen des Herrn Reichert stattgeben? Ich glaube, ich habe Ihnen darüber geschrieben. Vorläufig habe ich dafür einen Käufer noch nicht absehen können. Aber er mag immerhin bei mir bleiben, ja es ist mir sogar wünschenswert, wenn ich ihn in der Hand habe, da ich in einem Konfliktfall innerhalb des Hauses, über denen ich Ihnen ja nichts näheres anzudeuten brauche, auf diesen Rédon als auf eine Art vollwertiges Pfand hindeuten kann. Das ist natürlich nur ein strategisches Mittel; der Rédont [sic] geht, es sei denn gegen bare 20 Millionen, nicht aus meiner Hand hinaus. Wegen Ihrer Bilder habe ich schon Verschiedenes versucht, ich werde dabei von Bolkowski unterstützt, der sich lebhaft für Sie interessiert und etwas gekränkt ist, dass Sie ihm noch nicht geschrieben haben. Das Gleiche gilt von Dirsztay[118], der übrigens im Juni hinunterkommen will und Euch und uns Alle dort zu sehen hofft. Ich selbst habe die besten Absichten, Ende Mai mit Euch zusammen die südliche Sonne zu geniessen, nach der ich mich schon sehr sehne. Wir haben bis jetzt nur schlechtes Wetter gehabt, gestern war der erste warme Tag, heute ist es schon wieder regnerisch.

---

117 Gemeint ist Anton Hanak, Müllers Hinweis steht in *Der brennende Mensch. Aus den Tagebüchern Anton Hanaks* von Leopold Wolfgang Rochowanski (Wien: Literaria 1923), S. 99 (dem letzten Titel des Literaria-Verlags überhaupt).

118 Der ungarische Schriftsteller Viktor von Dirsztay.

Bezüglich Druck und Format des Buches setze ich mich noch mit Ihnen ins Einvernehmen. Ich schicke Ihnen den Karpfen III und das Hanak-Buch zu, damit Sie sich über die Verlags-Qualitäten orientieren. Ich möchte Ihr Buch im Format und im Druck des Hanak-Buches herausbringen.

Der Thyrsos zögert sehr. Er hat sich so überproduziert, daß er jetzt teigig zu werden beginnt u. man keine Form aus ihm bilden kann. Ich vergesse Ihre Situation natürlich nicht. Ich sehe Sie mit meiner Familie unter einem Tropenhut. Sie waren so lieb, Ole, glaube ich, 1100 Lire zu borgen. Danke. Vor Allem erhalten Sie diese zurück. Ferner haben Sie noch 2,8 Millionen gut. Eine Rechnung beim Schneider <Kraska> habe ich bezahlt, 370.000 Kronen. Sie erhalten also 2½ M. Kronen. Ich hoffe ferner Ihre „Mariä Verk." für 5 M. zu verkaufen. Einen Monat mindest brauchen Sie sich keine Sorgen machen. Dagegen ich, wie ich Lire aufteile. Schlimmstenfalls sende ich Kronen, die Ihr dort leichter einwechselt. Der Weg über Koller scheint mir weitläufig. Mit Reichert konnte ich noch nicht sprechen. Vor allem wird Ihnen meine Frau, die demnächst 3000 Lire oder 10 Mill. Kronen erhält, sofort ihre Schuld begleichen.

Sonst nichts Neues. Allgem. erzählt Ihnen meine Frau, damit ich nicht doppelt schreibe. Z. B., daß heute die „Muskete" wegen „Unsittlichkeit" auf 3 Monate eingestellt wurde. Es beginnt bayrisch zu werden. Der Brenner (deutscher Zensor) macht Schule.

Nehmen Sie herzlich Dank für Ihre liebe Freundschaft u. Hilfe für Ole u. grüssen Sie mir Frau Vera u. Xanthi. Ihnen die Hand

Ihr

Robert Müller

ROBERT MÜLLER
DIREKTOR DER LITERARIA A. G.   WIEN, am 8. V. 1923.[119]
WIEN, I., WOLLZEILE Nr. 11
Telephon 4092, 5385
Telegr.-Adresse: „Literaria" Wien

Lieber verehrter Freund,
ich bin sehr in Eile u. kann Ihren freundlichen u. klugen Italien Brief nur durch dieses Büro-Billet beantworten.

Was Geld anlangt:

Sie erhalten von meiner Frau den Rest der Schuld getilgt. Damit kommen cca 1000 Lire, glaube ich, noch in Ihre Hand. Wir schulden Ihnen 2 ½ Millionen Kronen. In Lire 700; sind also 1700 Lire für Sie zur Verwendung.

---

119 Österreichische Nationalbibliothek, Autogr. 1409/3-4, 8. 5. 1923.

Damit löst sich auch, glaube ich, die 2. Sache. Jetzt fortziehen, wäre wohl ruhmlos.

Die Verkäufe, die Sie mir empfohlen, habe ich versucht; aber es beißt keiner an. Die Leute wollen über eine Million nichts berappen.

Haben Sie schon fürs Journal geschrieben? Vielleicht könnte ich Ihnen einen 2. Roman bei Ullstein unterbringen. Eine gewisse Publizität vorher wäre dienlich.

Thyrsos: Hübsch ist verstimmt über Ihre Verzögerung des Kurrikels und behandelt daher die Rappen-Frage schwerfällig.

Für heute nur diese kurzen Mitteilungen.

Handkuß an Frau Vera, Sie selbst u. Xanthi grüssend Ihr alter
    Robert M.

Sie erhalten morgen cca 700 Lire vom Verlag.

                                              WIEN, am 18. V. 1923.[120]
Lieber Freund,
von den 2 ½ Millionen = 700 Lire habe ich Ihnen bisher 250 Lire eingesandt. Der Rest folgt in diesen Tagen, sobald ich Lire erhalte.

Ihre Monographie erwarte ich schon brennend; nicht weil ich sie jetzt drucken will, im Gegenteil, durch die Verzögerung war ich gezwungen, Anderes in Druck zu legen u. muß nun Ihr Buch verschieben: sondern weil ich die Vorschüsse hier decken will. Zweitens auch, weil ich glaube, daß Sie sich verankern. Legen Sie Ihren Vorrat für den Roman beiseite.

Am besten wäre, Sie schalteten eine Pause in Ihre Literatorenarbeit ein u. stellten jetzt eine Serie italienischer Aquarelle fertig. Diese könnte man am ehesten zu Geld machen.

Hübsch ist sehr böse, weil Sie ihn mit dem Kurrikel-Beitrag sitzen lassen. Er sagte mir gestern, er würde einen Vorschuß geben auf einen strickten Vertrag, den Sie ihm bezüglich Ihrer Italienischen Ausbeuten literarisch u. malerisch versprochen hätten. Ich erklärte mich zur Vermittlung dieses Vertrages erbötig, auch für Garantie, da er meinte, Sie würden einen solchen Vertrag nicht halten. Ich versicherte ihn <sagenteils>, nur die Termine mußte auch ich als schwimmend zugeben. Wollen Sie den Vertrag machen?

Verzeihen Sie, ich weiß, daß Sie gut arbeiten, aber für Ihre Existenz zu langsam. Um zu leben, müssen Sie vier vollwertige Bücher im Jahr produzieren. Das können Sie. Ich spreche so ernst, weil ich den Zeitpunkt kommen sehe, wo Ihre Su[b]sistenzfrage gestellt wird. Eigentlich hätte bis

---

120 Österreichische Nationalbibliothek, Autogr. 1409/3-5, 18. 5. 1923. Adresse des
     Absenders wie im Brief vom 8. 5. 1923.

Schluß Juni der Roman auch fertig sein sollen. So rechneten wir. Ihre aktuelle Arbeit hätte dann eskomptiert werden können, und das wären 2 weitere Monate gewesen. Jetzt arbeiten Sie Schulden, das ist immer ruinös u. bei der Arbeit dekonzertierend.

Nehmen Sie mir mein Vorrechnen heute nicht übel, es ist purstes Mitgefühl für Sie.

Mit Handkuß an Frau Vera, Gruß Xanthi u. Ihnen Ihr
Robert Müller

Mit Großbild-Verkauf nur als Zufallsgewinn zu rechnen.

WIEN, am 12. VI. 1923[121]

Verehrter Freund,

ich kann mich, unter der Pression der Umstände, nicht so lange ausdrücken, wie ich es bräuchte, um Ihnen meine ganze Teilnahme an Ihrem Schicksal u. Ihrer derzeitigen Lage auszudrücken. Daher kürzest nur die pragmatischen Resümees, was m[.] I. Sache getan.

Sie erhalten 800 Lire, davon heute 250, zwei Hunderter, ein Fünfziger, die wie eine Affäre mit Brief an Ole erwiesen, Sendungen durch Spolianten gefährdet. Ich werde trachten, mehr als 800, ungefähr 1200 aufzubringen. Trachten Sie in der kürzesten Zeit nach Bayern abzureisen. Details an meine Frau.

Drahtet, wenn u. a. wieviel Geld noch unbe[di]ngt nötig?

Die Summen habe ich aus einer im Sept. fälligen Honorarzahlung d. Verlages an Dirsztay, der mir d. antizipande Erhalt quittierte, wodurch d. Summe zu meiner Manipulation bis Sept. frei wurde, allerdings more <incommerci listica>.

Es war d. einzige Möglichkeit, für Sie Geld flüssig zu machen. Hübsch ist krank. Außerdem haben Sie ihn chokiert. Immerhin, senden Sie sofort Ihr Novell-Manus, ohne viel zu feilen. Es ist lebendiger Wert. Haben Sie Bilder?

Hoffentlich erhalten Sie d. Beträge ungeschmälert. Dem Schwein sollen die Finger verdorren.

Kopf hoch, wir werden uns schon fortboxen.

Grüsse Handküsse
Ihr Robert M.

---

121 Österreichische Nationalbibliothek, Autogr. 1409/3-6, 12. 6. 1923. Adresse des Absenders wie im Brief vom 8. 5. 1923.

WIEN, am 18. VI. 1923[122]

L. Fr.

Ihr 2. ter Teil Manus ist richtig angekommen. Infolge der winzigen u. beschwerlichen Schrift konnte ich nur ein paar Seiten d. Einleitung lesen. Ich bin auch so von der Bedeutung d. Arbeit überzeugt. Einzelheiten können keine Rolle spielen. Ich muß aufs Ganze gehen, und das haben Sie. Ich wollte Ihnen wegen des Satzes schreiben, hatte seinerzeit schon einen Brief zu diktieren begonnen; unterließ Fertigstellung, da Ihr Kommen in sicht steht u. ich die Drucklegung teils wegen Verzögerung d. Manus, teils wegen der Bataillen, in die ich verfilzt bin, verschieben mußte. Auf jeden Fall fürchte ich Ihre „mittelalterlichen" Penchants[123], was Satztype anlangt. Ihre Hellerauer Bücher sind schlecht gedruckt, nahezu unleserlich, darum gehen sie auch nicht. Sie muß man möglichst kourent drucken, beiläufig, gefällig, um die Steeple chase Ihrer Diktion abzuplatten. Darüber mündlich. Ich will in Deutschland drucken lassen, weil billiger. Werde Juli dort sein.

Meine Frau drahtete mir heute, Sie benötigten 1 Tausend Lire. Zum Abgangsdatum hatten Sie offenbar noch nicht meine briefliche Verständigung, daß ich durch „Zentralbank deutscher Sparkassen" ein Tausen[d] L. an Sie überwiesen ließ, mit Überbringerchec auf Rom. Sie erhielten dann von mir 1250 L. Die 100 Fr. + 40 L. von Dolkowski dürften inzwischen in Ihrem Besitz sein.

Mit Hübsch ist Schluß. Erstens pleitelt er. Zweitens will er nicht. Hoffentlich sind Sie mit letzter Sendung saniert u. Ihr könnt reisen.

In d. Anlage ein Kouvert für Ole. Falls sie abgereist ist, bitte öffnen u. den Inhalt von 105 Lire übernehmen u. wenn Sies brauchen, bitte. Wir verrechnen später sowieso. Eigentlich soll es für Ole sein, da sie mir merkwürdigerweise drahtet, sie sei „geldknapp zur Reise".

Ich erwarte Draht wie und wann Ihr fahrt.

Bitte nehmen Sie meine kurzen aber dankbaren Äusserungen über Ihre Leistung vollwertig als geschäftliche Prämie. Zu mehr fehlt mir Muße. Innig an Ihrem Schicksal auch künftig beteiligt

Ihr Robert M.

---

122 Österreichische Nationalbibliothek, Autogr. 1409/3-8, 12.6.1923. Adresse des Absenders wie im Brief vom 8.5.1923.

123 penchant = Vorliebe (frz. / engl.)

Briefe an Erhard Buschbeck

ATLANTISCHER VERLAG
G. M. B. H.   WIEN, DEN 20. Nov. 1923.[124]
DIREKTION   III., KOLLERGASSE 9

R. / St.

    Herrn
    Sekretär Erhard Buschbeck,
    Burgtheater,
    WIEN I.

Lieber Erhard,
Ich habe jetzt schon sehr lange nichts von Dir gehört. Man trifft dich nirgends und niemand weiss etwas von Dir, ich würde mich freuen, Dich einmal wieder zu sehen. Ich habe ein neues Bureau, in dem Du mich besuchen könntest. Leider oder sagen wir Gott sei Dank habe ich noch kein Telefon.
    Dich herzlich grüssend
        Dein Robert Müller

ATLANTISCHER VERLAG
G. m. b. H.

WIEN, am 19. Dezember 1923.[125]
III., KOLLERGASSE 9.

R. / A.
    Herrn
    Ehrhard Buschbeck,
    Secretär des Burgtheaters,
    WIEN I.
    Franzensring

Lieber Ehrhard!
Es tut mir leid, dass Du mich verfehlt hast.
    Ich hätte dich gern gesprochen.
        Mit herzlichen Grüssen
          Dein Robert

---

124 Österreichische Nationalbibliothek, Autogr. 1323/21-22, 20. 11. 1923.
125 Österreichische Nationalbibliothek, Autogr. 1323/21-23, 19. 12. 1923.

WIEN, am 9. Jän. 1924.[126]

R. / P.

Herrn
Erhard Buschbeck,
Sekretär,
WIEN.

Lieber Erhard,
Eine Anfrage: weisst du jemand vom Burgtheater, – nicht zu alt und altmodisch, nicht zu jung und reisserisch – eine ganz junge Dame, sofern sie besteht, in Theatrizierung zu nehmen. Das Fräulein ist bei mir vorläufig im
Büro angestellt, hat aber Theaterpläne und gute Instinkte dafür. Sie hat Organ, Gebärde, Phantasie und ist ausserordentlich fleissig und von einer frenetischen Begeisterung. Wer bei Euch wäre unter besonderer Rücksicht auf
schwache finanzielle Verhältnisse bereit, ein kleines Genie in Obhut zu
nehmen. Ich schicke Dir die junge Dame selbst und bitte Dich, ihr einzige
Empfehlungen mitzugeben, bzw. sie bekannt zumachen. Hältst du es für
möglich, dass Onno, den ich als entsprechend für das Mädchen halte, dafür
zu gewinnen wäre. Ich halte einen Mann besser als eine Frau, sonst hätte
ich sie schon zur Roland geschickt.
    Mit bestem Dank im Voraus und gerner Revanche
    in alter Freundschaft
        Dein Robert

ROBERT MÜLLER
Schriftsteller   WIEN, am ...... 19[24][127]
WIEN, I., Tuchlauben 11
Telephon 18–7–23
Postsparkassen-Konto 176.883
Telegrammadresse: Literaria Wien

L. E.
Könntest du für den jungen Schauspieler Zeiss etwas tun, indem du ihn den
Matadoren vermittelst?
    Herzl grüßt u. dankt
        Dein Robert.

---

126 Österreichische Nationalbibliothek, Autogr. 1323/21-23, 19.12.1923, Briefkopf
     wie im Brief vom 19.12.1923.
127 Österreichische Nationalbibliothek, Autogr. 1323/22-2, undatiert. Hier eingereiht
     wegen der thematischen Ähnlichkeit mit der Anfrage vom 9.1.1924.

ATLANTISCHER VERLAG
G. m. b. H.

WIEN, am 17. IV. 1924.[128]
III., KOLLERGASSE 9

P.

Herrn
Buschbeck,
WIEN.
Burgtheater.

Lieber Erhardt,
Ich bitte dich, wenn dir möglich, mir zwei Karten für die „Mittags-
wende" zu schmeissen. Da ich gehört habe, dass das Theater vollständig
leer ist, wird Dir das keine Schwierigkeiten machen und <u>nur in diesem Falle</u>
bitte ich Dich darum.
Herzliche Grüsse
Dein Robert

---

128 Österreichische Nationalbibliothek, Autogr. 1323/21-25, 17. 4. 1924.

Rezeption

Vortragsabend Robert Müller

ANONYM[1]

In einem gestern in einem Hörsaale der philosophischen Fakultät vom Akademischen Verband veranstalteten Vorleseabend lernte man in Robert Müller, der eigene Sachen vortrug, ein eigenartiges, starkes Talent kennen. Der junge Schriftsteller, ein geborener Wiener, hat sich in Amerika in verschiedenen Berufen, zuletzt als Journalist betätigt. In den Prärien Amerikas ließ er die von der Kultur noch nicht berührte Welt und ihre der Natur ganz hingegebenen Menschen auf sich wirken. All diese Urweltimpressionen sind von ihm in einem Roman „Tropen", den er als Epos einer Reise bezeichnet, festgehalten, und aus diesem Werke las Robert Müller einige Abschnitte vor. Es sind Schilderungen und Reflexionen, glühend in einem prachtvollen Kolorit, von einem Europäer gegeben, der des ganzen Kontrasts seiner Rasse einer fremden Menschenwelt und Natur gegenüber sich bewußt wird. Von besonderer Plastik und malerischer Schönheit war die Schilderung eines Urwaldes. Das Charakteristische einer Landschaft wird vom Dichter in wenigen Worten in anschaulicher Weise wiedergegeben, das Besondere der von ihm kennen gelernten Stämme in geistvoller Weise definiert. Zum Schlusse las Müller eine Satire „An der Peripherie Asiens", in der eine bekannte literarische Persönlichkeit Wiens in boshafter Weise persifliert wurde.

Macht
Eine politische Broschüre

ANONYM[2]

(Eine deutsche Angelegenheit. – Macht und Pflicht. – Das imperialistische Volk unserer Gegner. – Ein Nietzschewort. – Die Schuld der Macht.

---

1   Vortragsabend Robert Müller. In: Neues Wiener Journal. Unabhängiges Tagblatt. 22. Jahrgang, Nr. 7285, 6. 2. 1914, S. 6.
2   Neues Wiener Journal. Unabhängiges Tagblatt. 23. Jahrgang, Nr. 7959, Mittagsblatt, 28. 12. 1915, S. 3–4.

Münchhausen. Faust. Zarathustra. – Die deutsche Persönlichkeit. – Warum
die Türken mit den Deutschen symphatisieren. [sic] – Atlantis.)
(Originalbericht des „Neuen Wiener Journals".)

Robert Müller, ein junger Wiener Schriftsteller, dessen Broschüre über
den Erzherzog-Thronfolger Karl Franz Josef viel beachtet wurde, hat vor
kurzem in selben Verlage (Hugo Schmidt, München) ein neues Werk erscheinen lassen, das den Titel „Macht" trägt und die psychopolitischen
Grundlagen des gegenwärtigen Krieges behandelt. Auch hier zeigen sich
wieder die Qualitäten Müllers, die nicht nur in der Gedankenschärfe, sondern auch in dem überlegenen Stil zum Ausdruck kommen. Das Buch zer-
fällt in die Kapitel: Der kategorische Imperativ der Macht – Faust,
Münchhausen, Zarathustra – Macht auf Erden – Mechanische Macht –
Welt, deutsche Welt – Atlantis. „Macht ist eine deutsche Angelegenheit,"
schreibt der Verfasser im ersten Abschnitt. „Ei, nicht gar, als ob es nie
Macht gegeben hätte, als ob nie einer oder viele nach Macht gestrebt und
sie auch ausgeübt hätten? Viele haben, seit die Geschichte des Menschen
sich abspielt, mit Macht zu tun gehabt. Macht war immer begehrt. Aber
zum erstenmale ist sie dem modernen Deutschen als eine sittliche Frage
zum Bewußtsein gekommen, über die sich streiten läßt: und wie er nun
einmal ist, auf jeden Fall läßt sich tief und schwer darüber nachdenken und
beschwerlich und verantwortungsreich ist es, eine stehende Formel zu prä-
gen, die dann einmal wie die Schwester „Pflicht" den Schwatzhaften von
den Lippen gleitet und Irrtum und Unheil stiftet. Vieles in uns Menschen
deutet auf unsere Berechtigung zur Macht: das Meiste der sittlichen und
der Erfahrung des Gemütes widerspricht ihr. Und man könnte die Frage
als unlösbar beiseite legen und den Entschluß dem Impuls überlassen oder
einer christlichen Besinnung, die in ihrer Prärogative von Demut den Begriff „Macht", den sie mit jenem der Hoffart gleichstellt, ungesichtet verdammt. Aber hier tritt eine andere Frage auf den Plan, oder vielmehr, diese
bisher bürgerliche und soziale Frage erhält eine dämonische Fassung, eine
erschütternde Neuerkenntnis in sich, eine sittliche Vorwärtsbewegung, die
den Atem raubt. Ist Macht nicht Pflicht? Pflicht und Macht sind zwei deutsche Begriffe und als solche kennt sie auch das Ausland. Es ist darüber früher im klaren als wir selbst. Aber freilich verändert dieses fremde
Bewußtsein den Begriff „Macht" ebenso, wie es den der „Pflicht" verändert.
Von diesem faßt es nur die bange und gemeine Folgsamkeit des Büttels,
zusammengefaßt unter dem Schreckgespenst des „Militarismus".

Und dann schreibt Müller weiter: „Macht zu erwerben ist nicht
schwer. Schwer ist die Schuld der Macht. Unüberwindlich die Angst des
Geistigen davor. Wir sind, als Volk, mächtig geworden, ohne es zu wissen.
Seit vier Geschlechtern bewegen wir uns fortgesetzt in einer Atmosphäre
des Sinnes: Macht, der uns geworden ist. Trotz Nietzsche muß man sagen:
Es ist noch keine Philosophie der Macht geschrieben worden, erst eine sol-

che der Pflicht. Nietzsche ist nur ein Symptom jenes Sinnes und jener Atmosphäre, in der wir ringend leben." Müller sagt dann in dem folgenden Kapitel, daß wir „das imperialistischste Volk unserer Gegner sind. Wie wir es sind, können wir selbst nicht bemerken. Uns fällt nur das Uferlose, Maßlose unserer Art ins eigene Gesicht, wir sind, obwohl wir das gemachteste, gezüchtetste, gedrillteste, erzogenste Volk sind, ein naives Volk; weil kein Volk so menschlich und untraditionell empfindet wie wir, wir aber all dies, die Tradition, die Zucht, und sogar die herangezüchtete Naivität ziehen, wie man Schößlinge zieht – nein, ich nehme Münchhausen und Faust als deutschen Urmenschen in Anspruch, diese Riesenphantasie, diesen Kreuz- und Querdenker, der sich eigenhändig bei einem Haarschopf, bitte einem Haarschopf, aus dem Wasser zieht, den er gar nicht besitzt, denn es ist eine Perücke: die Macht. Genau die gleichen Selfmademen sind wir inmitten dieser Welt. Alles was wir sind, ein Ursprung, ein Urdasein von Mann und Volk, sind wir als Resultat unserer selbst. Verstehe das, Engländer oder Franzos, wer's kann. Münchhausen bleibt unübersetzbar. Die Uebertreibung mit Gemüt und Lachen, die Mordskerlhaftigkeit, die sich selbst beim Schlaffitchen nimmt, die überströmende groteske Vollsaftigkeit nehme ich für unser Volk in Anspruch."

Selten noch ist etwas so treffend gesagt worden, wie es bei dieser Charakterisierung von seiten Müllers geschieht. Und dann „Recht, Macht, Pflicht" sind deutsche Worte und Begriffe von gleicher lautlicher und sittlicher Rasse. Zur Macht hat es uns gefehlt. Denke jeder still und klärend darüber nach. Der Imperialismus wie er sein sollte, ist kein Ideal einer veralteten Verwaltung. Weit mehr – eine nicht mehr allzu tiefe Kluft weit – hat er mit der nach dem Kriege einsetzenden Arbeiterbewegung zu tun. Das Ziel des Imperialismus ist vorerst einmal nicht die Annexion, sondern ein hellerer und widerstandsfähigerer Mensch, der nicht immer ängstlich fragt: Darf ich? Er muß seine ganze Verantwortung kennen. Der staatliche Imperialismus ist gerechtfertigt, wenn er dem Bürger Selbstachtung verleiht und die Mittel eines möglichst wenig in Frage gestellten Schutzes verschafft. Dazu kann auch die Annexion in Betracht kommen. Nach dieser wird jedoch in den neuesten Teilen Deutschlands eine mikroskopische Art der Organisation, Reform und Verwaltung zu beginnen haben. Zusammengefaßt: 1. Wir erkennen die gegenwärtige im Kriege erlöste Bewegung als imperialistische, soweit sie den Deutschen betrifft. 2. Der deutsche Imperialismus ist nicht politischer sondern psychischer Natur, wollend, parteinehmend, zukunftsstrebig entscheiden wir uns für diesen letzten an Stelle jedes politischen oder gar keines. 4. Wir Deutsche übernehmen von Stund an die Verantwortung für den Menschen. Daß aber Deutsches über die Welt käme, ergieße sich Welt in das Deutsche. (Der letzte Satz ist auch dem Werke als Leitwort vorgesetzt)

„Weltdeutsche Welt" betitelt sich das vorletzte Kapitel, aus dem wir ebenfalls einen kleinen Auszug machen wollen: „ ... Und nun ist die Zeit da, da vieles von unserem Samen aufgegangen, viel davon auch schon wieder verblüht ist. Die Sämannsgeste ist leidenschaftlich geblieben, härter geworden, ihr Ausgeworfenes will, nochmals gesiebt, nochmals zur Erde. Irrtümer, Mißverständnisse, vielleicht Sünden kommen uns zu Gewissen. Wir tun Buße, wo wir selbst gefehlt haben, wir verlangen Rechenschaft, wo man uns töricht mißverstanden hat. Das „Wir", das unsere Sehnsucht war, ist heute wieder in nur beschränktem Sinne wahr. Wir sehen uns von der Allgemeinheit mißverstanden. Und da wir das Rechenschaftfordern erst verdienen zu müssen glauben, schlagen wir zuerst an unsere Brust und korrigieren, wo wir selber kraftlos, schleuderhaft oder unentwickelt waren Es ist der Ruf nach Macht, der, jedweder geistigen Artikulation entbunden, heute unmusikalisch durch die Straßen dröhnt und uns das Gefühl von Verratenen hinterläßt: Der Beschränkteste erobert heute Provinzen, sein Geschmack zwingt die Tageszeitung zur Lieferung und fälscht so historische und politische Möglichkeiten und Ziele. Unbehaglich, gestehen wir's offen, innerhalb der eigenen Leistung zur Kriegszeit, revanchiert er sich in hysterischen und exorbitanten Forderungen."

Und dann heißt es, nachdem Müller über den Imperialismus erneut gesprochen hat: „Selbst eine Verminderung des augenblicklichen strategischen Höchsterfolges ändert nichts. Unser Ziel steht schon hinter uns. Unser Glück: Deutsche Haltung, neugeschöpft; der Deutsche als Typus, wie der englische Gentleman, und zwar der Deutsche, ungefähr, als positives Spiegelbild des Komplexes von Eigenschaften, die der Franzose unter „boche" versteht, nämlich der Härte, der Selbstbeschränkung (der Franzose fühlt nur den zweiten Teil dieses Wortes), des organisatorischen Stoffwillens, belebt von überstofflicher Zeit-Raum-Sehnsucht. Ein Herr wohl, aber kein Beherrscher. Unser Ziel steht hinter uns: wenn wir heute einen Ruf lancierten, den eine „Apologie des Friedens" führte, wir hätten uns nicht widersprochen. Es wäre nur konsequent, wenn die Intellektuellen, die diesen Krieg gymnastisch an der Volksseele austrainierten, ihre Worte umsetzten und verblüfften Herren die Nuance merkbar machten. „Der wehrhafte Mann, der wehrhafte Staat bewähren sich im Frieden, der wiederum das Ideal des Krieges ist und darum erkämpft werden muß." Diese Worte, heute hervorzuheben, beschlossen jene Apologie des Krieges.

Was also ist unter „Macht" zu verstehen? Die deutsche Persönlichkeit. Der Staat muß so stark und schön als möglich gewünscht werden, damit er den der Menschheit wesentlichsten Typus hervorbringe. In diesem Sinne haben die beiden mitteleuropäischen Kaiserreiche, heute ein einziges Kulturgebiet, vom Kriege bereits ihren Menschen geboren. Zur ergebnisfördernden Tätigkeit des Krieges half uns der Preuße. Ein Typus heute, aller Welt geläufig, ein Vorbild ihr. Er zwingt zu Selbstzucht und Arbeit. Und zum Schluß heißt es: „Man soll die Macht nicht rufen. Denn die ich rief, die Geister, werd' ich nun nicht los. Aber freilich sollte jeder Deutsche streben, jenen Kräfte- und Wirksamkeitszustand zu erreichen, der nur in Ausbildung aller besten, im Lebenskampf durchdringenden Eigenheiten erzielt wird: Macht!"

Das Büchlein schließt mit dem Kapitel „Atlantis, ein deutscher Kontinent" und dort heißt es: „Es ist kein Zufall, daß gerade Türken und Chinesen mit dem Kampf des Deutschtums sympathisieren. In diesen Kulturen, im Gebäude ihrer Gesellschaft, in ihrem Lebenswandel und Lebenswillen trägt Religion und Sittlichkeit; ihr Alltag ist nicht in dem umschlossen, was zwischen Daumen und Zeigefinger gefaßt wird. Der Türke sowohl wie der Chinese ist Dichter und Denker, Ethiker und Philosoph. Beide sind recht eigentlich die Deutschen unter den Nationen Asiens; der Türke, der einst der Gentleman des Ostens hieß, kann ohne Rassenscham als Bundesbruder in diesen Kampf der Geister miteinbezogen werden. Ist es nicht, als hätten Geist und Idealismus wider den Materialismus der ganzen Welt mobilisiert? Der deutsche Christ, der Mohammedaner, der Buddhist, der Kunfutseaner, der Bund der großem Weltmoralen hat sich und seine Pflichten zum Kampf wider alles, was Hölle und irdisches Nichts ist, entdeckt. Der Mohammedaner ist wie der Deutsche, Soldat bis in die Fingerspitzen. Eine ungeheure Militärmonarchie wird als Endergebnis der Kämpfe im Kaukasus und beiderseits Arabiens hervorgehen, ein Weltreich von Peschawar bis in die Sahara, vom Indischen Ozean bis zur sibirischen Steppe. Vorerst ist der Vormarsch gegen das Nilland eine Tat deutscher Technik, ein phänomenaler Eisenbahnbau quer durch Sinai, den englische Ingenieure für undurchführbar gehalten haben. Aus Nervenseide schon schwingt die deutsche Brücke nach Konstantinopel. Ein schwerer Grundstein zum festen Bau, wälzt sich unser Heer langsam durch den Balkan türkenwärts. Ein geistiger Schritt, ein duftiges Leben des Hin und Her, ein seelischer und gemütsmäßiger Austausch stehen noch gehemmt hüben in Mitteleuropa, drüben im Orient, um über den im Raumozean schwimmenden Brückenleib hinwegzutanzen, sobald das Zeichen gegeben ist. Wir sind die deutschen Ingenieure, wir sind die Macht, die Mephisto gab, um engelsreine Brücken über die Länder zu schlagen! Rührt eure Hände zu der großen deutschen Brücke Atlantis!"

So schließt der Verfasser. Es kann kein Zweifel darüber bestehen, daß Müller sich mit seinem jüngsten Werk wieder zahlreiche neue Freunde schaffen wird.

Tropen
Der Mythos der Reise

ANONYM[3]

(Die Geschichte eines deutschen Ingenieurs. – Die drei Forscher. – Eine Fahrt auf dem Rio Taquado. – Fesselnde Bilder. – Ein kleines Paradies. – Die religiöse Feier. – Fieber und Hunger.)

Viele Dichter, und nicht gerade die schlechtesten, haben versucht, die Tropen und ihre sinnberückende Herrlichkeit zu schildern, den Eindruck zu beschreiben, den das farbenprächtige und leuchtende Gewoge der Pflanzen, das geheimnisvolle Treiben der überseeischen Fauna, das seltsame Klima auf den Menschen hervorrufen. Eines der interessantesten dieser Werke ist zweifellos das vor einigen Tagen im Verlage von Hugo Schmidt in München erschienene Buch „Tropen. Der Mythos der Reise", das aus der Feder des Wiener Schriftstellers Robert Müller stammt. Müller hat mehrere Jahre „drüben" verbracht, er kennt den rätselhaften Zauber aus eigener Erfahrung, den die Tropen auf den Europäer ausüben, und er hat es verstanden, sich von ihm gefangennehmen zu lassen und gleichzeitig all die subtilen Empfindungen zu beschreiben, die ihn beherrschten.

Abgesehen davon ist das Buch aber gerade in unserer Zeit auch vom politischen Standpunkt aus zu begrüßen. Ein deutscher Ingenieur ist es, der die Kolonisationspläne entwirft und dessen Aufzeichnungen Müller, wie er im Vorwort ausführt, wiedergibt[;] ein Deutscher wollte den großzügigen Vorsatz verwirklichen, „fruchtbare Gebiete des innern Südamerikas, die noch heute von unendlichem Urwald überzogen sind, weißen Farmern zugänglich zu machen und auf kommunistischer Grundlage eine ideale Verwaltung der kultivierten Gebiete durchführen". Hans Brandlberger, so ist der Name des Ingenieurs. Jack Slim, von dem Müller sagt, daß er der seltsamste Mensch war, der seit Cagliostro Europa zum Aufhorchen oder Lächeln brachte, der „Verbindungen an allen Ecken der Welt hatte, der ein Freund Tolstois war, als Student Gauguin kannte und in Wiener Kaffeehäusern an der Tafelrunde Altenbergs saß", sowie ein Niederländer, namens van den Dusen, unternehmen also die Expedition in die Tropen, von der sie nicht mehr zurückkehren sollten. Eine Priesterin, Zaona, hetzte die Stämme gegen die Deutschen auf, sie hatte durch geheimnisvolle Weissagungen den Sieg der indianischen Sache angekündigt und daran scheitert der Wagemut der drei.

Dies in großen Zügen der Inhalt des Buches, das man wohl mit Recht den „Roman der deutschen Zukunft" nennen kann. Denn im deutschen

---

3   Neues Wiener Journal. Unparteiisches Tagblatt. 27. Jahrgang, Nr. 7971, 9. 1. 1916, S. 8f.

Volke gibt es Hunderte von Brandlberger, Hunderte, die bereit sind, ihr Leben für das Deutschtum in die Bresche zu schlagen, deutsche Kultur und deutsches Genie bis in die fernsten Winkel der Erde zu tragen.

Fesselnd wird eine Fahrt aus dem Rio Taquado in einem Boote veranschaulicht. Müller schreibt: „Wir befanden uns in diesen Tagen auf den braunen, kleingewellten Wassern des Rio Taquado. Vier Indianer, geübte Flußleute und Pfadfinder durch den Djungle, ruderten uns in zwei Booten[.] Die Breite des Wassers, das saumselig gegen unseren stromaufwärts gekehrten Kiel spülte, war nirgends bestimmt festzustellen. Lagunen fielen ins Land und fingen im braunglatten Spiegel die träge dampfende Ruhe eines schweigenden Urwaldes, den kilometerlange Systeme von Schlinggewächsen zu einem einzigen quirligen Laubfilz zusammenspannen. Inseln und Halbinseln krochen vor und trugen sichtbar die Knoten verschlungener Riesenpflanzen und Bäume, sie stellten eine gefahrvolle Barre dar und zwangen uns zur Steuerung in Mäandern. Wenn wir aber vorbei waren und die Wellen unserer flinken Kähne sie erreichten, begann, was massiv geschienen hatte, zu schaukeln. Schleimige, schwarzglänzende Bildungen tauchten auf und nieder, – wurmartige Äste, die im klaren Wasser wie Spieße gedroht hatten, begannen rhythmisch zu bändern und zuckend zu greifen."

Bald kommen die drei Tropeneroberer in ein Indianerdorf, „ein kleines Paradies". Es war Bewegung da, eine gewisse Betriebsamkeit. „Wir durchschritten das Dorf mit seinen fünfzig triangulären Hütten; und siehe da, diese Gruppe blanker Kegel wies einen erhöhten Lebenstonus auf. Fünfzig kleine Rauchsäulen krochen seitlich an den Spitzen heraus und erhoben sich alle in der gleichen Richtung der Sonne zu. Der Rauch sah flügge aus, er hatte es schrecklich eilig. Die Savanne mit dem kochgeschäftigen Dörfchen bot sich als ein Präsentierbrett voll Teekannen dar. Ein Indianerdörfchen gefällig? Wenn man sich die Portion besah erklärte sich ihr rationelles Wesen. Ich fand drei Ringstraßen, die in konzentrischen Kreisen um ein mittleres Prachtgebäude, eine große bemalte Hütte, angelegt waren. Nach diesen Straßen öffneten sich die Interieurs der verschiedenen Hütten, hier lagen im scholligen Boden glattgetretene Pfade, Staub und brüchiges Gestein. Ein System von durchmesserförmig gestellten Durchsichten aber strömte im Mittelpunkt der großen Hütte zusammen An jeder dieser Durchsichten, deren Hintergrund eine Ansichthütte ergab, pflanzten sich die Kaminluken fort, allerlei Gerümpel und Ueberzähliges hauste zwischen den Flankenwänden der Hütten. Ein einziger großer Durchmesser führte breit und anscheinend gepflegt auf die große Hütte zu[.] Hier gab es also etwas wie Plan und Anlage, sozusagen eine kleine herzige Technik?" Brandlverger und seine Getreuen bleiben nun in dem Dorfe. Zana, die Priesterin, die auf alle Männer, die ihr begegnen, einen unerhörten sinnlichen Reiz ausübt, tritt in ihr Leben: „Ich überschreibe eine ganze Folge von Ereignissen mit dem Namen Zanas, aber ich denke dabei an den großen

Wald, an den Urwald." Zana ist also die Vertreterin jener schrankenlosen
Sinnenlust, die alle Weißen befällt, die in den Tropen leben. Nach einigen
Kapiteln, in denen die gesteigerte Reizbarkeit, Nervosität und Sinnlichkeit
der Deutschen beschrieben wird, kommt der Verfasser auf eine religiöse
Feier der Dumaraleute (dies die Eingebornen des Dorfes) zu sprechen:
„Eine große Feier fand statt[.] Sie war mit kriegerischem Spiel verbunden.
Draußen in der Savanne hielt der Häuptling Luluac am Vormittag Parade
ab. Die Krieger, lang gebaute Männer, marschierten je eins und eins hinter-
einander an ihm vorbei. Sie trugen körperlange Speere aus Eisenholz und
Schilde, deren Außenseite bei den Vornehmen mit Kelwas Kunstwerken
geschmückt war. Zu dem Triumphzug von Fleisch, Muskeln und barbari-
scher Stärke, der sich vor unseren Augen abwickelte, war in diesen Gestal-
tungen   der   richtigen   Weltanschauung   Ausdruck   gegeben.   Die
Menschenmenge zerstückelte sich auf einen lauten Schrei Luluacs hin in
hundert wild laufende Männer. Sie rannten mit langen Sätzen an einen
Punkt in die Savanne hinaus. Dort sammelten sie sich zur phalanxartigen
Formation, die sich in Marschlinie näherte. Das Schauspiel gab einen Begriff von Takt, wie ihn kein preußisches Garderegiment annähernd erwe-
cken könnte. Luluac war mitgelaufen und näherte sich jetzt an der Spitze.
Die großen Leiber schwankten rhythmisch nach rechts und nach links, die
Reihen schlugen einen leichten Trab an, bei dem die Knie bis vor den Bauch
gezogen wurden, die Phalanx machte halt und trat am Orte, wie auf Velo-
zipeden, von einer Sohle auf die andere."

Nachdem dieses Manöver vor dem Stammeshäuptling beendet ist.
werden eine Stunde lang die wildesten Tänze vorgeführt. Speere werden
geworfen und die Musikanten, die, wie Müller schreibt, „einen ganz anderen Typus wie die Krieger, eine körperlich untergeordnete Menschengat-
tung darstellen", beginnen aufzuspielen.

Immer mehr kettet Zaona die Europäer an sich, immer unrettbarer
verlieren sie sich in dem Verlangen nach diesem Weibe, der Repräsentantin
der Tropen. Das Fieber bricht in das Lager ein. Die Deutschen werden
ebenfalls von ihm ergriffen: „Wir Europäer lagen hilflos in uns begraben.
Unsere Macht ging nicht über unsere Fingerspitzen hinaus und unter unseren Leuten hauste die Empörung. Ein wüster Tumult war unter ihnen
ausgebrochen. Einer der Männer lag von Messerstichen zerfleischt neben
uns; Zanas weibliche Natur kam zum Durchbruch, sie nahm sich seiner an
und heilte ihn mit den Künsten der Priesterin. Sie sprach viel und in erreg-
tem Ton; sie hatte eine Rolle unter den Männern. Zuzeiten kann man sie
jetzt singen hören. Sie sang einförmige tiefe Lieder, eine natürliche singvo-
gelartige Schwermut lag in ihnen. Vielleicht besang sie ihr Heimatdorf, vielleicht waren diese halben Noten die Sehnsucht nach dem Stamme und nach
den Tänzen des allgewaltigen herrlichen Moki? Mit allen war sie auf behenden Knöcheln in den Djungle geschlüpft, allen hatte sie sich in ihrer wilden
Lust gezeigt, ringsherum hatte sie ihre Liebe verschenkt und niemand hatte

sie richtig gewürdigt. Ich aber, der ich allein Verständnis für die Art ihrer Leidenschaft gehabt hätte, ich hatte sie niemals besessen. Ich war an ihr verdorben und verhungert."

Dann plagt den Fiebernden Hunger, er hat allerlei Visionen: „Mir ist, als hätte ich Zana doch bekommen. Ich fühle mich frei und bereue nichts. Ich habe nicht die Empfindung, als wäre diese Reise in irgendeiner Art ein Minderwertigkeitsbeweis für mich gewesen. Wäre ich unbefriedigt, so dürfte ich daraus wohl schließen, daß ich Zana niemals bekam. Ich fühle mich aber wohl und es geht mir gut."

Immer wilder werden die Phantasien des deutschen Ingenieurs, der zum Schlusse sagt: „Bald stehe ich wieder vor meinen Maschinen, die sind Kannibalen, auf Ehre! Darum weil ich jung bin und nun einmal untröstlich wäre über eine brave Welt, schwärme ich für dieses tropische Europa in dem man sich nicht langweilt. Wenn ich unter die Räder komme, werde ich Au! schreien, ganz wie ein anderer. Immerhin ... Tod und Leben sind keine Widersprüche, so wenig, wie Liebe und Leben. Es ist auch möglich, daß ich wie Slim den allerlächerlichsten Tod finde. Dann springt der Dichter ein, dann ist es Zeit für den Dichter, die Tragikomödie liegt fix und fertig vor ihm da. Wenn man aber den Menschen der Zukunft fragen wird, ob er schon in den Tropen gewesen sei – ah, was Tropen sagt er, die Tropen bin ich!"

Man wird schon aus diesen kurzen Auszügen ersehen haben, was für Kraft in diesem Buche steckt, mit welch glühenden Farben all die tausend wechselnden Bilder festgehalten sind.

Robert Müller. „Tropen." Der Mythos der Reise. Urkunden eines deutschen Ingenieurs. – „Macht." Psychopolitische Grundlagen des gegenwärtigen Atlantischen Krieges. (München, Hugo Schmidt.)

ENGELBERT PERNERSTORFER[4]

Man kann sich nicht leicht zwei größere Gegensätze denken, als diese beiden Bücher eines und desselben Verfassers. Das erste ist das Produkt einer bis ins Groteske ausschweifenden Phantasie, die sich unerschöpflich und ununterbrochen über 278 Seiten Großoktav wie ein Strom des Urwaldes,

---

4   Literarische Rundschau. Beilage zum Berliner Tageblatt 120, 6.3.1916, S.11. Vgl. Helmut Kreuzer / Günter Helmes (Hg.): Expressionismus – Aktivismus – Exotismus. Studien zum literarischen Werk Robert Müllers (1887–1924). Paderborn: Igel 1989, S.243–244. Pernerstorfer war sozialdemokratischer Abgeordneter im österreichischen Reichsrat.

nur ohne alle Hemmungen, ergießt, das zweite eine lebhafte, aber sehr verständig geordnete, an tieferen Einsichten und Aussichten reiche Untersuchung über politische und Kulturfragen.

Auf Seite 208 des ersten Buches heißt es: „Mein Schädel brummte von marktschreierischen Gedanken." Der Leser nickt unwillkürlich zu. So ergeht es ihm schon von Seite 1 an. Nur sind es nicht immer gerade Gedanken, wenn man unter Gedanken ein, wenn auch in einen kleinsten Satz gepreßtes Ergebnis des Denkens versteht. Das ist hier nicht der Fall. Es werden uns Gedankenfetzen an den Kopf geschleudert, bizarre und unausgegorene Einfälle. Und im Ueberfluß Bilder. Gleichnisse, oft halb unverständliche Vorgänge. Es ist immer eine atemlose Jagd, ja Hatz, die uns fast toll zu machen droht. Robert Müller hat von seinem Buche selbst gesagt: „Dieser Roman ist nicht nur eine Abenteurergeschichte, er enthält eine Weltanschauung." Das ist eine zu prahlerische Rede. Die Reise dreier Männer, eines Amerikaners, eines Deutschen und eines Holländers, im dichtesten von Europäern noch unbetretenen Urwald Südamerikas, deren Zweck die Hebung eines Schatzes ist, führt die drei Kulturmenschen in mannigfache Berührung mit Einheimischen. Daß in diesen Zusammenstößen die Sexualität eine große Rolle spielt, versteht sich am Rande. Die Gier des Mannes nach dem Weibe, wenn es auch das indianische Urweib ist (oder vielleicht weil es dieses ist?), wird drastisch und auch grausig dargestellt. Gelegenheit über Rassenprobleme zu reden, ist da und es wird über diese Probleme viel Gescheites, viel Witziges und viel Verrücktes ausgesagt. Fieber und Tropenkoller rasen im Buche und manchmal auch im Kopfe des Verfassers. Der Deutsche des Buches sagt einmal: „Tropen, das klingt sehr gut. Nein, das ist einfach fabelhaft, das ist ja ein gefundenes Stück. Das hat so was Vielsagendes. Man könnte eigens um diesen Titel herum ein Buch schreiben." Und er ging hin und schrieb es. Und was an einer anderen Stelle versprochen wird: „Das Buch soll Ideen haben, die spazieren gehen", das wird gehalten. Sie gehen nicht nur spazieren, sie laufen, springen, hüpfen, fliegen, machen Purzelbäume und überstürzen sich schließlich. Und wenn man das Buch doch mit Vergnügen liest, so sind nicht die Urwaldszenerie, die Psychologien der Menschen und die Schilderungen des Lebens und Treibens dieser fremden Welt allein daran schuld, sondern mehr diese tollen und sich herumtollenden Gedanken, die oft nur den Zweck haben, den Leser zu narren.

Der Verlag tut nicht gut, in dem Waschzettel, den er dem Rezensionsexemplar beilegt, zu behaupten, das Buch sei „vielleicht der wichtigste europäische Roman seit Brüder Karamasoff und Zarathustra". „Blinder Eifer schadet nur!"

Daß Robert Müller einmal das Wortungetüm „diesbezüglich" gebraucht, ist schmerzhaft. Daß man dieses abscheuliche und grammatisch unrichtige Wort in der gewöhnlichen Rede nicht mehr loszukriegen scheint, ist betrüblich genug. Ein Schriftsteller, der auf seinen Stil hält, und das tut Robert Müller, sollte es meiden.

Desselben Verfassers Broschüre „Macht" gehört zu den beachtenswerteren Erscheinungen der Kriegsliteratur. Sie macht den Eindruck einer chauvinistischen Denkweise. Aber Robert Müllers deutscher Ueberschwang geht mehr als auf die äußere auf die innere Macht, die im einzelnen Deutschen liegt oder in der Zukunft liegen soll. Der deutsche Imperialismus ist nach Müller in „Faust" vorgebildet. Auch ist sein Nationalismus nicht beschränkt: „Nach dem Kriege wird die Macht des Deutschtums vielleicht allein imstande sein, den internationalen Verkehr zu ordnen, an dessen dauernde Unterbindung heute kein vornehmer Deutscher mehr glaubt, weil er seine eigene Kühle und den eigenen Willen zur Wiederherstellung der alten internationalen Verhältnisse kennt." In Robert Müller lebt ein starkes kulturelles Verantwortlichkeitsgefühl. Er will, daß der Deutsche „ein Herr wohl, aber kein Beherrscher" werde. Er ruft mehr noch als nach einem Imperialismus der äußeren Macht nach einem „Imperialismus des Geistes". Mit einem solchen Imperialisten läßt sich reden, zumal wenn er, wie Müller, im kleinen Raume eine Fülle von geistreichen Gedanken, weitschauenden Perspektiven und fruchtbaren Anregungen gibt und dies alles in einem völlig unpendantischen, knappen und individuellen Stil.

Bücher der Gegenwart
Eine kritische Rundschau

ANONYM[5]

„Tropen". Der Mythos der Reise. Urkunden eines deutschen Ingenieurs. Herausgegeben von Robert Müller, Wien. Verlag von Hugo Schmidt, München. Geheftet Mark 5.50; gebunden Mark 6.80.

Das Buch nennt sich ein Mythos, weil es sichtbar einem durchaus orphisch schaffenden, zwar regelnden, aber tiefquellenden Drange entsprungen ist. Es ist ein psychologischer, eigentlich schon physiologischer Roman; ein Landschaftsepos, wobei die Tropen nicht als solche, sondern nur als wesentlichste und gleichsam Urform der Landschaft in Betracht kommen; aber auch eine gründliche philosophische Untersuchung über nahezu den gesamten Fragenkomplex des modernen deutschen Menschen. In der abenteuerlichen Gestalt des Amerikaners Jack Slim schneiden sich traditi-

5 Pilsner Tagblatt, 17. Jahrgang, Nr. 174, 25. 6. 1916, S. 9.

onslose Jugend und wurzelhaftes geistiges Deutschtum zu einem Zu-
kunftstypus. Die Handlung führt in die ungeheuren tropischen Urwälder
und das verzwickte Stromsystem des nördlichen Brasilien. Ein Konsortium
von drei Abenteurern, einem deutschen Ingenieur, einem amerikanischen
Weltmann und einem holländischen Offizier, hat sich zusammengefunden,
um sich den halb ernsthaften, halb überlegenen als Fastnachtsscherz be-
trachteten Sport einer Schatzsucher-Expedition in jenen unerforschten Gegenden, die von den Hinterlassenschaften alter indianischer Könige und
Kulturen wimmeln sollen, zu leisten. Der unendliche Wald verschlingt die
Expedition nur allzubald im wahren Sinne, er zehrt an ihren Nerven, stellt
ihre physische und geistige Kraft auf die Probe und verwildert sie bald in
solchem Maße, daß sie mit den Sinnen und Wünschen von Urwesen zu leben, zu lieben und zu hassen beginnen. Sie geraten in ein Indianerdorf, das
ihnen eine jener geschlossenen wilden Kulturen entgegenstellt, ihre Intellektualität, ihren letzten europäischen Witz herausfordert, sie in hocherot-
tischen und anderen Situationen reduziert und mit einem Geheimnis, in das
ursprünglichste Liebe und Mord verquickt ist, entläßt. Dieses Geheimnis,
der handlungsmäßige Kern des Buches ist stark okkultistischer Natur. Es
ist leicht, das Rätsel der Beziehung zwischen den drei Männern und dem
Urweib, das zwischen sie getreten ist, zu lösen. Im „Lager am Flusse" ver-
schärfen sich die Gegensätze der vier seltsamen Menschen, in einem Knäuel
seelischer Verwicklungen erstirbt und bricht die anfänglich so unterneh-
mungsfreudige Expedition zusammen. Hunger, Hitze, das Fieber und Sexualität zerstören physisch, was die dämonische Einsamkeit seelisch zu
untergraben begonnen hat. Der „Schatz" wird entdeckt, wenn auch nicht
in der erhofften Form. Streitigkeiten brechen aus. Einer um den andern
geht auf gewaltsame Weise dahin – es wird dem Leser überlassen, wie das
problematische Schuldgefühl des überlebenden Deutschen aufzufassen ist,
als Fiebererscheinung oder als transzendent verklausulierte Wirklichkeit.
Dazu kommt noch, daß jeder noch abenteuerliche Vorgang nur Symbol eines früheren geistigen Lebens war. – Das Problem des Buches war nicht
Südameriika, sondern der Anreiz veränderter Lebensbedingungen. Und
wenn man nun Reise und Veränderung nicht räumlich sondern zeitlich versteht ... so ist es ebensogut auch die Reise in die Zukunft. Es ist ein Seelen-
und Landschafts-Roman. Niemals ist die Seele des Wilden, niemals ihr Verhältnis zum europäischen Intellektuellen in so drastischen Symbolen so
tief, beinahe listig verkörpert worden. Das Ur„bild", Urmusik, Urkunst,
Urtanz, Urerotik sind dem modernen Gehirn gegenübergestellt.

Neu-Österreichisches

OSKAR WALZEL[6]

In seinem fast übergeistreichen Buch „Österreich und der Mensch" läßt Robert Müller den Österreicher sagen, er unterschlage oder betrüge die Vorschrift, aber eben damit erkenne er sie an, ja, er halte sie, indem er sie breche. Müller erblickt mit Recht in solchem Denken das Dialektische des österreichischen Sinnierens. Dieses Sprechdenken, diese sprachsinnliche Meisterschaft macht nach Müller das Österreichertum unüberwindbar innerhalb der Weltkultur. Nur die russische Orthodoxie, der Fakirismus der Inder und die Transzendentalphilosophie der Norddeutschen ermöglichen nach Müller einen gleich hohen Grad der Welt- und Lebensbeherrschung. Ich begnüge mich, Müllers Beobachtung umzusetzen in die bescheidenere Wendung: der Österreicher ist Romantiker. Norddeutsche Romantik spielte mit dem Leben, weil sie transzendental denken gelernt hatte. Der Österreicher trägt romantisch-ironische Lebensauffassung im Blut. So spielt er mit dem Leben auch in diesem Krieg. Müller nennt an anderer Stelle diesen Krieg die preußische Hochschule für Österreich. Die Zukunft wird lehren, ob Österreich in dieser Schule lernt, die seelischen Gewinne des Kriegs zu wahren und zu mehren, vom überkühnen Spiel zu festem Beharren aufzusteigen.

Robert Müller, ein psychopolitisches System

ARTHUR ERNST RUTRA[7]

Im Verlage S. Fischer, Berlin, ist ein neues Buch von Robert Müller erschienen: „Österreich und der Mensch", eine Analyse und Prognose des Österreichertums: ein Buch, das sicherlich viel dazu beitragen wird, das Verständnis für diesen durch das Prisma ererbter und eingebildeter Vorurteile in einem vielfach gebrochenen Licht erscheinenden Staat in Deutschland und nicht zuletzt bei uns selbst zu fördern. Der Name Robert Müller ist

---

6   Berliner Tageblatt, Jg. 46. Nr. 175, 5. 4. 1916, S. 3 (Auszug). Vgl. auch Redlich, Schicksalsjahre, Bd. 2, S. 153: „Robert Müller schickte mir sein zum Teil recht abgeschmacktes Buch *Der Österreicher und der Mensch.* Woher diese jungen Leute den Mut nehmen, über eine so ernste Sache wie den Charakter eines ganzen Volkes oder einer Riesenstadt wie Wien so grellgefärbte, willkürliche, auf abstruser ‚Geschichtsklitterung' beruhende Phrasen und Allgemeinheiten breitspurig und lärmend vorzutragen." (24. 3. 1916)

7   Wiener Mittags-Zeitung, Nr. 132, 9. 6. 1916, S. 3.

heute schon in weite Kreise gedrungen, wenn auch nicht in die weitesten, wie man es um der Ideen willen, für die der Autor eintritt, wünschen möchte. Doch sei schon hier vorweggenommen, daß es dem ersten Anschein nach das Werk ist, das sich seiner Popularisierung selbst in den Weg stellt, wenn auch die wirklichen Gründe weit tiefer in der Verflachung des humanistischen Bildungsniveaus und in der Entwertung der Produktion liegen mögen, die wieder wechselseitig an der mangelnden Aufnahmefähigkeit ihre Stütze findet. Diese Erkenntnis mag auch dem Autor nicht entgangen sein, denn sein neuestes Buch bildet gegenüber seinen erst jüngst erschienenen, dem metaphysischen Prosaepos „Tropen" und der Schrift über die „Macht" eine Konzession an den Durchschnittsleser. Eine Einsicht, die hier begrüßt werden soll, denn sie kommt der Idee zugute.

Die beiden vorangeführten Arbeiten wurden mit Absicht genannt, denn die in ihnen dargelegten Ideen bilden mit den im neuen Buche ausgeführten eine Reihe von harmonisch klingenden Schwingungen, deren Grundton die Theorie der expressionistischen Politik ist. Nicht nur der durch politische Schulung gegangene Diplomat oder der durch eine Summe von Traditionen prädestinierte Aristokrat und Bureaukrat sind es, die Politik zu machen haben, sondern der Mensch, der Mensch mit allen seinen Vorzügen und Fehlern, die Resultante aus Erziehung und Schule, aus Vergangenheit und kühnster Utopie, aus Leidenschaft und unbewußten, schlummernden Kräften. Es ist ein neuer Weg, der auf den ersten Blick aus einem Chaos nur zu einem neuen größeren und die Allgemeinheit gefährdenden Chaos führen müßte. Aber dem Menschen, dem idealsten Interpreten, bleibt es vorbehalten, aus dieser Fülle den neuen Typus zu formen.

Diesen neuen Typus gestaltet Robert Müller in den „Tropen" in Jack Slim – der deutsche Ingenieur Hans Brandlberger ist nur ein Vorläufer, ist, fast möchte man sagen, die Probe auf das Exempel. Und derselbe Grund, warum Jack Slim, der Träger dieser Idee, ein Amerikaner ist, gilt auch für ihre Anwendung auf Österreich. Wie Nordamerika, auf dessen Boden eine neue Rasse im Entstehen ist, so bildet auch Österreich, dessen verschiedene Völker sich zu einer neuen Rasse, der österreichischen Rasse verschweißen – Robert Müller nennt diesen Vorgang österreichische Reichszucht – eben vermöge seiner Mannigfaltigkeit die günstigsten Voraussetzungen für die Entwicklung und für die Lebensfähigkeit des neuen Typus. Pflicht, Zucht und Organisation, diese schönsten Blüten preußischer Erziehung haben – nicht als ob wir darüber hinausgewachsen wären – in Österreich keinen Boden. Sie sind vorhanden, aber anders, unmerklich und nicht sinnfällig, gemäß dem Gesetze der „schweigenden Organisation", und wie werden vielleicht in einem gewissen Sinne nach diesem Kriege Gestalt gewinnen, aber wieder anders, wie etwas längst Überwundenes, das sich von selbst versteht.

Darin liegt eben das Geheimnis dieses Staates, der anscheinend unorganisiert ist und undiszipliniert, doch besteht und immer bestehen wird, vermöge einer geheim wirkenden Kraft, die stärker ist als die sichtbaren Äußerungen einer von menschlichem Geiste systematisch durchgeführten Mechanisierung. Österreich hat es an bedeutenden Männern niemals gefehlt – es hat sie an fremde Länder abgegeben und ohne Schaden abgeben können, weil die Schöpfungskraft seines Bodens nie versiegt. Urbarmacher fremder Erde, hat es unbewußt die längste Zeit die Mission des Kulturträgers erfüllt. Daß es so willig seine Blüten hingab, wäre man versucht, eine Schlamperei zu nennen, wie alles, was nicht so geschieht, wie es in anderen Staaten geschehen wäre. Auch uns ist dieses Wort vertraut geworden wie denen draußen, die gleich uns die Prämisse „Österreich" vergessen. „Schlamperei aus Geist", sagt Robert Müller, vielleicht aus Genialität. Daß aber das Wort „Schlamperei" bei uns mit einem Achselzucken und einem alles verstehenden Lächeln gebraucht wird, bringt uns dem Sinne des Wortes näher. Es ist das, was der Autor „in Laß und Lust geworden und eine den musischen Tugenden entsprechende wahnwaltende Verwaltung" bezeichnet, und was sich eben nicht mit dem zu Mißverständnissen führenden Worte „Schlamperei" wiedergeben läßt. Ein Staatswesen, dessen Bedeutung und Schönheit in seiner Buntheit liegt, kann unmöglich den Weg einer mechanisierten Organisation betreten, wie ihn das geschlossene Preußen und mit ihm das Deutsche Reich gehen müßte.

Der innere Wert Österreichs besteht eben darin, daß es in der Symbiose seiner Völker die Gestalt des zukünftigen Europas in sich trägt. Der Deutsche ist der Pionier dieser Welt – in diese Worte läßt sich der Sinn von Robert Müllers „Macht" zusammenfassen, der Österreicher, der Mensch – ihr Grundpfeiler.

Das jüngste Dichteraufgebot.
„Die Politiker des Geistes"

GEORG WITKOWSKI[8]

Es geht in der Literatur wie im Leben. Sonst wurden die Neulinge, wenn sie sich den Verlegern zur Musterung stellten, immer wieder nach Hause geschickt; jetzt darf jeder, auch der jüngste, darauf rechnen, sogleich in die graue Montur des Kriegspapiers eingekleidet zu werden. Und mit wärmster Teilnahme sehen wir Aelteren diese Jugend auf die Walstatt treten: fühlen wir doch, daß in ihnen das zukünftige Deutschland hervortritt, um die Schlachten des Geistes zu schlagen.

---

8   Auszug aus einem Feuilleton im Berliner Tageblatt und Handelsblatt, 46. Jahrgang, Abend-Ausgabe, Nr. 643, 17. 12. 1917, S. 2.

Fünf neue Bücher sind gleichzeitig im Verlag S. Fischer erschienen, alle Werke ganz junger Dichter enthaltend, darunter drei, deren Namen noch nie auf den Titelblättern zu lesen waren. Gewiß bedeutet es keinen Zufall, daß vier dieser Dichtungen die Form des Dramas zeigen. Der junge Dichter will sich mir der Welt auseinandersetzen. Der innere Kampf sucht nach Symbolen und findet sie am einfachsten in den Bildern äußerer Zusammenstöße von Charakter und Schicksal, in leidenschaftvoller Rede und Gegenrede. Dafür wird die Stoffwahl etwas Nebensächliches: Sage, Geschichte, Gegenwart werden nicht mehr um ihrer selbst willen vorgeführt. Sie bieten nur das Gerüst dar, das von dem Persönlichkeitsausdruck beliebig verbogen, umkleidet und erhöht wird. Deshalb ist auch von dem Streben nach historischer Echtheit nicht mehr die Rede. Die Menschen sollen nicht als Erzeugnisse bestimmter zeitlicher Voraussetzungen erscheinen, wie es früher im historischen Drama üblich war, am meisten unter der Herrschaft der materialistischen Geschichtsauffassung. Ihr Handeln, ihre Gesten und ihre Worte fließen einzig aus den Quellen, die hochgesteigertes Seelenleben der Gegenwart speisen. Keine Rücksicht auf hergebrachte Architektonik des Bühnenwerkes: die Vorgänge reihen sich in beliebiger Breite und Menge auf, nur zu dem Zwecke, Stadien seelischen Werdens zu versinnlichen, mag der Regisseur sehen, wie er das Maß des Theaterabends und die Illusionsmöglichkeiten seiner Bretterwelt damit in Einklang bringe. Denn diese jungen Dramatiker wissen es ja: ihren Stücken kann die Höhe der Forderungen nicht mehr den Weg erschweren. Je Ungewöhnlicheres, je Gewaltsameres sie den Bühnenleitern zumuten, um so begieriger greifen diese nach der lockenden Frucht, weil sie wissen welche Gelüste nach dem, was die Kunstlehre und die Gewohnheit bisher der Bühne versagte, nun auch in den Genießenden erwacht sind. [...]

Nichts vom Beginner ist in dem ersten gedichteten Werke des Wieners Robert Müller „Die Politiker des Geistes", sieben Situationen. Der Zweck scheint vom Dichterischen hier so fern, wie dort, wo Müller über den neuen Menschen theoretisiert, in seinen „Europäischen Wegen" (auch bei S. Fischer erschienen). Denn zu dem Vorstellungsbild, das diese Schrift mit kühnen Strichen hinwirft, ist das – sozusagen – Drama das Paradigma. Der Schriftsteller Gerhard Werner soll der neue Mensch sein, der Vergeistigte fern allem Aesthetentum und aller Neurasthenie, nicht der Gegner, sondern der Beherrscher des Materiellen. Dieser Vollmensch vereinigt Ordnung und Chaos, er heißt (in Müllers nach Bergson geformter Terminologie) Simultanist, „um zu bezeichnen, wie überall er ist, wie gegen das alte Gegen, Nihil, er gestimmt ist, wie gleichzeitig alles in ihm vor sich geht, wie panisch sein Lebensgefühl, wie umfassend seine Liebe, wie erobernd seine Güte". An einem „Abend für Geistespolitik" mag die Aufführung dieses Tendenzstücks wohl ihr Daseinsrecht haben, ohne daß dadurch etwas für sein Künstlertum gesagt sein soll. Denn das unverkennbare technische Können, mit dem die Vorgänge ausgebaut sind, bedeutet doch dafür nur wenig.

Europäische Wege

LUDWIG ULLMANN[9]

Robert Müller geht sie in seinem neuen Buch (bei S. Fischer, Berlin), vielmehr versucht es, sie in dieser Zeit der wild wuchernden Mißverständnisse und Übertreibungen zu gehen. Worum er sich müht, ist der Typus. Nicht der Typus eines Klischee-Europäers mit gefälliger kommunistischer Maske, den heute jedes Temperament der Opposition leicht aufzubauen vermag. Vielmehr sucht er die Zusammensetzungen, gewissermaßen die perspektivisch zusammenlaufenden Linien, sucht die Form und den Rhythmus dieses Menschen von morgen, für den er gewichtige und markante Züge, Züge voll Entscheidung und Bewegung, bald dem Österreicher abgewinnen will, bald dem Skandinavier, bald dem Russen, dem Angelsachsen oder jenem Deutschen des Gefühls und der geistigen Liberalität, der allmählich von der harten preußischen Schicht hinweggeschoben worden ist, in ein unverdientes und unfruchtbares Dunkel, aus dem er nun vor allem für das Verständnis und den Glauben der Mitlebenden gerettet werden muß. In Politikern, Dichtern, Künstlern sieht Müller die prägnanten Konturen des neuen symbiotischen europäischen Geistes gezogen. Weniger in ihrem Werk, in dessen stofflichem oder ästhetischem Resultat wenigstens, als in ihrer geistig-menschlichen Physiognomie, in ihrem Trieb und Plan, in ihrem Wunsch und ihrer Form. Robert Müller verfügt über eine Art naturwissenschaftlicher Romantik der psychologischen Exegese. Er geht vom Skelett einer Handlung und eines Systems aus. Von ihren rassigen Grundsätzen, ihren geheimen Sensationen des Blutes und der Nerven, ihrer Bewegung als symptomatischen Vorgängen, als Gliedern einer Kette von kausalen und überdies von vitalen Zusammenhängen. Nur folgerichtig baut der Essayist so eine Welt von großen und kleinen Gewalten auf, eine Welt der falschen, aber lockenden Wahrscheinlichkeiten und der abstrus scheinenden Wahrheiten. Eine Welt, in der es bunt, aber sachlich zugeht. Spricht man als Sachlichkeit jene höhere Abart des Vollbringens aus Hang und Leidenschaft an, die man sonst allgemein Subjektivismus nennt.

---

9   Wiener Allgemeinen Zeitung. 6 Uhr Blatt. Nr. 11902, 18. 12. 1917, S. 3.

Bücherschau
Die Politiker des Geistes

ANONYM[10]

7 Situationen. — S. Fischer, Verlag, Berlin.

Ein neuer Typus Mann, eine stählerne Synthese von Sport, Geist, Aktivismus und Asozialität steht im Mittelpunkt des Geschehens. Der „Held" Gerhard Werner, Sportsmann, Philosoph, Praktiker, Dichter in einem, bald im Salon, bald im Zwischendeck der Gesellschaft, doch immer Sieger, weil in jeder Lage seiner selbst sicher, gleitet in lächelnder Überlegenheit, an der nichts haftet, durch die einseitigen Politiken der nur Geistigen, nur Sozialen, nur Sinnlichen hindurch und entflieht ihnen in eine „Politik" des Universalen, die jede Energie gleichwertig auswirkt und zu jedem Erlebnis-Geschenk ohne Harm „Willkommen!" und „Ade!" sagt. Solche junge Zuversichtlichkeit wird von Robert Müller nicht in langstieliger Thesendramatik doziert, sondern mit kalter Kraft in sieben eigenartig zugespitzten Szenen, in Dialogen von zielender Schärfe gestaltet.

Tagebuch

HERMANN BAHR[11]

Salzburg, 30. Dezember. Endlich! Es war aber auch höchste Zeit: seit fast zwanzig Jahren ist in Oesterreich keine neue Jugend mehr erschienen, seit zwanzig Jahren warte ich auf Ablösung! Längst ist meine Jugend alt geworden; um die Vierzig wird's ja Zeit, daß der Mensch den Schein durchschaut und sich zur Ewigkeit kehrt, aber wer erst so weit ist, taugt dann im Irdischen nicht mehr viel, da taugt nur, wer sich noch von den Täuschungen täuschen läßt, nur der kann sich noch erdreisten. Es ist nicht gut, wenn Alter jung tut. Was bleibt ihm aber übrig, wenn Jugend alt tut? Ich wünsche mir seit Jahren nichts mehr als in mich hinein den Geheimnissen zu lauschen, das Aug an den Sternen, kaum einmal noch mit einem verwunderten Seitenblick auf den Tag hin. Der Tag gehört der Jugend in ihrem Wahn!

---

10 Auszug aus einem Feuilleton in der Wiener Allgemeinen Zeitung. Nr. 11909, 28. 12. 1917, S. 5.

11 Neues Wiener Journal. Unparteiisches Tagblatt. 26. Jahrgang, Nr. 8694, 13. 1. 1918, S. 4–5.

Erinnerung, Entsagung, Betrachtung ist des Alters; Wähnen, Walten, Wirken ziemt der Jugend. Was sie fordert, worauf sie drängt, wohin sie treibt, darauf kommt's gar nicht so sehr an, als daß sie fordere, dränge, treibe! Aber wo blieb sie? Jung ist nur, wer sich gesendet fühlt und eine neue Welt zu bringen meint. Da waren in den letzten zehn Jahren wir Alten noch immer die Jüngsten. Jetzt aber scheint es endlich, daß mir auch dieser Wunsch erfüllt wird: ein herzhaft junges Blatt kam heut geflogen, „Der Anbruch", herausgegeben von Otto Schneider und Ludwig Ullmann, nicht bloß im Format an den Berliner „Sturm" und die Berliner „Aktion" erinnernd, endlich ein Versuch, die neue Jugend Österreichs zu sammeln! Ullmann kenn ich noch aus der Zeit, als er sich, mit Paul Stefan und Erhard Buschbeck zusammen, um den Akademischen Verein bemühte. Nun kündigt er hier eine Jugend an, „so radikal wie kaum eine, berückend in ihrer Nüchternheit und eisern in ihrem sprühenden geistigen Glanz", und mit der Leidenschaft, „Exaktheit und Rausch zu vereinen". Also ungefähr, was Robert Müller immer predigt, und fast mit den nämlichen Worten. Robert Müller hat sich ja seinen Namen zuerst als Phantast der Nüchternheit, als Romantiker des Betriebs, als eine Kreuzung von Zarathustra mit Roosevelt gemacht. Ihm scheinen eleusinische Mysterien von Cowboys der Großindustrie vorzuschweben. Je weniger ich mir das vorstellen kann, desto neugieriger wär ich. Er hat sehr viel Verstand, was heute selten ist, und hat dazu, was noch seltener ist, auch Phantasie, und nicht bloß von der schnüffelnden, anschmeckenden Art, sondern eine schaffende. Nur macht er von so hohen Gaben einen etwas sonderbaren Gebrauch: er benutzt den Verstand nicht, um die Phantasie zu zügeln, und die Phantasie nicht, um den Verstand zu füllen, sondern eher umgekehrt, er denkt phantastisch und phantasiert nüchtern, er berauscht sich an Zahlen und rechnet Märchen aus; sein Ideal wäre, als Generaldirektor eines ungeheuren Welttrusts auf ungesatteltem Pferd Haschisch zu rauchen. Ich weiß nicht, ob diese Mischung einen Dichter aus ihm machen wird, er aber ist offenbar überzeugt, daß sie zum großen Politiker genügt, und es kann sein, daß er recht hat; ich glaube es eigentlich auch. Er ärgert einen oft, weil er die Gewohnheit hat, gerade dort, wo man meint: aha, jetzt kommts!, aufzuhören; und man harrt umsonst, er sagt nichts mehr. Es ist aber möglich, daß er nichts mehr sagt, nicht weil er nichts mehr weiß, sondern weil es etwas ist, das überhaupt nicht gesagt werden kann, sondern getan werden muß: er spricht nicht weiter, weil er jetzt handeln müßte. Cäsar hat's leicht gehabt, den gallischen Krieg zu schreiben, denn er hat ihn ja vorher geführt; vor der Tat sprechen, ist schwer; gar aber statt der Tat, das muß für einen geborenen Täter ganz unerträglich sein! Und vielleicht ist Robert Müller einer, ich hab ihn sehr in Verdacht: was er schreibt, macht mir immer den Eindruck von ungeduldigen Kommentaren zu seinen ungetanen Taten, er ersetzt sich das Tun vorläufig durch Schreiben; dies ist vielleicht für beide nicht das Richtige.

Ich wäre dafür, daß er bei den nächsten Wahlen kandidiert; wir gewinnen vielleicht einen Politiker, sicher einen Schriftsteller. Er wird nämlich immer enttäuschen, solange er nicht ganz erfüllt, was sein Geist verheißt: vorläufige Leistungen verzeiht man einer echten Begabung nicht gern. Er hat jetzt auch ein Stück geschrieben: „Die Politiker des Geistes" (S. Fischer, Berlin), mit Witz, Laune, Temperament, Anmut und Bedeutung genug, um eine ganze Saison zu versorgen. Alle seine Lieblingsideen von einem „Politischen Expressionismus", der „die schöpferische Willkür neben den Mechanismus" und „den irrationalen neben den modernen wissenschaftlichen Staat stellen will", von einer „neuen universalen Rassigkeit", von irgendeiner geheimnisvollen Aussöhnung des Geistes mit der Maschine kehren da wieder, in ein amüsantes, ja spannendes Theaterstück gefügt, das nur einen Fehler hat, aber einen großen: es verrät, daß in seinem Verfasser noch viel mehr steckt. Und das Publikum, das dafür eine sehr feine Witterung hat, kann das leicht als eine Beleidigung empfinden, es glaubt ja für sein Geld vom Dichter verlangen zu dürfen, daß er schwitze, bis ihm die Zunge heraushängt. Ja dieses Heraushängen der Zunge gilt bei uns für das Merkmal, woran allein man den wahren Dichter erkennen will, *experio crede Ruperto!* Ich bin ja genügsamer als das Publikum: hätte Robert Müller nichts geschrieben als den prachtvollen kleinen Aufsatz: „Der Österreicher" in seinen „Europäischen Wegen" (S. Fischer, Berlin), er wäre mir unvergeßlich, schon um seiner Mundart willen, in der unser altgewohntes Österreichisch oft auf einmal ganz sonderbar neu klingt. Doch es mag sein, daß ich ihn überschätze, weil ich nämlich bestochen bin: er hat einmal meiner Eitelkeit so dick geschmeichelt, er nannte mich einen „Austropäer", und darauf bin ich unbändig stolz, denn besser läßt sich wirklich gar nicht sagen, was ich gern wäre!

Das Inselmädchen.
Novelle von Robert Müller. Roland Verlag in München

DZ[12]

Robert Müller liebt das Exotische, Exzeptionelle, wild Phantastische. Auch diese neue Novelle zeugt davon, daß er Wege zu finden versteht, die weitab vom Alltäglichen liegen, und daß seine üppige Phantasie sich gern in fernen Ländern ergeht. Er führt uns auf eine Insel in den Tropen und schildert ganz eigenartige Menschen und Schicksale. Auch seine Sprache ist bunt schillernd und üppig, voller Reiz. Die Erzählung mutet recht eigenartig an und fesselt den Leser vom Anfange bis zum Schlusse.

---

12   Wiener Zeitung, Nr. 182, Mittwoch, den 11. 8. 1920, S. 3f.

Tagebuch

HERMANN BAHR[13]

1. Oktober. Schon als Student fiel mir Robert Müller unter seinen Kameraden auf durch das Wesentliche seiner Bemühungen, als einer, der nicht
bloß jongliert, sondern nach der Wahrheit späht. In seinem Blut ist dem
schweren Ernst nordischer Geistesart ein österreichischer Glanz beweglich
aufgesetzt und ragt er schon durch Talent hervor, so noch vielmehr
dadurch, daß dieses Talent sich nicht in sich selber beruhigt, sondern
durchaus empor zum Sittlichen strebt. Dies zeichnet ihn aus, aber eben dies
drängt ihn freilich auch wieder zurück, da gerade dafür bei Wienern, und
heute mehr als je, doch alles Gefühl, alles Verständnis fehlt. So lastet auch
auf ihm drohend der Druck jener entsetzlichen Einsamkeit, an der, wer irgend etwas ernst nimmt, in dieser lieben Stadt erstickt, und er sieht sich
fast zum Gespött werden gerade weil er, wie sonst dort von den Heutigen
so sichtbar vielleicht nur noch Ernst Wagner und Werfel, um die Probleme
ringt, mit denen die anderen sich immer nur allerliebst drapieren. Doch diesem ängstigenden Gefühl, allein und ganz auf sich angewiesen zu sein, ver-
dankt er es, daß sein Blick aus der Enge der stumpfen Umgebung, um Hilfe
suchend, ins Weite muß: weil er daheim nichts Festes für den fordernden
Tritt seiner Geistesart findet, sieht er sich in die Welt hinausgewiesen, und
zu der Freiheit, die schon durch sein ganzes Wesen ihm vorbestimmt
scheint, drängt ihn nun auch noch innere und äußere Not. Ihm stand in
jungen Jahren schon an der Stirn, daß er zu den nirgends verweilenden, zu
den schweifenden Geistern gehört, die erst lange kreisen müssen, um sich
ihren Mittelpunkt zu sichern. Auf den ersten Blick sah man ihm den Wikinger oder Normannen an, den land- und seefahrenden Menschen, mit der
inneren Spannung von Grönland bis Sizilien; und dem phantasierenden
Blick feiner Baumeisteraugen war eine seltsame Nüchternheit beigemischt,
eine Nüchternheit, die sich erlauben kann, Haschisch zu rauchen. In dem
Alter, wo man sonst Indianergeschichten liest, hat er sie lieber gleich erlebt,
und während Österreicher sonst meistens auch in den Flegeljahren schon
irgend etwas Pensioniertes an sich haben, ist er da eine Art Cowboy, und
wenn die paar guten Österreicher, die es bis zum November 1918 allenfalls
noch gab, alle doch eigentlich eher Stephanstürmer waren, ist er der letzte
Revenant des großen Österreich, des barocken, gewesen, des Österreich,
das schon immer nur in der Vergangenheit und in der Zukunft lag. Wie rein
er diesen unsterblichen Mythos empfand, bezeugen nicht bloß seine Bücher „Österreich und der Mensch" und „Europäische Wege" (S. Fischers

---

13   Neues Wiener Journal. Unparteiisches Tagblatt. 28. Jahrgang, Nr. 8694,
     17. 10. 1920, S. 4–5.

Verlag, Berlin). Als nun der Mythos dann wieder einmal für eine Zeit ent-
wich, schien auch Robert Müller mehrere Tage hindurch dem Wahn nicht
abgeneigt, was sich da so pompös als Revolution ankündigte, könnte wirklich eine sein oder doch vielleicht, wenn sich ein Führer fände, mit der Zeit
eine werden. Es fand sich keiner, und aus einer Herzenssache der Menschheit, die der Sozialismus fünfzig Jahre lang gewesen, wurde über Nacht wieder die nur etwas vergröberte Mundart der *conglomerated mediocrity*, der
Hofrat atmete beruhigt auf, die Jugend aber gewahr, daß sich die *mediocrity*
jetzt nicht mehr zu genieren brauchte, wodurch allein nämlich die neue Zeit
sich von der alten unterschied, die Jugend verstummte. Ihr sogenannter
Idealismus besteht im Grunde ja bloß darin, daß sie wünscht, über die Gemeinheit des Menschenlebens irgendwie getäuscht zu werden. Es ist aber
das Charakteristische dieser Epoche, daß sie jetzt solche Täuschungen erst
gar nicht mehr für nötig hält: die Gemeinheit des Lebens wird jetzt akzeptiert. Der Jugend, die noch irgendwie jung geblieben ist, bleibt, seit daheim
nichts mehr vorhanden ist als Niedertracht, über die sie selbst die lebhaf-
teste Phantasie nicht hinweg lügen kann, also nichts übrig als ihre Sehnsucht auswandern zu lassen, und sie hat gar nicht weit zu wandern, da
begegnet sie dem Bolschewismus. Jugend hat heute keine Wahl: wenn sie,
worauf echte Jugend nicht gern verzichtet, schwärmen und glühen will,
kann sie's heute nur für den Bolschewismus. Es ist ja sonst öffentlich in
Mitteleuropa jetzt nichts mehr vorhanden, woran lebendige Phantasie kristallisieren könnte. Robert Müller hat denn auch schon geschwind an ihm
kristallisiert: in „Bolschewik und Gentleman" (Erich Reiß, Berlin 1920).
Damit ist, schon in der Aufschrift, vortrefflich ausgedrückt, was der Bolschewismus dem Abendland bringen müßte, wenn er über überhaupt dem
Abendland etwas bedeuten können soll: er muß irgendwie den Gentleman
vollenden. Die letzte große Form des Europäers ist der barocke Mensch
gewesen. Auf ihn hat seit dem XVIII. Jahrhundert die Verstandesbildung
ihre Schatten geworfen. Der Gentleman ist schließlich eine Art Kompromiß davon und dieses Kompromiß ist erstarrt. Wir fühlen, er selber fühlt
schon leise, daß ihm irgend etwas fehlt: ein Hauch von Wärme, Freiheit,
Weite; der Gentleman müßte wieder einmal in Schwingung geraten. Und
eben diese Schwungkraft ist es, die sich Robert Müller vom Bolschewismus
für ihn erhofft: eine neue Geistesrasse kündigt sich ihm im Sibirjaken an,
den „intuitiven Hochstil einer anderen, fremden, jedenfalls dunkelrassigen
Zukunftskultur" scheint er da zu vernehmen. Ich kann das sehr gut verstehen. Auch ich empfinde die fast magische Gewalt des Dunkels, in das sich
Lenin hüllt. Vielleicht ist es auch bloß der Reiz, den Chaos immer hat. Und
vielleicht ist es gerade nur Chaos, was dem Gentleman fehlt. Vielleicht muß
wieder einmal Chaos nachgefüllt werden, wenn das Abendland nicht erstar-
ren soll. Aber es ist auch möglich, daß, was uns alle so geheimnisvoll am
Bolschewismus lockt, den ja keiner von uns kennt, über den wir uns doch

alle bloß aus vagen Gerüchten eigentlich aus gut Glück nur allerhand zusammen phantasieren, daß dies gar nicht der Bolschewismus selber ist, sondern nur der Wogenschlag des Ostens in ihm. Vielleicht auch einfach das
russische Volk, dessen Urkräfte der Bolschewismus jetzt, solange er sich
noch verteidigen muß und solang er noch erobern will, alle zusammenfaßt
und zunächst noch zusammenhält. [...]

Bolschewik und Gentleman

GEORG FRIEDRICH NICOLAI[14]

Jeder, der in Rußland war, hält sich für verpflichtet, über die Bolschewisten
(im Augenblick für Viele eine der interessantesten exotischen Kuriosiäten)
zu schreiben: und das Publikum glaubt, diese Berichte von Augenzeugen
hätten besonderen Wert. Das ist ein Irrtum: sehr oft verzerrt allzu große
Nähe, während die Distanz und Vogelschau objektivere Bilder gibt. Auf
alle Fälle ist ein leitender Gesichtspunkt notwendig, und dem Durchschnittsmenschen nützt es nichts, noch so tief in die Töpfe zu gucken:
selbst wer die Suppe kocht, weiß oft nicht, wie sie schmecken wird.

Vor allem in der Politik stört die Nähe, und auf dem Schauplatz einer
in Krämpfen werdenden Zeit sieht der in das gewaltige Geschehen Hinein-
gerissene seine ganze Umwelt umnebelt von überschwänglichem Hassen
oder Lieben. Verbrechen ist ihm alles oder Schöpfertat. Besonders deutlich
wird uns diese Unmöglichkeit, in revolutionären Zeiten objektiv zu bleiben, wenn wir die Berichte der französischen Cidevents wieder durchlesen:
sie schrieben nur „eigene Beobachtungen" nieder, und doch weiß heute Jeder, der die Akten der französischen Revolution kennt, daß alles Lügen waren – oder doch wenigstens objektive Unrichtigkeiten.

So ist nicht erstaunlich, daß auch heute wieder nur zu oft gleich kluge
Menschen, die zu gleicher Zeit in Rußland waren, das Entgegengesetzte
aussagen: Der eine sieht rosig, was dem Andern schwarz scheint, weil dem
Einen die ökonomischen, dem Andern die kulturellen Veränderungen
wichtig sind, und weil es dem Einen auf das Prinzip, dem Andern aus die
Praxis ankommt. So lobt denn der Eine als Anfang zum Kommunismus,
was der Andre als neue Bourgeoisie verdammt, und die ganze Revolution
ist Vielen nur mißverstandener westlicher Sozialismus und ein Verbrechen
machtlüsterner Despoten. Vielen aber ist sie das Erwachen der russischen
Seele und ein vorbildliches Experiment für Europa. Manchem allerdings
nur die Konsequenz der Militärrevolte eines geschlagenen Volkes. Kurz:

---

14   Prager Tagblatt. 46. Jahrgang, Nr. 124, Unterhaltungs-Beilage, 29. 5. 1921, S. 19.

Jeder, der in Rußland war, sieht es anders: und im Grunde sieht er nur Das, was er sehen will.

Wenn also ein Ereignis der Gegenwart unsre Leidenschaften besonders stark aufwühlt, dann ist doppelt schwer, ihm gerecht zu werden: aber grade dann ist uns besonders wichtig, Stellung zu ihm zu nehmen. Wir können dies auch, nur dürfen wir es nicht werden wollen, sondern müssen es als Notwendigkeit zu begreifen versuchen: denn dann erst wird man das Zufällige vom Unabänderlichen sondern können. In dem Chaos, das heute in Rußland herrscht, spuken sicherlich alle oben angedeuteten Motive mit: tartarische Wildheit und russische Gleichgültigkeit gegen äußeres Geschehen: westliche Wissenschaft und kommunistische Ideen: Landhunger der russischen Bauern und aufgestachelte Genußsucht der Arbeiter – alles Dies bestimmt die Nuancen. Aber es kommt darauf an, zu wissen, welche dieser Unterströmungen schließlich siegen wird, und nur Der versteht die bolschewistische Bewegung, der weiß, wohin uns diese Flut tragen wird. Was gestern der Bolschewismus war, was er heute ist, erscheint gleichgültig, es kommt darauf an, was er morgen sein wird. Dazu aber gehört geniale Intuition: die einfache Präsenzbescheinigung nützt gar nichts, und nur ein Goethe merkte unter Tausenden, daß es sich lohnte, in Valmy dabei gewesen zu sein.

Für mich ist Das, was heute in Rußland geschieht, und was man gemeinhin Bolschewismus nennt, die notwendige Reaktion gegen eine überzivilisierte Zeit. In den letzten hundert Jahren ist durch die Technik und die dadurch bedinge Internationalisierung eine solche Kompliziertheit unsres Milieus entstanden, daß wir uns nicht mehr zurechtfinden. Die seelischen Kräfte unsres Gehirns haben nicht Schritt halten können mit dem Tempo, in dem die technischen Ausgeburten dieses unsres selben Gehirns die Welt umgestaltet haben. Daher ist nicht verwunderlich, daß diesmal die Revolution in dem Lande ausbrach, das in gewissem Sinne das primitivste war. Man zerschlägt eine Zivilisation, die letzten Endes Keinem mehr innere Befriedigung gibt. Aber während im Ausgang der Antike das Hinterwäldlervolk der Germanen dieses Geschäft besorgte, müssen heute, wo in Betracht kommende Hinterwäldlervölker nicht mehr existieren, die Kulturvölker ihr eigenes Werk zerschlagen. Das ist grausamer und schmerzhafter: doch dürfen wir hoffen, daß, wie sich allmählich aus der zertrümmerten Antike die Gotik aufbaute, auch diesmal aus dem Zerstörungsprozeß einstens eine neue Kulturwelt erwachsen wird.

Ähnlich scheint mir auch Robert Müller in seiner Schrift „Bolschewik und Gentleman" (erschienen bei Erich Reiß in Berlin) die russischen Verhältnisse zu betrachten, und es ist verdienstvoll, uns von diesem Gesichtspunkt aus die Revolution zu zeigen. Nur daß er die Wirkung des rein Technischen, die ich hervorgehoben habe, wenig oder gar nicht betont. Für ihn ist das rein Kulturelle das Wesentliche: er sieht die heutige Zivilisation in ihrer Vollendung repräsentiert durch den sogenannten Gentleman-Typ:

er erkennt den Wert dieses exklusiven Typs vollkommen an, ist sich aber andrerseits darüber klar, daß dieser Knauf unsrer Zivilisation nicht weiter entwicklungsfähig ist: der Gentleman will und wird die Welt nicht umgestalten, weil er sich mit ihr abgefunden hat: er hat das chaotisch Wühlende in der Menschennatur überwunden, das zwar Zerstörung bedingt, aber letzten Endes doch die Quelle alles menschlichen Fortschritts ist. Gegen diese vornehme Trägheit des Westens erhob sich der natürliche Ueberschwang eines östlich orientierten aktivistischen *élan vital*: gegen die abgeklärte Veredelung erhob sich in Nebel und Mythos mit ungebändigter Urkraft der primitive Mensch und machte aus seinem unbrechbaren Willen eine Religion, die in freier Gestaltung aus sich heraus die Welt umwandeln wird.

Solches Aufwachen eingelullter Kraft ist ihm der Bolschewismus: alles Uebrige ist mehr oder weniger zufälliges Beiwerk. In diesem Sinn wird ihm der Räte-Gedanke zum Mittelpunkt, diese in den Tiefen des Volks wurzelnde, ewig wandlungsfähige, schwankende, ihrer Natur nach revolutionierende Institution mit ihrer instinktiven Feindschaft gegen den Kapitalismus (dessen Kraft sie aber doch überall, wo sie ihn gebrauchen kann, nutzt), ist das Entscheidende: ob später Kommunismus oder Individualismus herauskommt, wird sich zeigen. Jedenfalls sind wieder einmal Kräfte und Strömungen in der Menschheit entfesselt, die unendlich viel stärker und eindrucksvoller sind als die vornehmlässigen Handbewegungen des Gentleman. Die Bolschewiken traten als Friedensfreunde und Kommunisten in die Geschichte: heute sind sie beides nicht mehr! – aber das ist unwesentlich: denn wie das allgemeine Charakteristikum des Lebens seine unerhörte Wandlungs- und Anpassungsfähigkeit ist, so ist diese schnelle Veränderlichkeit des Bolschewismus nur ein Zeichen seiner Kraft.

Diese Gedanken werden von Robert Müller in kräftiger, bildlicher Sprache und gestützt von tiefem Verstehen des Weltgeschehens im Einzelnen durchgeführt. Sie bieten auf alle Fälle mancherlei Anregung und, wie ich glaube, auch tatsächlich viel Material zum wirklichen Verständnis dessen, was heute die Welt durchlebt.

Auch wenn man das Buch gelesen hat, weiß man nicht, ob Robert Müller den Bolschewismus liebt, fürchtet oder haßt. Aber das grade ist sein Vorzug, denn man empfindet, daß es dem Autor nicht darauf ankam, ihn zu loben oder zu tadeln, sondern darauf, ihn als Notwendigkeit zu begreifen und zu schildern.

Ein Schieber-Epos

ANONYM[15]

Jedes Zeitalter hat seinen den eigenen Idealen entsprechenden Begriff von Heroischen. Der Tat- und Kraftmensch Shakespeares, der die ganze Welt seinen zügellosen Leidenschaften zum Opfer hinwirft, um auch aus der größten Kraftprobe siegreich hervorzugehen, dieser Heros der Renaissance ist durch unüberbrückbare Kluft von dem stillen Dulder, lautlosen Märtyrer, wie der Held in den Dramen Calderons als Ideal der Gegenreformation erscheint, getrennt. Die Melancholiker, die unverbesserlichen Träumer, die Schiffbrüchigen der Liebe, all die Helden der Romane Rousseaus, Chateaubriands, Constance, die Heroen der Werther-Zeit, sie stehen verständnislos den Helden Balzacs gegenüber, diesen bürgerlich gewordenen Titanen der Shakespeareschen Romantik, deren Heldentum meist im Kampfe für den Gott Mammon gipfelt.

Dieser mächtigste aller Romanciers des vergangenen Jahrhunderts, erblickte zum erstenmal in einer großen, epischen Perspektive den großen Kaufmann, dessen Heldentum von dem eines Julius Cäsar nur art-, aber nicht gradverschieden ist. Von Glück und Ende des tapferen Pariser Parfumiers César Birotteaus wußte er in einer modernen Odyssee zu berichten, deren Scylla und Charibdis „Bankrott" heißt und für die das zauberhafte Land der Phäaken im Bereiche kaufmännischer Erfolge liegt. Er hatte erstaunliche Visionen ausgesponnen über den harten Kampf des kleinen Pariser Bourgeois, der – mit dem herkömmlichen Moralbegriff erblich belastet – sich mit zähem Ringen den Aufstieg erkämpft, um am Ende, knapp vor dem Ziel – ein Opfer kaufmännischer Anständigkeit – zu fallen.

Cäsar Birotteau ist nicht mehr der Typ der kaufmännischen Tytanen der Nachkriegszeit. Die Zeit und ihre Ideale sind eben anders geworden und Cäsar Birotteau des XX. Jahrhunderts hat moralische Skrupeln, die den zum Reichtum führenden Weg des Pariser Kleinbürgers hemmen, längst beseitigt. In der weiten Welt ist seitdem alles rascher geworden und die Allsiegerin Elektrizität hat ihr Gepräge der Karriere des modernen Piraten des Reichtums aufgedrückt. Skrupellos vorwärts, wie dies die Helden Shakespeares, etwa Richard III. und Jago machen, ist das Losungswort des Zeitalters geworden und rascher, blendender Ausstieg in die goldene Sphäre, wo Jammer und Elend der Menschenmillionen nicht mehr hinaufdringt, ist das Ideal der neuen Zeitläufte geworden.

Den Roman dieses allermodernsten Cäsar Birotteau zu schreiben, blieb dem bekannten deutschen Prosaisten Robert Müller vorbehalten, der

---

15   Neues Wiener Journal, 30. Jahrgang, Nr. 10353, 3. 9. 1922, S. 8.

sich mit seinem scharfen Essais „Bolschewik und Gentleman" einen geachteten Namen unter den jungen Literaten Deutschlands erwarb. In seinem jüngsten Roman „Flibustier" (Renaissance-Verlag, Erdtracht) hat er das Epos des glückhaften Schiebers geschaffen, dessen Kämpfe, gigantische Projekte, Glück und Schmerz ihn mit epischen Visionen erfüllen.

Sein Held heißt Scholef. Woher ist er gekommen? Es weiß niemand. Eines schönen Tages, zur Zeit des großen Umsturzes ist er plötzlich in einem kleinen Volkscafé des Berlin O aufgetaucht. Er trug eine schäbige Uniform, man merkt ihm seine Armut und die fünf Kriegsdienstjahre an. Was macht er in dem dunklen, kleinen Kaffeehaus? Niemand wußte es. Schäbige Brieftaschen, ganze Schuttanlagen von schlechtem verwursteln Papier bedecken den Tisch, wo er mit einigen obskuren Gesellen täglich zusammensitzt. Eines schönen Tages erscheint ein ganz anderer Scholef im Volkscafé. Statt der alten Militärjacke trägt er einen gut geschnittenen, hochmodernen Anzug; die gelben Schuhe, der elegante Filzhut erzählen von einem Erfolg, der seinen Mann zu machen beginnt. Von diesem Augenblick an sieht man Scholef ständig in der Gesellschaft von zwei, drei jungen Leuten von unternehmendem Äußern, die im kleinen Kaffeehaus ein fieberhaftes Tun und Treiben entwickeln. Drei Monate vergehen und die Passanten der belebten Verkehrsstraße bleiben vor einem neuen, künstlerisch ausgeführten Schild stehen „Atelier für Edelexport und kommerzielle Forschung: Scholef & Ko."

Das mysteriöse Atelier schien eine ungeahnte Expansionskraft zu besitzen. Es fraß langsam, all die Geschäftslokale in seiner Nähe auf. Mauern wurden durchbrochen, neue Etagen wurden gebaut, ein ganzes Haus, ja ein ganzer Block von Gebäuden trug bald die siegreiche Fahne „Scholef & Ko." Seine Macht breitete sich erstaunlich rasch aus. Er hatte bald die schönsten Frauen, übte eine förmliche Diktatur über Börse und Markt aus. Er kaufte Industrien, Bergwerke, Zeitungen, Eisenbahnen, Reeden, Papiermühlen, Verlage, Wälder und ganze Latifundien. Er diktierte den Geist des Landes, da in seinen Zeitungen und Verlagen die geistigen Produkte erschienen, die der Zeit den Stempel aufdrückten. Seine Macht, diese aufstrebende dunkle Macht, fraß drückend an der Freiheit von Gedanken, die rosig waren und ans Licht wollten.

Robert Müller hat die eigenartige Fähigkeit, den geheimen Sinn, die bewegenden seelischen Triebfedern dieses modernen Schiebers schildern zu können. Wie in Balzacs Romanen wird auch in seiner Phantasie das große Atelier, die Werkstätte des Goldmachens, zu einem symbolischen Lebewesen. Was war denn ein solches Atelier? „In ihm," schreibt er, „verlobten sich die abstrakten mit den materiellen Kräften im Menschen. In ihm ward nicht Form, was schon Form war, sondern die Chance, die ewige Möglichkeit war umgriffen, der Überfluß an Zukunft, der Glaube, daß noch so und soviel im Schoße der Dinge liegt, war in ihm im voraus honoriert."

Robert Müllers Held entgeht aber ebensowenig seinem Schicksal, wie der Held des unvergleichlichen französischen Dichters. Ganz oben, am Gipfel seiner Macht, wird er an sich selbst irre. Ein Mißerfolg zieht den anderen nach sich und das herrliche, großgedachte und großaufgebaute Luftschloß fällt zusammen.

Robert Müller ist ein glänzender Metaphysiker, aber kein Psychologe, sonst hätte er den langsamen seelischen Prozeß, der Scholef ins Irrenhaus führt, mit Liebe und Sorgfalt ausgemalt. Am Schluß erlahmt die Kraft, die das Werk in die Höhe hob, es bleibt aber dennoch ein hochinteressantes literarisches Zeitdokument.

Rassen, Städte und Physiognomien

MAX HAYEK[16]

Ein Schriftsteller von eigenwilliger Kraft und großem Temperament, einer von denen, die den Erdball lieben und ein gut Stück von ihm gesehen haben, teilt sich aus Überfülle sinnenhafter und spiritualer Schau lebensvoll mit.*) Robert Müller einen „guten Europäer" zu nennen: es wäre vielleicht zu wenig. Wer vom Orient, von Manhattan, vom Juden und Americano, wer vom Krieg und vom Schieber Neues so neu zu künden weiß, ist Weltbürger geworden, hat Blick für Menschen und Völker gewonnen.

Kulturhistorische Aspekte werden gegeben, gegeben in einem flinken, kräftigen, mannhaften Stil voll Noblesse, den ein Künstler des Wortes, vor allem: des Fremdwortes mit erstaunlichem Gelingen schreibt. Was tut's, wenn auf diesem bewegten Meer geistreicher Sentenzen und aphoristischer Weisheiten glitzernde Worte fremder Idiome in Gewimmel tanzen? Dieser Schriftsteller will seine eigene Hand schreiben und diese Selbstzucht, dieses Anderswollen, dieser „Aktivismus" ist schätzbar in einer Zeit, wo handwerkliche Dutzendschreiber die Sprache töten, soweit sie noch lebendig ist. Man höre, als eine Stilprobe voll Grazie, ein Stückchen aus dem Kapitel „Wien": „Mitten in der City stehen auch noch die alten Basteien und auf ihnen gelbe Kastenhäuser mit glatten Fassaden, kleinen Fenstern zwischen breiten Grundpfeilern, die große Räume ahnen lassen; da die Plafonds nieder sind, reicht das Fenster, um den Raum zu hellen; von der Front ist Mörtel geschält, der Stein graut hervor, Blumenbehälter streuen Buntheit. Aber nicht überall ist Helle. Verlieren wir uns hinter die schräg angemauerten

---

16   Neues Wiener Journal. Unparteiisches Tageblatt. 31. Jahrgang, Nr. 10642, 5. 7. 1923, S. 7.

Basteien, die Albrechtsrampe, die Mölkerbastei, die (Dominikaner) Stubenbastei, die da noch von Altem zeugen, so wachsen winklig ineinander verschnittene Häuschen üppig überpackt empor. Schwibbogen turnen über die Gassen, busige Balkons laden weit aus, düster springen adlige Steinembleme aus verkniffenen Palastfronten aschigen Aussehens. Die Häuschen klettern beinahe flächig übereinander aufwärts wie eine Verschnitzung der größeren Paläste, an die sie sich drücken. Sieht man aber durch die dunklen, schwergetorten Einfahrten der Paläste, die auf nur doppelmannsbreite Gäßchenklemme einander andräuen, so badet der Blick in einer überraschenden Freiheit; weite, reine Arkadenhöfe mit dem großen Brunnenteller, inmitten von Nischen, in denen Heilige träumen, blank gescharrter Boden oder Fliesen mit dünner Geometrie spenden Licht und edlen Raum zurück, man könnte sich in Italien fühlen, so streng und doch so leicht baut sich das alte Gebäu um die noble Lichtung herum. Freitreppen tänzeln gefällig zum Stockwerk, ein hoher, reifer First lächelt voll Herrentums über das gegiebelte Gewirr des anrainenden Gedächers. Die großen historischen Stile sind ineinander verwachsen, harmonieren ungemein, Gotik grüßt Empire, Barock schwenkt sein lockeres Quellen in Steinwülsten gegen die tapfer verhaltene Renaissance, breit und alt orgelt das Romanische, auch eine gezogene Zwiebelkuppel fistelt dazwischen mit hohem griechischen Choral. Reich hat das Leben hier Empfindungen abgelagert, die alle zugleich ertönen und Zeugnis ablegen von der gestaltkräftigen Weltverbundenheit dieser Stadt, der gotische Stephansdom, das Standardwerk unermeßlichen Drängens, setzt das Ausrufzeichen dahinter. Nicht mehr in der Inneren Stadt, jenseits ihrer ehemaligen Grenze, spielen Rokokos mit einer mutwillig zum Architekturfortsatz gezimmerten Natur in weiten Prachtgärten, hier haben die Adligen, die eine Reihe großer Kriege schuf, meist wie Prinz Eugen werksatte, spielfrohe Militärs, ein ganzes Viertel von Palästen hingebaut. Am Rande der Stadt leuchtet im fleckenlosen Gelb Schönbrunn, das verkörperte empirale Grandseigneurtum, Laxenburg spiegelt aus Lagunen herüber." Und wie der Aspekt „Wien" (welch' ein Blick: „Die Habsburger sind auch nicht gestürzt worden, weil sie herrschten, sondern weil sie nicht herrschten. Ihre und ihrer Mitwirkenden Spannkraft hatte nachgelassen. Das schweizerische und burgundische Blut, das Herrenelixier aus dem Osten war vertropft. Mit den Tschechen beginnt die slawische Rekonstruktion Mitteleuropas; mit den levantinischen Juden beginnt die Verfarbigung, der Vorslawe, die zweite Unterschicht, der Asiate dringt über die hunnischen Lande auf die katalaunischen Felder der europäischen Seele vor, seine Form ist wie damals die Masse und die orientalische Despotie, die Janitscharengarde aus Zwangsrenegaten – in der Form des (politischen) Bolschewismus – wiederholt so sehr die echte Taktik Asiens von eh und je, daß man sagen kann, Wien mache erst jetzt seine richtige Türkenbelagerung durch – und werde genommen. Die Tschechen, schon von Lueger als gesundes Element des Volkslebens angesehen – „Laßt's mir meine Böhm' in Ruh' – stehen als Ekstatiker und Erotiker zur rechnerischen Lebensphilosophie der Östler ebenso kontradiktorisch wie die Deutschen. Verslawung und Verfärbung, rückläufiger Prozeß der Völkerwanderung, kämpfen um das Fell des deutschen Bären: wie dieser Aspekt „Wien" Menschen, Häuser und Geschichte, Typisches und Besonderes dieser Stadt überschauen läßt, so sind auch die anderen Aspekte Müllers von einer überraschenden Fülle farbig geschauter und reichgestalteter Bilder. Die Geschichte des Schiebers wird in einem ganz außerordentlichen Aufsatz analogisch der Geschichte des – Normannen erzählt. „Manhattan" („Brooklyn-Bridge", „Manhattan-Girl", „Die graue Rasse", „Die bronzene Rasse", „Fantoma") erleben wir in einer kühnen Phantasie von Whitmanscher Größe. In dieser Phantasie werden die Worte monologisiert: „Mein Heimweh gilt der ganzen Erde. Meine Liebe gilt allen Menschen. Ich fühle sie mit den Nerven, das, was ich Herz nenne, ist eigentlich nur ein zentraler Apparat, der von den freischwebenden Strömen der Allheit in Betrieb gesetzt wird!" – Worte, die diesen Schriftsteller kennzeichnen.

Robert Müller ist eine Begabung seltener Art, zumal unter Österreichern. Er hat jahrelang in Amerika gelebt, in Manhattan (der indianische Name für New-York), auf Kuba und in Venezuela, und das große Erlebnis war ihm drüben: Walt Whitman, den er den Vollender des amerikanischen Tips und den Beginner einer neuen Reihe von Menschen preist, die nun über die Erde gehen, die „amerikanoiden Menschen", denen er selber sicher zugehört. Es sind die Menschen mit dem freien, vorurteilslosen, aber urteilsvollen Blick für alles, was der Erdball trägt, die Menschen mit dem Sinn für die neue Religiosität, für die Ehrfurcht vor dem Vorhandenen. Die wenigsten Menschen leben in der Gegenwart. Der Wucht des Vergangenen entziehen sich selbst die Athleten des Geistes nur schwer und langsam. Aber etliche haben sich der Höhe zugeschwungen, von der aus sich das Vergangene wie ein ungeheures Meer, starr und bewegt, in mystischer Herrlichkeit hindehnt. Sie sind berufen, Aspekte zu schreiben, denn sie haben sie. Das Vergangene erklärt das Gegenwärtige, das Gegenwärtige verklärt das Vergangene, es klärt es zu einer höheren, lebendigeren Fülle des Erdenseins hinauf. Zu diesen Aspektschauern zählt Robert Müller. Ein klarer Geist spricht in klarer Sprache Geschichte aus, ein Unparteiisch-Liebender will den Phänomenen des Lebens mit Worten beikommen. Es gelingt ihm in einem Grade, der uns, die Belehrten und Bereicherten, dem Schriftsteller dankbar macht. Und keiner seiner Leser wird das interessante Buch ohne Freude am Geist – die feinste aller Freuden! – und ohne Dankbarkeit für den Geber solcher Freude zu Ende lesen.

* „Rasse, Städte, Physiognomien" von Robert Müller,
  Berlin, Erich Reiß, Verlag.

Feuilleton.
Neue Bücher über Österreich

ERICH KORNINGEN[17]

Es ist eine der erfreulichsten Wirkungen der Sanierung, daß der Stabilisierung der wirtschaftlichen Verhältnisse auch eine Wiederherstellung des geistigen Gleichgewichts gefolgt ist, die sich insbesondere in der Erstarkung des Glaubens an die Kraft Österreichs, seine Mission und Zukunft zeigt.

Der Glaube an die Heimat, der lange Zeit völlig verloren zu sein schien, ist auch das treibende Element einer Reihe von Büchern, die in der letzten Zeit erschienen sind. [...] Eine heiße Liebe für Österreich spricht auch aus den verhaltenen Tönen des Studiums über „Wien", das Robert Müller in seinen „Rassen, Städte, Physiognomien" benannten kulturhistorischen Aspekten (Berlin, Erich Reis-Verlag) veröffentlicht hat.

Robert Müller ist eine der interessantesten, markigsten und kraftvollsten Persönlichkeiten der neuen deutschen Literatur: Dichter, Soziologe, Essaiist, Politiker, Verlagsbuchhändler und Journalist. Immer ein Bahnbrecher und Kämpfer, ein Mann von ausgesprochenem germanischen Wesen, der die Ausdrucksform der Neuzeit wie kein zweiter beherrscht und doch wider Willen immer etwas hereinbringt, das an die Wölbungen des gotischen Geistes mahnt.

Wenn dieser Robert Müller schreibt, dann ist es niemals eine Freskomalerei, die er seinem Kreise darbietet, er verschmäht auch die Mittel der Plastik, er jongliert nicht mit Worten oder mit Einfällen, er läßt auch keine bengalischen Sonnen geistreicher Aussprüche rotieren. Seine Wortkunst geht auf ganz große Wirkungen aus, sie wächst gegen Himmel, ist reinste Architektur und modernste Technik, kennt stählerne Wortbrücken, kühn entworfene Satztraversen, Begriffe, die mit der Sicherheit und Lautlosigkeit eines Riesenkranes scheinbar unangreifbar liegende Vorstellungen entrücken können, Gedankenkonstruktionen, die hinter vermeintlicher Kühle und eisengepanzerter Undurchdringlichkeit doch das Zentrum eines belebenden geistigen Feuers ahnen lassen, dessen Widerschein in die Höhen mystischen Denkens hinausragt.

Was Robert Müller über Wien schreibt, ist Soziologie und Dichtkunst zugleich, schärfste Kritik und Hymne, zielsicherer Kernschuß und doch wieder ehrfürchtiges Bewundern der Imponderabilien des Volksgeistes. In den letzten Jahrzehnten hat es niemand gegeben, der in dieser Kürze und Konzentration die Bedeutung von Wien für das Deutschtum so gut dargestellt hätte wie Robert Müller. [...]

---

17   Erich Korningen: Feuilleton. In: Wiener Zeitung, Nr. 13, 16.1.1924, S. 1.

Rasse und Geist.*)
Robert Müller. Rassen, Städte, Physiognomien. Berlin, Erich Reiss Verlag.

HERMANN BUDZISLAWSKI [18]

„Rasse ist ein geistig Atmosphärisches", sagt Robert Müller. Nicht im naturwissenschaftlichen Sinne ist hier von Rassen die Rede, wenn auch nicht vergessen wird, dass die biologische Grundlage aller Fähigkeiten und Charaktereigenschaften der durch die Jahrtausende fliessende Blutstrom ist, der die Erbanlagen der Rasse trägt und schliesslich zum Symbol der Rasse selbst wird. Dieser Blutstrom aber ist wandelbar und hat sich auch gewandelt, unter dem Einfluss von Klimaeinwirkungen, von Blutmischungen und von vielen anderen. Daher ist es möglich, dass Rassen sich assimilieren: junge Europäer, die sich entsprechende Zeit „drüben" aufhalten, amerikanisieren auch körperlich und werden Träger echt amerikanischer Yankeeköpfe. Dennnoch gibt es kein Verschwimmen, glattes Aufgeben des gesamten Gegensätzlichen der verschiedenen Rassen. Die kulturellen Leistungen der Nationen, ihr geistiges Gepräge ist zum nicht geringen Teil aus der blutlichen Zusammensetzung zu verstehen. Ohne sich bei naturwissenschaftlichen oder historischen Forschungen aufzuhalten, fragt Müller – und er stellt diese Frage gewiss nicht aus Langeweile, sondern aus grösster innerer Notwendigkeit, den Charakter seines Volkes, die eigene Seele verstehen zu lernen –, was gerade am Deutschen bemerkenswert sei, und er kontrastiert ihn mit dem Juden, der ihm seelisch unter den Völkern am nächsten steht und dennoch grundverschieden ist.

Der Versuch, das unergründliche Geheimnis des relativ zum Deutschen ach so alten Juden zu lösen, erzeugt bei ihm, dem Arier, so manchen Trugschluss und so manches Missverständnis, verleitet ihn bisweilen auch zu feindseliger Stellungnahme. Niemals aber ist er Antisemit im öden Parteisinne, oft trifft er charakteristische Grundzüge, und zuweilen bricht eine verhaltene Liebe zu dem fremden Volke durch, das er in solchen Augenblicken aufrichtig bewundert. Das Problem Europa-Asien, Kernfrage seines utopistischen Romans „Camera obscura", wiederkehrend in seinem Aufsatz „Bolschewik und Gentleman", beschäftigt ihn auch hier: eindringlich analysiert er den „Orientalen", jenen agressionslosen Typ des Pessimisten, dessen Gottesharmonie auch in uns als Sehnsucht lebt, dessen Fatalismus aber uns so fremd geworden ist. Er zeigt die Gegensätzlichkeit des Deutschen zu dem in neuerer Zeit stark unser Denken beschäftigenden Orient,

18   Literarische Rundschau. Beilage zum Berliner Tagblatt, Nr. 426, 7.9.1924, 4. Beiblatt.

und er prophezeit, wo sich diese fremden Wellen treffen und synthetisch mischen werden. Ein neuer Typ wird entstehen, wie Amerika einen neuen Menschen hervorgebracht hat, den „Americano", wie ihn Walt Whitman nennt. Dieser „Americano" ist ebensowenig eine amerikanisch-national begrenzte Erscheinung, wie „Jude" eine auf ein bestimmtes Volk allein zutreffende Bezeichnung ist. Vielmehr sind diese Rassennamen als Benennungen bestimmter Geistesverfassungen aufzufassen, die auch von fremden Völkern erworben werden können. Wo befindet sich der Brennpunkt im Leben dieser geistigen Rassen? Keineswegs auf dem flachen Lande (denn dieses hat keine geistige Haltung), sondern in den grossen Städten, deren Rhythmus Robert Müller erleben lässt, wenn er Manhattan mit Brooklyn-Bridge schildert, deren Takt wir spüren, wenn das höfische Wien mit Balkankavalieren, Literaten, Grafen und süssen Mädels vor uns auftaucht. Meisterhaft dichtet er den Charakter dieser beiden Städte Wien und New-York, wie er vorher den Geist der Rassen analysierte. In anderer Form erfahren wir die Kunst seiner Psychologie, wenn er die Analyse dreier Typen gibt: die Charakteristik des für den europäischen Kontinent bezeichnenden Literaten, gegen den er in einer nach den Erfahrungen der Psychoanalyse nicht unverdächtigen Weise protestiert; das Bild eines in der Wirklichkeit leider überaus seltenen, gegen die innere Verlogenheit des Krieges rebellierenden Leutnant; die Psychologie des in allen Zeiten wiederkehrenden aalglatten Schiebers. Die Essays sind geistreich, ihr Verfasser verfügt über einen weiten Horizont. Sein Blick schweift um die Erde, er gräbt in der Vergangenheit, er prophezeit Zukünftiges. Manchmal kompliziert, niemals uninteressant, sicherlich viel Falsches, wie es sich von selbst versteht bei für die Gegenwart unmittelbar wichtigen, im besten und weitesten Sinne politischen Erörterungen, deren Behandlung nicht nach den strengen Prinzipien der Wissenschaft erfolgt. Vor allem aber: wir spüren überall, es ist das Werk eines ehrlichen Menschen.

Dr. Hermann Budzislawski.

*) Robert Müller, der Verfasser des hier besprochenen Werkes, hat, wie berichtet worden ist, seinem Leben mit eigener Hand ein Ende gemacht.

Nekrologe

Robert Müller †

ANONYM[1]

Der bekannte Wiener Schriftsteller Robert Müller hat gestern vormittags in der Freudenau durch Selbstmord seinem Leben ein Ende gemacht. Er schoß sich eine Revolverkugel in die Brust und verletzte sich dadurch so schwer, daß er kurze Zeit nach seiner Überführung in das Rudolfspital seiner Verletzung erlegen ist. Der auf so tragische Weise aus dem Leben geschiedene Schriftsteller stand im 37. Lebensjahre und hinterläßt eine Frau und zwei Kinder. Der fruchtbare Schriftsteller widmete sich nach Kriegsschluß vornehmlich der Verlagstätigkeit, war Direktor der „Literaria" und gründete vor kurzem unter dem Namen „Atlantische Verlagsgesellschaft" ein eigenes Unternehmen. Über die Motive seines Selbstmordes ist noch nichts bekannt.

Robert Müller war eine der führenden Erscheinungen der modernen Literaturströmung in Österreich. Er hatte vor dem Kriege Amerika kennen gelernt, war als Kriegsfreiwilliger eingerückt, leitete eine Zeitlang im Auftrage des Kriegspressequartiers die Kriegszeitung in Belgrad, wandte sich nach dem Kriegsende dem Pazifismus zu, den er in journalistischer und schriftstellerischer Arbeit mit dem ganzen Temperament und dem reichen Geiste seiner Persönlichkeit verfocht. Auch eine Reihe von Romanen aus Müllers Feder fand lebhafte Beachtung.

Robert Müller †

DR. ERICH KORNINGEN[2]

Es ist ein Verhängnis, daß unsere Zeit gerade ihre Besten und Ehrlichsten so verwirrt, daß sie nicht mehr weiter können und am Wege liegen bleiben. Denn auch dieser Robert Müller, der in seinem viel zu kurzen Dasein, aus dem er sich vor wenigen Tagen in einer plötzlichen Geistesverdüsterung gestrichen hatte, Dichter, Soldat, Politiker, Verleger und Zeitungsmann gewesen war, gehörte zu denen, die vom Wirbel des Tages erfaßt, nicht mehr die Durchfahrt finden.

---

1   In: Wiener Zeitung. 221. Jahrgang, Nr. 198, 28. 8. 1924, S. 3.
2   Erich Korningen: Robert Müller. In: Reichspost. Unabhängiges Tagblatt für das christliche Volk. 31. Jahrgang, Nr. 240, 30. 8. 1924, S. 6.

In ganz jungen Jahren, war er in Amerika gewesen: zurückgekehrt sah er schärfer als viele andere unter der Jugend die Größe des alten Österreich, erkannte dessen großen kosmopolitischen Zug, erfaßte die ganze Bedeutung des Kulturwerkes, das der Donaudeutsche im Laufe der Jahrhunderte geschaffen hatte, war voll von Bewunderung über diese größte und friedliche Expansion des Deutschtum, die sich Österreich-Ungarn nannte, verkündigte begeistert die Besonderheiten dieser dem Reichsdeutschen so ganz unbekannten Staatsschöpfung und Verwaltungseinheit, die es verstanden hatte, kulturell ganz verschiedene Völker zu einem einheitlichen Körper zu sammeln.

Als der Krieg ausbracht eilte er als Freiwilliger an die Front, schrieb 1915 im Felde aus Sorge um Österreich das gedankentiefe Buch „Was Österreich von seinem jungen Thronfolger erwartet", dem er das Novalismotto vorsetzte: „Alle Eure Stützen sind zu schwach, wenn Euer Staat die Tendenz nach der Erde behält. Knüpft ihn an die Höhen des Himmels." Nach dem Zusammenbruch kreuzte er lange ruhelos hin und her, oft in Irrtümern befangen, aber immer ehrlich, immer erregt und begeistert. Es war in dieser Zeit etwas in ihm, das Viele an den jungen Herrmann Bahr erinnerte. Und wer es mitansehen konnte, mit welcher Ergriffenheit, ja mit welchem Schauer er die Selbstbiographie Bahrs gelesen hatte, der mußte sich sagen, daß auch Robert Müller sicherlich den Weg der Läuterung und Klärung erklimmen werde, den der Bahr der Reife genommen hat.

Aber leider scheint die Zerrissenheit seiner Seele doch zu groß gewesen zu sein. So konnten ihn die schwarzen Schatten mit einem Male völlig einhüllen. – Als Techniker des Wortes war er einer der Ersten. Er beherrschte wie nicht bald Jemand die Ausdrucksformen der Neuzeit, aber so wie er äußerlich der typische Germane war, eine Rolandserscheinung voll tiefem Ernst, die aber auch jünglingshaft lächeln konnte, so hatte auch der Bau seiner Gedanken, die Form seiner Schöpfungen immer etwas, das an die Wölbungen des politischen Geistes gemahnte. Seine Wortkunst ging stets auf ganz große Wirkungen aus, sie wuchs gegen Himmel, war reinste Architektur und oft auch Ingenieurskunst; kannte stählerne Wortbrücken, kühn gezeichnete Satztraversen. Begriffe die mit der Sicherheit und Lautlosigkeit eines Riesenkranes scheinbar unangreifbar liegende Vorstellungen entrücken konnten, Gedankenkonstruktionen, die hinter vermeintlicher Kühle und eisengepanzerter Undurchdringlichkeit doch das Zentrum eines belebenden geistigen Feuers ahnen lassen, dessen Widerschein in die Höhen mystischen Denkens hinausragt.

Was Robert Müller über Wien in seinem Studium „Städte, Rassen und Physiognomien" schrieb, war Soziologie und Dichtkunst, schärfste Kritik, Hymne, zielsicherer Kernschuß und doch wieder ehrfürchtiges Bewundern der Imponderabilien des Volksgeistes, dabei die konzentrierteste Erfassung der Bedeutung des österreichischen Geistes für das ganze deutsche Volk.

Auch als Geschäftsmann hatte Robert Müller dasselbe Feuer, wie als Dichter; der „Atlantis"-Verlag, den er in schweren Zeiten gegründet, wurde von ihm mit aller Kraft emporgehoben, vereinigte eine Reihe der stärksten Talente. Nun ist dieser lodernde Geist für immer erloschen, wir aber sind um eine Hoffnung ärmer. Um seiner Liebe für Österreich Willen möge Robert Müller dauerndes Gedenken beschieden sein.

Der Verleger
Aus meinem letzten Gespräch mit Robert Müller.

LUCIAN FRANK ERDTRACHT[3]

Vor einer Woche noch sprach ich in einem Ringcafé mit dem Schriftsteller Robert Müller, der sich vor einigen Tagen erschossen hat. Wir diskutierten über die Möglichkeit einer Zusammenarbeit, und ich las ihm bei dieser Gelegenheit einen Aufsatz über „Den Niedergang des Buchhandels und des Verlagswesens" vor, den ich für ein Blatt bestimmt habe. Robert Müller äußerte seine Ansichten in seiner gewohnten ruhigen, aber energischen Ausdrucksweise. Er war vollkommen meiner Meinung, daß von einem Niedergang des Verlagswesens keine Rede sein kann, obwohl die momentane Krisis jede größere Verlagstätigkeit hemmen muß. „Ich selbst" – sagte er mir – „habe mit den größten Schwierigkeiten zu kämpfen. Mein Jugendideal war es, Verleger zu werden, Bücher zu drucken, aber nicht des Druckes wegen, sondern um dadurch die Möglichkeit zu haben, durch begabte, strebsame, Ideen repräsentierende Autoren zur Öffentlichkeit zu sprechen. Es war stets mein Ehrgeiz – und das war vielleicht mein einziger Ehrgeiz –, junge Menschen, die der Welt etwas zu sagen haben, auf die Beine zu stellen. Mir hat immer das Herz weh getan, als ich so viele begabte Schriftsteller sah, die bei Kerze und mit leerem Magen schrieben und schrieben, ihr Herz ausschrieben, um vielleicht ihre Arbeiten nie gedruckt zu sehen. Wo ist der Verleger, rief er dann heftig aus, der ein sicheres Heim für unsere obdachlosen Talente wäre? Sehen Sie, Sie werden mich ja verstehen, da Sie ähnliches Verlagsschicksal, wie ich, mitgemacht haben und vielleicht das Traurigste hinter sich haben – ich bin mit dem größten Elan in die Verlagsschranken getreten. Ich habe zuerst eine große Organisation („Literaria") schaffen wollen, eine Vereinigung führender Verlagsanstalten, bei Gott, nicht zwecks Ausbeutung des Marktes, aber um durch eine groß angelegte Propaganda in verschiedenen Zentren Europas mit Werken unserer Auto-

---

3 Neues Wiener Journal. Unparteiisches Tagblatt. 32. Jahrgang, Nr. 11058, 31. 8. 1924, S. 7.

ren in die weitesten Schichten einzudringen. Ich gab gemeinsam mit meinem Bruder die Fundamente, spannte jedoch nachher aus, da ich die Möglichkeit sah, als selbständiger Verleger eher meine Ideen zu verwirklichen. Und ich arbeitete Tag und Nacht, und hatte Freude an der Arbeit, da es mein „Atlantischer Verlag" war. „Atlantis" war für mich ein Symbol. Es freute mich, unter den vielen Besuchen einzelner Schriftsteller jauchzende Herzen zu finden, die mir ihr ganzes Vertrauen schenkten; und ich wollte ihnen helfen und half, wo ich nur konnte. Ich bin stolz auf meine Anfänge, obwohl die im Verhältnis zu meinen Plänen unbedeutend sind. Ich breche zusammen, so oft ich sehe, daß ich nicht helfen kann, in meinem Bureau liegen Manuskripte, wertvolle, bedeutende, ich hoffte, genügend materielle Stütze zu finden, um sie herauszubringen, ich täuschte mich, ich wurde enttäuscht. Auch das Publikum hat mich enttäuscht. Die Jagd nach Pornographie und nach dem Kitschigabenteuerlichen ist leider so groß, daß ich heute verzweifelt dastehe."

Ich sah in den Augen dieses Hünen an Gestalt und Geist Tränen. Mit schwerer Mühe erstickte ich in mir einen wehmütigen Schrei, da ich ihn, wie kaum jemand, begriffen habe. Er sah meine innere Bewegung, und als ob er fürchtete, mir, dem viel Jüngeren, den Mut zur weiteren Arbeit zu nehmen, sagte er mir: „Wir brauchen ja nicht zu verzweifeln, die Zeit wird sich ändern und mit ihr auch unsere guten Menschen. Wir dürfen von unserem Wege nicht abgehen, wir werden unser heißersehntes Ziel, der Öffentlichkeit zu dienen, erreichen. Sie bestimmt, das ist meine feste Überzeugung, da ich Ihre Tätigkeit seit Anfang verfolgte. Ich wundere mich nicht, daß Sie öffentlichen Angriffen ausgesetzt sind, es ist so schwer, daß andere uns verstehen."

Heute erst, als ich die Nachricht von seinem erschütternden Tode erhielt, begreife ich vieles in seinen Worten. Er wich jeder konkreten Auseinandersetzung über eine gemeinsame Gestaltung der Verlagstätigkeit und über seine nächsten Pläne aus. Er rechnete mit dem Tode. Beim Abschied drückte er mir minutenlang die Hand, immer stärker und stärker, in tiefem Schweigen. Als wir einige Schritte weg waren, kehrte er um, um hinauszuschreien: „Nur Mut!" In seiner Stimme lag so viel Tragik, daß ich keine Antwort fand und in mir die Tränen ersticke. Ich bat ihn, mit ihm nochmals zusammenkommen zu können. Er lachte, so naiv und so traurig. Es war vielleicht sein letztes Lachen.

Robert Müller lernte ich als Verleger seines Romans „Flibustier", seines letzten, kennen. Zu jener Zeit war er noch obdachlos, daß heißt ohne jede Stütze. Er kam zu mir fast jeden Tag und wir plauderten über Schriftsteller, Verleger und Bücher. In seiner Gegenwart, der nahezu zweimal so groß wie ich war und unwillkürlich immer hinunterschauen mußte, fühlte ich mich stets gehoben und mußte immer wieder in seine treuen, germanischen Augen, die keinen Haß, weder einen nationalen noch einen persönlichen kannten, in sein markantes, vielen Stürmen trotzendes Gesicht schauen, und wenn er mir die Hand, seine mächtige, energische, aber herzliche Hand reichte, da schöpfte ich immer neuen Mut.

Eines Tages verbrachten wir lange Stunden gemeinsam in Gegenwart seines Freundes Kurt Hiller, den ich zu einem Vortrag nach Wien eingeladen habe, und wir führten lange Gespräche über Menschen und Politik. Und noch heute erinnere ich mich meiner Worte: „Wir müssen unsere Ideen in Tat umwandeln. Ich hasse phrasenhafte Ideenträger, die keine Tatmenschen sind. Wir müssen in allen unseren Fasern und auf jedem Gebiete aktiv sein. Wir müssen die Menschen nach all diesen Roheiten zum Menschentum bekehren und erziehen. Erziehen müssen wir sie durch Wort, Schrift und Organisation."

Robert Müller war der große Verleger, wenn er auch auf dem Verlagsgebiete nicht vieles leisten konnte, doch was er brachte, war voll Liebe zum Werk und Geschmack. Er war ein großer Mensch, in dessen Gegenwart und unter dessen Einfluß man nur ein guter Mensch sein konnte. Sein Herz brannte vor so viel Elend unter seinen Kameraden, bis es verbrannte, aber die Flamme seiner Ideen, seiner Persönlichkeit wird überall, wo nur sein Name bekannt ist, Wärme bringen, Wärme in die Stuben der Armen und Einsamen.

Nachruf für Robert Müller

OSKAR MAURUS FONTANA[4]

In den Auen der Donau, wo die Großstadt aufhört, es rechts zu den Gaswerken, links zu den Pferderennen in der Freudenau geht, erschoß sich Robert Müller. Er legte die Pistole an die linke Brustwarze und drückte los. Passanten fanden ihn. Man schaffte ihn ins Rudolfspital. Er kam nicht mehr zu sich. Er sprach einige wenige Worte. Und starb. Kein Brief von ihm nahm Abschied. Er, der mitten unter Menschen gelebt, starb im Einsamen. Er, der das Wort fanatisch liebte und in der Aussprache lebte wie einer sonst am Spieltisch, so mit ganzem Einsatz, so mit der der Lust des Abenteuers, so mit dem Willen zum Sieg, er starb ohne Wort.

Er hatte im Gespräch oft große kühne Gesten, als nähme er etwas an sich, als schöbe er etwas von sich. Sie waren Ausdruck seiner Natur. Wahrer als sein Wort, das nie Verzicht kannte, nie Ende und immer nur Beginn. So mit einer dieser Gesten nahm er das Leben an sich und so schob er es auch fort. Er hatte was Cowboyhaftes an sich in der Art seines Daseins, seines Schreibens, seines Sprechens. Je ungesattelter das Pferd, desto besser. Aber

---

4   Berliner Börsen-Courier, 2. 9. 1924.

auch das Gefühl der Beobachtetwerdens wurde er nicht los, er überbot sich, er zeigte Reiterkünste.

Die Titel seiner Romane, „Tropen", „Der Barbar", „Flibustier" zeigen die Art seiner Sehnsucht. Er wollte Ursprünglichkeit, wildes Erleben, Karl Maytum des Daseins. So sah er auch aus, groß, hoch, ein Wikinger. Aber der saß in der „Camera obscura" des Intellekts. Und so aus der Not heraus, weil er nicht mehr Barbar sein konnte, weil es ihm dazu an einem Rest göttlicher Dummheit fehlte, wurde er „Politiker des Geistes". Er wollte etwas, was Deutschland nicht kennt: ein großer politischer Schriftsteller sein, nicht in der Plötzlichkeit der Tagespolitik, sondern überpolitisch, wegweisend, bestimmend. Diesen Typ, der im englischen Geistesleben dominiert (Shaw, Wells) und den er von dort kannte, wollte er für Deutschland schaffen. Er versuchte es in Wien, er versuchte es in Berlin. Er kam nicht durch, oder besser: er kam durch, aber nicht in dem Sinn, den er meinte. Denn sein Ringen war auf den Augenblick gestellt, auf Wirkung. Die aber konnte erst langsam reifen, da jeder Boden für sie fehlte – in England mit seiner jahrhundertelangen Tradition des politischen Schriftstellers hätte er es leichter gehabt, stünde er heute an erster Stelle. In der Enge unseres Lebens mußte er nicht nur abenteuerlich wirken, sondern auch geistig abenteuern. Sein wundervoll entwickelter Instinkt für alles Soziologische hatte keine Nahrung, mußte verhungern. Ich glaube, daß ihn solche „Nahrungssorgen" tiefer quälten als wirtschaftliche Krisen. Er fühlte eine Sendung in sich, aber sein scharfes, nüchternes Auge sah auch, wie völlig isoliert er war, wie niemand auf ihn wartete. Wäre er Pädagoge des Geistes gewesen und nicht Politiker des Geistes, hätte er diesen Zustand ertragen können, hätte er die Relativität eines Menschenlebens begriffen. Aber er wollte nicht erziehen, er wollte wirken.

Und darum auch wurde er Kaufmann, wurde er Verleger. Der Wille zur Macht in ihm mußte erobern und er eroberte. Aber auch hier stieß er auf Grenzen, die er nicht anerkennen wollte, Grenzen, die das Händlertum der Phantastik zieht. Der Cowboy in ihm wollte auch hier nur eine Hürde überspringen. Es konnte nicht gelingen. Es konnte auch darum nicht, weil das Zentrum seines Lebens wo anders geblieben war: in der Utopie des deutschen politischen Schriftstellers. Der tiefgeheime Widerspruch in seinem Leben, der schon bei seinem Namen beginnt (er hieß Müller und war die Ungewöhnlichkeit selber) und der ihn immer wieder bis an seine letzte Station begleitete, wohin er kam, in welche Form des Daseins, immer tat sich wie ein Spalt dieser Widerspruch auf – dieser Widerspruch hat ihn auch verschluckt. Er hätte ihn überwinden können, wenn er eine Natur gewesen wäre, wenn er an den Ablauf der Jahreszeiten mit Blühen und Reifen geglaubt hätte – aber das lag jenseits von ihm, denn in seinem Glück und in seiner Tragik war er ein Ich und glaubte nur an dieses Ich, das nun die Harmonie seiner Kräfte gefunden hat.

Robert Müller

RUDOLF KAYSER[5]

Wie wir berichteten, schied in Wien der Romanschriftsteller und Essayist Robert Müller im 36. Lebensjahre freiwillig aus dem Leben. (Die Redaktion)

Robert Müller ist tot! Diese Nachricht ist unfaßbar, wenn ich mir die körperliche und geistige Erscheinung dieses Mannes vorstelle und daran denke, daß erst vor wenigen Wochen er mir von neuen Plänen schrieb, von wiedererwachter Produktionslust, von neuem Drang zur Öffentlichkeit.[6] In Robert Müller verkörperte sich eine so starke und überlegene Lebenskraft wie in keinem anderen Literaten dieser erschütterten Zeit. Immer schien mir: dieser überwindet jede innere und äußere Gefahr; nichts kann ihn unterbekommen; helle Energien tragen ihn über die Wellen. Undurchsichtbar ist der Sinn seines frühen Endes aus eigenem Entschluß.

Robert Müller vertritt in der deutschen Literatur einen neuen und radikalen Typus. Er gehört zur Rasse des europäischen Amerikaners, die vorsichtig und schon in Johannes V. Jensen beginnt. Sie überwindet die Krankheiten der Gegenwart nicht durch romantische Flucht, sondern durch Umsetzung ihrer Energien, ihrer mechanisierten Kraft, ihrer Musik von Maschinen und Großstadtstraßen in edlere Geistigkeit. Diese Geistigkeit ist realistisch; abgewandt den Idolen und Empfindungen; jedoch nicht innere und äußere Abläufe beschreibend, sondern zugewandt der Realität – nicht von Zuständen, aber von Kräften, Entschlüssen, Gedanken. Vor einiger Zeit trat Müller in die wirtschaftliche Praxis über und folgte in dieser Verbindung geistigen und kaufmännischen Lebens ja auch dem amerikanischen Typus (wie in Frankreich der Dichter und Kunsthändler Charles Vildrac). Als er mir von der Gründung seiner Versandbuchhandlung „Litteraria" in Wien, der dann die Gründung des „Atlantischen Verlags" folgte, erzählte, glaubte er, das Schreiben hinter sich gelassen zu haben und sagte: Literatur war mir immer nur Umweg zum Leben: jetzt stehe ich im Leben selbst.

Das Beste gab er in seinen Aufsätzen. Ein Ingenieurgehirn, scharf und sachlich mit Blick und Hand den Mechanismus der Zeit abtastend, denkt: nicht spekulativ-begrifflich, nicht psychologisch-genetisch, sondern in Richtung eines veredelten und gebildeten Pragmatismus. Er sieht und lebt

---

5   Berliner Tageblatt und Handelszeitung. 53. Jahrgang, Nr. 416 (Morgen-Ausgabe), 2.9.1924, S.2.

6   Der Nachlass von Rudolf Kayser, Lektor im S.Fischer-Verlag und Redakteur der *Neuen Rundschau*, ist in der National Library of Israel in Jerusalem zugänglich. Die Archivarin Rachel Misrati teilte uns am 31.12.2015 mit, dass der von Kayser erwähnte Brief Müllers leider nicht vorhanden ist.

die Zeit, deren Leidenschaften weit weniger um Probleme der Kunst und der Begriffe als um die des gesellschaftlichen Gefüges treiben. Im Anglo-Amerikaner erkennt er das neue westliche Gesicht, im Bolschewisten das neue soziale Ethos. So heißt eine seiner letzten Schriften „Bolschewik und Gentleman".

Daß solche Antinomie für ihn fruchtbar ist, daß sie kein Heute und Gestern birgt, sondern sich aufschließt zu einer an Perspektiven reichen neuen Typik der Zeit – das ist für Müller bezeichnend. Auch wenn er über Dichter schreibt, ist ihm Kunst vor allem Stellvertretung für menschliche Typik. In seinem Essayband „Europäische Wege" begreift er die Zeit durch ihre edelsten Geisttypen und durch die Wechselbeziehungen zwischen ihnen. Die Mechanisierung des Lebens, die revolutionärste Erscheinung der letzten Jahrzehnte, ist für Müller keineswegs von jener Geistfeindschaft, die romantische Seelen ihr anhängen. Sie kam aus der geistigen Entwicklung und ist Konsequenz des anarchischen Nihilismus. Der moderne Mensch ist der Mensch polarer Extreme, dauernd in Spannung, Ordnung und Chaos in sich vereinigend. Aus solcher Zeitsituation begreift Robert Müller deutsche Dichter wie Hauptmann, Thomas und Heinrich Mann, erkennt er immer wieder die (von den meisten noch so wenig geahnte) Größe Knut Hamsuns, zeichnet er die Geisttypik des Skandinaviers, des Slawen, des Amerikaners, des Österreichers.

Der Amerikanismus, den Müller meint, hat nichts mit gewissen Alltagserscheinungen zu tun, die man kennt (wenn er auch in ihnen lebendig ist). Zunächst ist er ein noch lange nicht abgeschlossener Prozeß. Er ist schmucklos und energisch. Er ist eine neue (germanische) Lebensmethode, die für den Europäer genau wie für den Amerikaner gilt. Er ist ein Typus gesunder und naiver Einstellungen, der Zartheiten und Intellektualität nicht ausschließt. Mit der Praxis des amerikanischen Lebens hat er nur einige Berührungspunkte gemeinsam. In mancher Hinsicht ist er sogar das Gegenteil dieses Lebens, ist „Konträramerikanismus". Er gibt keineswegs dem Durchschnittsmenschen recht: „Man soll nicht die Eigenschaften des gemeinen Menschen obligat machen, sondern soll die Feinen und Spitzigen stärken und ihnen die Vitalität eines Eisenbrechers geben. Die Menschen sollen alle oben zusammenkommen, und die Pyramide der Vollendung soll auf der Spitze balancieren. Dies ist die Paradoxie meiner Leidenschaft. Dann wird Amerika stark und intelligent sein. Dies sage ich, der Konträramerikanismus."

Robert Müllers Denken hat kein System, nicht einmal Methode. Es ist vielmehr eine geistige Haltung und von gleichem Charakter, wie sein körperliches Aussehen war: blond, kräftig, energisch. Im einzelnen findet sich in Müllers Arbeiten vieles (in Sprache und Inhalt) Künstlerisches und Konstruiertes. Seine Dichtungen – das Drama „Politiker des Geistes", der Roman „Tropen", die Erzählung „Der Barbar" – sind Ausprägungen gleicher Geistrasse, die nie aber zu engem moralischen Postulat sich überspitzt.

So starb mit Robert Müller einer der ersten literarischen Verkünder eines neuen europäischen Typus, dessen Umrisse erst matt aufleuchten, und dessen Inhalt und Schicksal noch unnennbar ist.

Robert Müller

WALTHER VON HOLLANDER[7]

Wie wir bereits meldeten, ist in Wien der Schriftsteller Robert Müller 36jährig freiwillig aus dem Leben geschieden.

Der freiwillige Tod Robert Müllers ist deshalb so erschreckend, weil in diesem Mann eine ganz besondere und scheinbar zukunftsreiche Lebendigkeit Gestalt gewonnen hatte. Ihm vor vielen anderen hätte man die Kraft zugetraut, ein Leben vorbildhaft zu meistern und zu gestalten, sei es nun als einer der wenigen Literaten europäischer Prägung, sei es als einer der ganz und gar lebendigen Menschen, die gewissermaßen als erste Resultate der Experimente Gottes aus dem Niederbruch heil und leuchtend hervorgingen und einen zukünftigen Typus ahnen ließen.

Robert Müller war eine eigenartige Erscheinung im deutschen Schrifttum. Er war nicht eigentlich Literat und auch nicht Dichter. Sein Leben schien nicht ausschließlich auf das Wort und auf die Wirkung aus dem Wort gestellt, sondern man hatte bei seinen Schriften den Eindruck, als ob da aus einem vollen und erfüllten Leben die Gedanken und Gestalten mit früchteartiger Selbstverständlichkeit wuchsen, als ob Schriftsteller sein eine seiner Möglichkeiten bedeutete, die er bis zum Rande ausfüllen würde, um dann die nächste zu ergreifen, sei sie nun Ingenieur oder Farmer, Politiker oder Kaufmann.

Ich weiß nicht, was ihn veranlaßte, das Leben wegzulegen und keine der Möglichkeiten zu ergreifen, die in ihm waren, jedenfalls bleibt die Erscheinung Robert Müller nun so seltsam fragmentarisch, daß man in allen Fragen über Sinn und Unsinn des Todes hereingelockt wird.

Haben wir uns getäuscht, als wir in diesem Mann mit dem scharfen Intellekt und dem wachen Blut einen Typus von besonderer Kraft sahen oder ist vielleicht Kraft etwas ganz anderes, etwas sehr Mutiges, das sich selber ausschaltet, wenn es nicht bis zum Ziel langt?

Das, was wir nun als Werk dieses Mannes bezeichnen müssen, ist quantitativ nicht viel. Zwei kleine Romane „Tropen" und „Barbar" und ein sehr kühnes und weitgreifendes Essaibuch „Bolschewik und Gentleman", enthalten das Wesentliche seines Schaffens. Diese Bücher steigen alle aus

---

7   Vossische Zeitung. Berlinische Zeitung von Staats- und gelehrten Sachen. Abendausgabe, Nr. 421, 4. 9. 1924.

dunklem und schwerem, mystisch-animalischen Lebensgefühl hinauf in eine Geistigkeit, die hell und klar, nicht mehr in Problemen denkt, sondern in Tatsachen. Eine Geistigkeit, die das „Nun – einmal – so" des heutigen Lebens bejahend angeht, das Wechselnde und Bleibende begreifen will mit dem ausschließlichen Ziel, dadurch Gegenwart und Zukunft zu beherrschen. Es steckt da eine Realitätssucht und ein Zweckbewußtsein, die nichts von der platten Nüchternheit sogenannter Realmenschen von heute hat, weil sie Geist und Instinkt ebenso als Realität erfaßt und benutzt, wie etwa eine kaufmännische oder politische Handlung.

Das Gehirn dieses Mannes war überaus wach und feinfühlig, aber er brachte niemals Gehirnlösungen; sein Instinkt war sehr begabt und den dunklen Geheimnissen der Seele zugewandt, aber er versank niemals in Mystizismus. Zwischen Realität und Mystik, zwischen Maschine und Natur, zwischen Tatsache und Glauben, zwischen Amerika und Rußland spürte er den europäischen Spannungen nach und versuchte aus dem Gegenwärtigen die nächsten notwendigen Schritte in die Zukunft aufzuweisen.

Bis zu einem Ausgleich der eigenen Spannungen, bis zur Harmonie eines Weltbildes hat sich Robert Müller nicht durchgekämpft. Vielleicht hielt er das nicht für wichtig, vielleicht tat sich jene seltsame animalische Müdigkeit wieder in ihm auf, die er in den „Tropen" so prachtvoll geschildert hat, und in die einzugleiten sehr verführerisch sein muß. Ja, es scheint, als ob diese seltene Mischung aus Warm und Hell, aus Tier und Geist, aus Energie und Wissen, aus Realität und Mystik, es scheint dieser ganz unsentimentale Typus Mensch noch nicht lebensfähig.

Zu früh oder zu spät geboren? Am Ende oder noch nicht am Ziel? Wo sein Schwächepunkt lag, ist nicht ohne weiteres ersichtlich. Vielleicht sind Sentiment und Sentimentalität, die ihm ganz und gar fehlten, und die durch ein überschärftes Realitätsbewußtsein ersetzt waren, heute noch zum Leben notwendig. Vielleicht ist Sentiment noch eine Verbindung zum lebendigen Boden, ohne den ein Leben vertrocknet, da die neuen Quellen noch nicht erschlossen sind.

Was immer aber der Grund war, der dieses Leben beendete: es bleibt das Gefühl, daß Robert Müller weit vor seiner vollen Wirkungsmöglichkeit starb, daß eine Entwicklung abrupt abgebrochen wurde.
Ob das allzusehr von einem heutigen Standpunkt gesehen ist und zu sehr von einem Gefühl des jedem Leben immanenten Zweckes – das wage ich nicht zu entscheiden.

Heute unter dem frischen Eindruck seines Todes erscheint es mir jedenfalls, als widerspräche sein Tod in schmerzlichster Weise dem Typus, als den wir ihn liebten und den er verkündete: dem Typus des von der Wurzel zur Krone, vom Animal zum Geist lebendigen Menschen.

Vorschlag zur Güte

FRANZ BLEI[8]

Vor einigen Tagen hat sich Robert Müller, ein kenntnisreicher Publizist und Verfasser eines vorzüglichen Romans, erschossen. Nicht aus materieller Not, aus der eine Intelligenz von seiner Energie immer herausfindet. Sondern aus Ekel an dieser heutigen Welt. Und weil dieser Mann zu intelligent war. um, was Dummköpfe tun, in das Traumschloß des „seinerzeit [sic] vorausgeeilten Dichters" oder in eine stupide „Weltanschauung" zu flüchten und ein Narr seines Elends zu werden. Lieber abtreten, als sich was vormachen. Ohne Sentimentalitäten möchte ich diesem Schuß ein Echo geben, indem ich in seine Schallrichtung einige harte deutsche Tatsachen rücke, die nur unmittelbar den deutschen Schriftsteller angehen, mittelbar das ganze deutsche Volk.

Als einen positiven Wert deutscher Schriftstellerei las ich es unlängst von einem Professor gebucht, daß ihr eine Tendenz zum Weltanschauungshaften eigentümlich sei. Vielleicht war das einmal so und recht so. War es einmal so, als es in politischer und materieller Dürftigkeit für die Deutschen kein anderes Reich gab, worin zu herrschen oder sich zu behaupten als das des Geistes. Als das umliegende wohlgenährtere Europa so stolz darauf war, in seiner Mitte das Reich der Dichter und Denker zu haben mit der Hauptstadt Weimar. Das alles hat sich sehr geändert. Nur darin nichts, daß man bei uns immer noch den Dilettanten unterstützt, wenn er sein Unvermögen nur mit so was wie einer Weltanschauung deckt. Und dem Schriftsteller, der sich mehr um Weltkenntnis kümmert als um Weltanschauung, den auszeichnenden Titel „Dichter" verweigert, mit dem man übrigens bei uns umgeht als wäre es der Titel Direktor. Jeder Verfasser von zehn lesbaren Romanen oder einem Dutzend brauchbaren Theaterstücken wird zum „Dichter" avanciert. Oft ist er so dumm, es zu glauben und sich wirklich für einen Dichter zu halten und entsprechende Anstrengungen zu machen. Da gibt's dann etwa ein Bändchen dünner Sonette von einem, der einige vortreffliche Bühnenstücke verfertigt hat. Oder ein Epos in absurden Hexametern. Oder ein ausgezeichneter Romancier streckt sich, um dem Vorurteil, das für ihn als „Dichter" besteht, zu genügen, zu einem historischen Jambenstück. Oder es gibt einer, dessen Qualität das nichts als Gemüthafte und gar nicht das Denken war, in einem Bändchen aphoristisch Geist von sich, der zwar kurz, aber nicht gut ist. Die öffentliche Meinung und die, welche ihr dienen, sollten aber alles das vermeiden, was durch

---

8   Berliner Tagblatt und Handels-Zeitung. 53. Jahrgang, Nr. 435, Abendblatt,
     12. 9. 1924, S. 2–3.

Überwertung der Verfasser diese in das Wolkenhafte einer falschen Vorstellung vom Dichter abschiebt. Denn nur zu oft erliegt der Schriftsteller
bei uns solchem Drängen: er verliert damit seine Substanz, die mitzuteilen
seine Aufgabe ist, und beginnt zu schwefeln [sic], wird unsolide. Als ob es
eine Schande wäre, ein Schriftsteller zu sein! Als ob die von einem genommen würde durch die Benennung „Dichter"! Und durch kritische Untersuchungen, darüber angestellt, ob der Verfasser des Stückes Kolportage ein
Dichter oder nicht! Was ist nun der Effekt solcher Haltung gegenüber unserer Literatur? Daß wir keine haben, sondern nur „Dichtwerke". Daß wir
sie ihres eigentümlichen wirklichen Wertes berauben, indem wir ihr einen
fiktiven Wert geben, den sie weder erfüllen kann noch will, außer auf Kosten ihres wirklichen Wertes. Wir haben, ich brauche die Namen nicht zu
nennen, eine Reihe Romanciers, die in geschmackvoller Form ihre Kenntnisse von Menschen und Dingen mitteilen. Wir haben Theaterautoren, die
für die Dauer einiger Stunden durch die Mittel der Bühne fesseln und span-
nen können. Das ist sehr viel und – ist alles. Die Franzosen und die Engländer haben nicht mehr. Nur fällt es diesen Völkern nicht ein, Galsworthy
oder Shaw, Guwtry oder Morand Dichter zu nennen und ihnen zuzureden,
endlich ihren Faust zu dichten. Solches aber geschieht bei uns. Wir nehmen
unseren Schriftstellern die ihnen angemessene Atmosphäre, treiben sie in
die Wolken. Die es widerstandslos geschehen lassen, kriegen da oben das
Asthma, um früher oder später platt und tot auf die Erde zu fallen. Die aber
bleiben, was sie sind, die sterben am Ekel. Und im übrigen ist der durch
diese Verwolkung entleerte anständige Ort der literarischen Mitte bevöl-
kert von dem auf die leeren Plätze nachrückenden völligen Schund der al-
lerdümmsten Schreiberei, der meistgelesenen. Welcher Mann der Industrie,
der Bank, des Handels liest denn einen Roman von Döblin oder Musil? Ich
nenne diese beiden außerordentlich sachlichen modernen Autoren in Robert Müllers Nähe, weil beide sich nicht in dieses entsetzliche deutsche
Konvenü des „Dichters" hineintreiben lassen, sondern mit ihren Beinen auf
der Erde und durchaus Schriftsteller bleiben. Aber die genannten Berufe
lesen Detektivgeschichten und sentimentalen Schund, wenn sie überhaupt
was lesen, denn der Begriff des deutschen Dichters – Gott, ist unser Olymp
übervölkert! – ist ihnen dank der deutschen herumordnenden Tätigkeit
identisch mit dem der Langeweile geworden. Ein weiterer Effekt solcher
falschen Haltung ist die geringe Stellung der deutschen Schriftsteller im öffentlichen Leben der Nation. Einem „Dichter" gibt man kein Amt und
schenkt ihm kein öffentliches Vertrauen. Er hat zwar eine Weltanschauung,
aber keinerlei Weltkenntnis. Und dieses Urteil stimmt: man verlangt und
schätzt die erstere[n] von den deutschen Schriftstellern, Pardon Dichtern,
so über alles, daß sie ihre Weltkenntnis verlieren, wenn sie überhaupt eine
gehabt oder erworben haben. In Frankreich stehen zwei Dutzend Autoren
im öffentlichen Dienst, von Herriot angefangen, der weder ein Advokat
noch ein Grundbesitzer ist, sondern der Verfasser eines famosen Werkes

über die Récamier. Und er macht bessere Politik als der Advokat Poincaré.
Kein Mißverständnis soll aufkommen: ich will keinen solchen Vorschlag
zur Güte machen, die den Reichskanzler Thomas Mann andeutete. Die gut-
gemeinten Reden Unruhs zeigen, wie lang es brauchen dürfte, auf daß ein
deutscher Schriftsteller auch nur Vizekonsul wird und dazu taugt. Er hat
überdies noch so viel anderes zuvor zu tun. Er muß sich den Wahn abge-
wöhnen, mit Weltanschauung zu ersetzen, was ihm an Weltkenntnis und
Talent fehlt, muß sich keine langen Haare einreden lassen. Er muß im Um-
fang seiner Begabung bleiben und sie mit bester Arbeit beweisen. Er muß
in Ehrfurcht von den drei, vier zeitgenössischen Dichtern seines Volkes
sprechen und sich mit gleicher Ehrfurcht einen Schriftsteller nennen, einen
Romancier, einen Theaterstückverfasser, einen Publizisten. Er soll das ihm
zugemutete poetische Wolkenkuckucksheim als Wohnort ablehnen. Die
ästhetischen Maßstäbe von vor hundert und mehr Jahren sind heute falsch
durchaus. Unsere Aufgaben sind andere, wir sind anders. Der Begriff des
Dichters ist nicht einmal attraktiv aus allen bisher gelebt habenden Dichtern, außer so im Herzen eines Kathedermenschen. Aus Homer, Shake-
speare, Goethe, Dostojewski, Meredith etwas zusammenzubacken, das
man dann Dichter nennt, ist absurd.

Wie und welches ist denn der heutige Zustand? Eine von der Menge –
Volk und Spitzen des Volkes – gemiedene Literatur, über die und innerhalb
welcher ein Streit tobt, ob sie und welche einen „dichterischen Wert" habe.
Viele Versuche dieser Literatur, vor sich selbst zu desertieren ins „Dichte-
rische". Schwindender Sinn für das Weltliche, Tatsächliche, Gegebene,
ohne daß dieser Schwund durch Phantasie ersetzt würde. In einem auf Re-
alismus gestellten, aber einem symbolischen Tiefsinn gerichteten Roman-
werk lese ich in der Beschreibung des Maschinenraumes eines Ozean-
dampfers von Treibriemen. Unsere Bücher sind so voll von diesen Treibriemen!

Was man heute in Deutschland liest: die Stände der Bahnhofsbuch-
handlungen biegen sich unter Tarzan, dem Affenmenschen. Nach zehn
weiter so verlaufenden Jahren wird eine geschmackvoll geschriebene Erzählung von Wassermann in tausend numerierten Exemplaren gedruckt werden, da sie mehr Leser nicht mehr voraussetzen kann.

Unsere heutige deutsche Literatur ist nicht besser und nicht schlechter
als die der heutigen Franzosen und Engländer. Aber sie hat nicht deren
Haltung. Sie leidet unter ihrer Neigung, ins Wolkenhafte zu exedieren,
sich dichterisch auszuputzen. Unterstützt und gefördert von einer öffent-
lichen Meinung und deren kritischen Wortführern, daß solcher Exzeß eine
Vorzüglichkeit eben unserer Literatur sei. Ein hoher Flug sei, der über das
platte Land, in dem sich etwa Flaubert aufhalte, hinausführe. Aber solche
Anschauung und Lehre sind ein Übel. Sowohl für die Autoren und deren
Talent wie für das deutsche Volk. Wir haben zu unserem großen Schaden
Jahrzehnte eine Politik gemacht, als ob wir allein auf der Welt wären. Und

wir erreichten die verhängnisvolle Isolation und deren Zertrümmerung. Die Deutschen sollten ihre Literatur nicht in den Wolken isolieren und ihre Schriftsteller nicht um jeden Preis zu Dichtern machen; sie verlieren damit das, was sie besitzen.

Robert Müller

ROBERT MUSIL[9]

Ich habe ihn kennengelernt, als wir aus dem Kriege heimkehrten. Er war damals ein schlanker, hochgewachsener Mann, der sich im Ausgang der Zwanzig oder Anfang der Dreißig befinden mochte, aus zähem Draht gebaut, mit einem aufmerksam, sachlich und freundlich spähenden Kopf, dessen Profil die Angriffskraft eines Raubvogels hatte; er sah weit eher einem Leichtathleten gleich als einem Schriftsteller. Oder, um es mit einem Satz auszudrücken, in dem er sich anscheinend selbst beschrieben hat: „Sein Anblick enthüllte einen sachlichen, lebhaften und waghalsigen Blutmenschen."

Man sah, daß er arm war, aber Vertrauen zu sich hatte und entschlossen war, nicht den gewöhnlichen Weg der Literaten zu gehen. Er gab damals gemeinsam mit seinem Bruder eine kleine Wirtschaftszeitschrift heraus, in der mir, der ich noch nichts von ihm wußte, Bemerkungen auffielen, die von einer verblüffenden, aber auch sofort fesselnden Taktlosigkeit waren, falls man es so nennen darf, wenn ein Mensch den Ton, den ihm eine Situation aufzwingt, unvorhergesehen durchbricht. Es war eine Maßlosigkeit der Ungeduld, welche das seriös tuende Geplauder des Wirtschaftsfeuilletons nicht ertrug, sich plötzlich irgendeines Einfalls über Welt- und Seelenprobleme entband, und davon beruhigt, wieder so weiterschrieb, wie es nun einmal sein mußte. Ich wähle absichtlich das feinbürgerliche Wort Taktlosigkeit dafür, weil in Wien mehr als anderswo das Schicksal eines Schriftstellers davon abhängt, daß er den Ton der wohlerzogenen Mittelmäßigkeit trifft. Im Grunde aber barg der kleine, sich dem ersten Blick darbietende Wesenszug den ganz bedeutenden Menschen. Dieser Schriftsteller war entschlossen, das Leben unromantisch zu lieben, wie es ist, also auch einschließlich seiner Wirtschaftszeitschriften, aber es auch ebenso zu bekämpfen und den Ideen schließlich zum Sieg über das Getriebe zu verhelfen: von der ersten Zeile angefangen, die er schrieb, bis zu dem Schuß,

---

9   Das Tage-Buch, 5. Jahrgang, 2. Halbjahr, Heft 37, 13. 9. 1924, S. 1300–1304. Vgl. Robert Musil: Gesammelte Werke. Bd. 8: Essays und Reden. Hg. v. Adolf Frisé, Reinbek b. H.: Rowohlt 1981, S. 1131–1137. Helmut Kreuzer / Günter Helmes (Hg.): Expressionismus – Aktivismus – Exotismus. Studien zum literarischen Werk Robert Müllers (1887–1924). Paderborn: Igel 1989, S. 261–266.

der seinem Leben ein Ende machte. Das ist nur scheinbar ein Widerspruch, denn die Liebe wie die Feindschaft für die Welt liegt in der Seele jedes Künstlers.

Robert Müller hat alles Lebendige geliebt, wie der Jäger sein Wild. Er beschrieb einen trägen Geldsack mit der gleichen Leidenschaft, die jede Bewegung der Bestie zu verstehen sucht, wie ein durchgehendes Pferd. Und er beschrieb diese die Sinne erregende Außenseite der Welt, hinter der sich lahmend verwirrtes Inneres nur ahnen läßt, mitunter gerade genial. Das war nicht nur eine artistische, eine literarische Angelegenheit, wiewohl die rechte Würdigung dieser Fähigkeit zeitlebens auf Literaten beschränkt geblieben ist; denn etwas neu beschreiben, heißt auch lehren, einen neuen Gebrauch davon zu machen. Man konnte allerdings alles, was er schrieb, ohne es zu verkleinern, auch eine leidenschaftliche Reportage nennen. Die Lust am Tatsachenbericht bildet einen Wesenszug in jedem Erzähler; er aber hatte als Journalist angefangen, und wenn er einen Wirkungskreis gefunden hätte, wäre er mit Vergnügen ein gewaltiger Journalist geworden, der nur nebenbei Bücher schreibt. Was ihn hinderte, war die Unlust, sich eine für den täglichen Betrieb praktikable Anschauung fest zu eigen zu machen; er ließ sich von dem, was er sah, von einem Standpunkt zum anderen treiben: in dieser niemals zu Ende kommenden Wahl verriet sich die heimliche Schwäche des Dichters für das geistig Interessante, das sich niemals mit den Grenzen zwischen Gut und Böse und Wahr und Falsch deckt. Aber der Reporter war stark genug, um seine Wesensart auch darin dem Dichter aufzuzwingen. Viele Träumereien, aber nichts Träumerisches findet sich in seinen Büchern (bis auf Spuren, die allerdings stark sind wie Narben); er liebte das Verweilen nicht, er schloß sich nicht in seine eigene Auffassung ein, sondern warf aus sich heraus, was ihm einfiel, in das Gebrodel der Welt, in der er lebte; seine Schilderungen waren von den persönlichsten Theorien durchsetzt, doch könnte man sagen, er dachte immerzu, aber er dachte niemals nach, weil ihm das „Nach-", das Hinterdreindenken, während die Welt davonrast, wie ein dummer Verlust vorkam. Dies zog ihm das Mißtrauen all jener zu, deren Gedanken niemals ohne Hut auf die Straße rennen. Sie hatten nicht in allem unrecht, wohl aber im Entscheidenden: daß sie niemals das Stürmische dieses Wesens sahen, welches etwas anderes war als nur Flüchtigkeit. Auch Schwäche war es nicht, was sich auf den ersten Blick in blonde wie schwarze Gedanken verlieben konnte, nichts kleinlich Aneignendes, weibisch Einfühlsames, sondern etwas männlich Entführendes: Sturm und Drang. Darin lag gewiß etwas Unfertiges, aber in dieser Unfertigkeit stak auch wieder eine neue, noch nicht ganz zu sich selbst gekommene Fertigkeit, ein Blick für die maschinell aufblitzenden Widersprüche und das Tempo im Bilde unserer Welt; es mochte irremachen, daß dieser Sturm und Drang sich in Überzeugungen und Ansichten austobte, statt in Gebärden der Leidenschaft, aber gerade das war das unmittelbar aus dem Heute Kommende daran.

Man kann natürlich ein Zuviel an solchem Temperament haben, und das ist das gleiche wie ein Zuwenig an festigenden Gegenkräften. Robert Müller hat sich manchmal für einen Theoretiker, einen Weltdenker gehalten und war es nicht; dazu fehlte es ihm an Durchbildung, vielleicht auch an Anlage. Sein „Aktivismus", das Bedürfnis, dem geistigen Anspruch im gemeinen Leben zu Recht und Herrschaft zu verhelfen, und sein Versuch, das kleinste der Ereignisse (gerade weil er sie alle liebte) nicht ohne Verantwortung passieren zu lassen, waren echt und tief; aber in der Durchführung kochte oft die Küche statt des Gerichts. Es war ein billiges Vergnügen, ihm das, namentlich in seinen Essays, nachzuweisen. Aber man kann auch sagen: wie Kinder zu fragen vermögen, daß sie jeden Erwachsenen in Verlegenheit bringen, verstand er, zu antworten, und seine Antworten waren den Zeitfragen immer in irgendeiner Einzelheit voraus; es war eine merkwürdige Mischung von Utopischem und bloß für utopisch Geltendem in ihm, die sich noch nicht geklärt hatte. Es gelang ihm einmal, einen vollkommenen Ausdruck dafür zu finden, das war in seinem Roman „Tropen" (bei Hugo Schmidt, München; die übrigen Erzählungen: „Das Inselmädchen", „Irmelin Rose", „Der Barbar", „Flibustier", „Camera obscura", wie seine Essays erschienen in verschiedenen anderen Verlagen), der eine phantastische Stromreise im Urwald mit einer animalischen Kraft beschreibt, die keineswegs hinter der des berühmten Jensen zurücksteht, zu ihr aber auch eine geistige Kraft in flimmernden, zur Situation passenden Ausstrahlungen fügt, die dieses Buch zu einem der besten der neuen Literatur überhaupt machen. In seinen anderen Erzählungen ist ihm dies nach meinem Urteil nicht in gleich großem Ausmaß geglückt; er wußte zwar sehr wohl, daß zum Schreiben Mühsal gehört, und verstand, sie an anderen zu schätzen, aber in sein eigenes Programm, in seine Liebe für Galopp und Gedränge paßte es ihm nicht, und er unterließ bei dem meisten, was er schrieb, mit Absicht die letzte Überprüfung. Dennoch ist keine seiner Erzählungen ohne Genialität, jede von ihnen ist in einer neuartigen Weise angefaßt, alle sind sie auch im gewöhnlichen Sinne sehr unterhaltend, und jede ist voll von Stellen, an denen sich eine Fähigkeit sondergleichen zeigt, mit dem kürzesten und kühnsten Strich den geistigen Charakter von Menschen, Landschaften, Vorgängen, Problemen so scharf auszudrücken, daß man ihre Körperlichkeit einatmet. Diese Eigenschaften hätten genügen müssen, um ihm von allen Seiten Aufmerksamkeit zuzutragen.

Start dessen musste er eingeschlossen in jenem kleinen Kreis sich kennender und anerkennender Menschen leben, den man nicht ohne Verächtlichkeit die Literatur nennt. Ich berühre hier eine böse Schande und einen lächerlichen Widerspruch in einer Nation, die für die Anerkennung der Dichter mit Denkmälern, Seminararbeiten und großem Marktgeschrei sorgt, aber für ihre Erkennung fast nichts vorkehrt. Unser Buchhandel berät, von wenigen Ausnahmen abgesehen, die Käufer nur nach der Höhe der

Provision, die er dabei verdient; die paar Zeitschriften, die sich mit Geschmacksfragen befassen, sind ohne breiten Einfluß, und die Zeitungen, über welche allein der Weg zu breiter Wirklichkeit führen kann, finden die Besprechung von Büchern, die nicht auch ohne sie schon berühmt sind, unwichtig und vertrauen die Buchkritik, um Auslagen zu sparen, mit Vorliebe jüngeren Journalisten und literarischen Anfängern an. Dieser Apparat der geistigen Erneuerung funktioniert nach Zufall und Gefälligkeit, aber nicht nach Bedeutung und befestigt das Publikum täglich in dem Glauben, es sei überhaupt nichts da, wofür man sich interessieren könne; ohne Rücksicht darauf, daß immer etwas da sein muß, wenn eine Nation nicht abgestorben sein will, und ohne Einsicht, daß auch das Interesse etwas ist, das bis zu einem gewissen Grad gelehrt sein will. Daß dies auf der anderen Seite jene billig bespöttelte Konventikelbildung zur Folge hat, durch die der junge Schriftsteller wie durch eine opiatische Wolke in den Himmel fährt, ohne die Wirklichkeit recht kennenzulernen, versteht sich von selbst. Man kann nicht ernst genug auf die Wichtigkeit dieser Verhältnisse hinweisen.

Man kann sagen, daß ein begabter Schriftsteller, wenn er nicht besonders Glück hat, unter den heutigen Verhältnissen sein Leben mindestens bis zu seinem vierzigsten Jahr in diesem Halbdunkel zubringen muß, und das bedeutet ein unsicheres, entbehrungsreiches und wirkungsloses Dasein. Ich habe selten einen Mann gekannt, der Einwände und Widerstände so sachlich entgegenzunehmen verstand wie Robert Müller; er steckte Angriffe ein wie ein Boxer, sein Ehrgeiz war vorwärts gerichtet und schlug nie in Kollegenneid und Zänkereien zurück, aber die Wirkungslosigkeit ertrug er nicht. Das Grundbedürfnis dieser Natur nach festem Material für ihre Aktivität war es, was den Dreißigjährigen, der als Verlagsdirektor gestorben ist, antrieb, das schemenhafteste Gebiet der geistigen Arbeit zu verlassen und von der Literatur zum Literaturhandel überzugehen; daß er sich gerade diesen wählte, geschah teils aus Not, teils aus der gewonnenen Überzeugung heraus, daß in einer dem Kapitalismus unterworfenen Zeit ein Mann nur wirken könne, wenn er sich der Organisationskräfte des Geldes bedient. Sein Plan war, gewissermaßen ein Beelzebub zu werden, um den Teufel aus den Gefilden der Literatur zu vertreiben. Ware dies nur ein Romaneinfall gewesen, so bliebe nicht viel darüber zu sagen; aber das Überraschende war, daß es blanke Wirklichkeit wurde. Der Dichter war Geschäftsmann geworden, ohne es zu sein, lediglich im Vertrauen auf seine Phantasie, Menschenkenntnis und Gedankenschnelle, die denen gewöhnlicher Verdiener überlegen sein mußten. Damit trat dieses Schriftstellerleben in einen zweiten Abschnitt und gewann als Ganzes die Bedeutung eines unsere Zeit beschreibenden Dokuments; es war wie die Verwirklichung eines utopischen Romans und endete mit einem Romanschluß. Ich weiß nicht, wie es gelang, aus ganz kleinen Anfängen mit verblüffender Schnelligkeit das Geschäft in die Höhe zu bringen; ein kaufmännisch sehr begabter Bruder des Dichters, der mit ihm gemeinsam schon jene Wirtschaftszeitung redigiert hatte, war wohl auch hier der eigentliche Organisator, und die Zeitumstände steuerten das Ihrige bei: Das Unternehmen wuchs mit amerikanischer Schnelligkeit und schien zunächst im Wiener Buchhandel eine beherrschende Macht werden zu wollen.

Um das Unwesentliche kurz zu sagen, es ist heute wieder zusammengeschrumpft, die beiden Brüder sind nacheinander aus dem Geschäft ausgeschieden, und diesem hatte wohl die allgemeine Wirtschaftskrise den Atem abgeschnitten, ehe es noch fest auf den hochgeschossenen Beinen stand; das Wesentliche aber waren die Erfahrungen, die ein Schriftsteller sammelte, als er sozusagen um die andere Seite seiner Existenz herumkam. Wenn damals ein Schriftsteller Robert Müller besuchte, mochte er staunen, wieviel Direktoren, Sub- und Überdirektoren solch ein Unternehmen, das doch nur eines der Zwischenglieder zwischen Verleger und Leser war, zu einer Zeit reichlich ernähren konnte, wo sich die Schriftsteller in ärgster Not befanden; man sah wie an einem Präparat die entartete Struktur eines Bindegewebes, welches das erstickte, was es tragen sollte. Es zeigte sich, daß man auf solche Weise wohl persönlich reich werden und auch einiges Mäzenatische tun könne (was Robert Müller kameradschaftlich tat), aber die Macht der schlechten, verderblichen, stumpfsinnigen Literatur und der Geist der Branche waren stärker als jede persönliche Absicht, zogen sie automatisch in ihre Richtung, und alle, die an dem Geschäft hängen, müssen frei- oder widerwillig mithelfen, es in diese Richtung des Gangbaren zu bringen. Wer den Verleger Robert Müller zu jener Zeit gekannt hatte, trug den Eindruck von etwas breitspurig Gutmütigem und Selbstgewissem davon, wie eines Seemannes, der an Land gestiegen ist und Gäste freihält; aber wie ein Schiff, das mit der Strömung geht, trug ihn das Geschäft vom beabsichtigten Kurs immer weiter ab und ließ sich von seinem hochmögenden Knecht nicht lenken. In Aussprachen mit alten Freunden klagte er über die Aussichtslosigkeit solcher Pläne wie seiner, und die Überzeugung hatte sich in ihm gebildet, daß der Schriftsteller daher heute in jeder Weise verurteilt sei, ein überflüssiges Anhängsel am Gesellschaftskörper zu bilden. Durch die anschauliche Erkenntnis beider Seiten seines Berufes hatte er, der ohne Wirkung nicht leben wollte, sich den tiefen Pessimismus geholt, der ihm die Freude an seinem Leben verdarb.

Er hatte es noch mit einem eigenen Verlag versucht. Die Zeit der Geldkrisis brachte ihm Verlegenheiten. Aber sie waren nicht unabwendbar. Er war vielleicht kein phantastischer Geschäftsmann, aber er war ein starker Kerl, der sich schon etliche Mal durch die Welt geschlagen hatte. Kein Mensch kennt den Grund seines Selbstmordes, von den üblichen Gründen trifft keiner zu. Wenn er sein Geschäft, an dem er nicht mehr hing, zugesperrt hätte, wären ihm viele Freunde – denn sie liebten ihn – beigesprungen, und er hätte den Beruf als Schriftsteller wieder aufnehmen können; immerhin um vieles weiter als einst, wo er sich als Schiffssteward verdang. Aber er, der die Lebendigkeit des Lebens liebte wie nicht bald einer, hatte sich zutiefst durchdrungen mit den Erfahrungen, die man mit dem Buche und Theaterstück als Ware macht, und war gefangen in dem Gefühl, daß in der heutigen Zeit kein Schriftsteller eine Wirkung erreichen kann, die zu leben lohnt. Ich habe mancherlei Gründe, diese Annahme für richtig zu halten, und mochte solches Empfinden sich auch in plötzlicher Verwirrung übertrieben haben, erworben war es schon lange. Als die Unkenntnis der Zeitungen unmittelbar nach seinem Selbstmord meldete, daß sich ein „Verlagsdirektor" Müller erschossen habe, hatte sie nicht so ganz falsch gemeldet: der Verlagsdirektor hatte am Ende eines doppelt versuchten Lebens den Dichter Müller getötet.

Robert Müller

Hermann Budzislawski[10]

Als vor kurzem durch die Presse die Nachricht ging, in Wien habe sich ein Verlagsdirektor Robert Müller erschossen, bemerkten die literarischen Kreise Deutschlands und Österreichs voll Erstaunen, wie unbekannt der Dichter Robert Müller geblieben ist, der im Jahre 1915 das ausgezeichnete Buch „Tropen. Der Mythos der Reise" (Hugo Schmidt Verlag, München) geschrieben hat, der die Romane „Der Barbar", „Camera obscura" (Erich Reiß Verlag, Berlin), „Flibustier" (Renaissance-Verlag, Wien), die Novelle „Inselmädchen" (Die Schmiede) sowie viele Essays verfaßte. War er wirklich ein so bedeutender Dichter, wie es mancher Nachruf behauptete? Wir sind etwas freigiebig mit dieser Bezeichnung, die heutzutage auf gar zu viele angewandt wird, aber wenn auch vielleicht kein Dichter, ein überragender Schriftsteller war er gewiß, und er hatte Neues zu sagen.

Es ist versucht worden, aus Fehlschlägen im Leben des begabten Mannes, der erst einige dreißig Jahre zählte, die Motive seines Selbstmordes abzuleiten. Dennoch bleibt es vorläufig in Dunkel gehüllt, warum dieser blonde Athlet, dieser sehnige Blutmensch, seinem Abenteuerleben ein Ende bereitete. Einst unternahm er als Schiffssteward Weltreisen, er lebte kurze Zeit als Cowboy auf einer Farm, später kämpfte er als österreichischer Soldat am Isonzo, er gab als Journalist gemeinsam mit seinem Bruder eine Wirtschaftszeitschrift heraus, und zwischendurch schrieb er seine Bücher. Als die Not der Schriftsteller in ärgster Inflationszeit ins Grenzenlose wuchs, wechselte er auf die andere Seite der literarischen Produktion hin-

---

10   Welt und Wissen. Unterhaltungs-Beilage der Berliner Börsen-Zeitung. 25.9.1924, Nr. 191, S. 11–12.

über. Er gründete in Wien einen Verlag, der schnell große Bedeutung erlangte, bald aber wieder zusammenschrumpfte und endlich in Geldverlegenheiten geriet. Es ist wohl ausgeschlossen, daß die rein pekuniären Sorgen dem elastischen, an Wechselfälle gewöhnten Manne das Leben verleidet haben.

Überhaupt dürfte es unangebracht sein, irgendwelche Fakten konkreter Natur für die Ursache seines Selbstmordes anzusehen. „Ihr überschätzt immer Tatsachen und gebt nichts auf den Zustand", sagt er einmal (in „Die Politiker des Geistes". S. Fischer, Berlin), und in Wahrheit liegt wohl in der langsam herangereiften pessimistischen Grundstimmung dieses überstarken Temperaments die Hauptursache der Tragödie.

Ein unruhiger Geist war Robert Müller, besessen von dem Drange, die Kernfragen unserer Kultur zu lösen. Die Größe des gesetzten Zieles erhöhte seine Unrast, er ist geistig übertrainiert und nervös. Diese Neurasthenie aus Leidenschaft kommt seinem Esprit zustatten: er wird geistreicher, aber zugleich kompliziert, man muß selbst dialektischer Akrobat sein, um seinen Sprüngen folgen zu können. Er weiß wohl, welche schöpferischen, entfesselnden Kräfte in dieser Gehetztheit liegen, aber er fühlt auch das Pathologische, und da er keineswegs dekadent sein will, so protestiert er gegen die Vertreter dieser Geistesart mit einer psychoanalytisch verdächtigen Schärfe. Der beherrschende Zwiespalt seiner Natur liegt einerseits in seinem Haß gegen die Literaten, andererseits darin, daß er selbst ein Literat war. So verliert er jegliche Objektivität, er übersteigert die Bedeutung der Literatenschicht, von der er behauptet, daß sie in Frankreich, Deutschland, Holland, Skandinavien, Rußland, in Italien und auf dem Balkan die Führung der Nation an sich gerissen hätte. Der Literat ist ihm der nervlich und materiell schlechtweggekommene Abkömmling des Bürgertums, seine Erzeugnisse sind gleichzeitig Proteste gegen die besserbedachte Umwelt und Beweis der eigenen Bedeutsamkeit. Er ist Neurastheniker und mit Mißtrauen muß es erfüllen, daß der Bürger auf ihn hereinfällt und sich von ihm regieren läßt. Denn in der Tat, sagt Müller, wird Europa heute von den Literaten regiert, die als Schriftsteller, Journalisten, Redner ihre Ideen propagieren, Kriege und Revolutionen machen, überhaupt das Öffentliche beherrschen. Das Eigentümliche ist nun, daß dem Literaten das literarische Erzeugnis wichtiger ist als das darin aufgefangene Leben, daß er Romane schreibt und darüber zu lesen vergißt, ja daß er das schriftstellerische Produkt geradezu in den Mittelpunkt des Geschehens rückt und die gesamte Geschichte der Menschheit nur als Kulisse und Staffage betrachtet und benutzt. So glaubt der Literat, er sei der Gipfelpunkt der Existenz.

Wenn nun Müller auch in seinem letzten Werk „Rassen, Städte, Physiognomien" (Erich Reiß Verlag) leidenschaftlich gegen diesen Typ protestiert, so verraten seine früheren Werke doch, daß er in der bekannten Manier „Haltet den Dieb" ruft. Zweifellos ist er subjektiv ehrlich, aber ein

Literat bleibt er deshalb doch, wenn auch der besten einer. Das verrät sein Stil, das sagen seine früheren Werke, das sagt sein ganzes Leben.

Er haßt die Literatur, weil er ein Schaffender, ein Tätiger sein wollte! Wirkung ist ihm alles. Durch alle seine Schriften ziehen sich Betrachtungen über Politik und letzten Endes war er ein Politiker. Aber er war kein schaffender Politiker, keiner, der selbst Hand anlegt und organisiert, sondern einer, der über Politik schreibt und den Werktätigen sagt, nach welchen Prinzipien sie sich organisieren müßten. So war er schließlich auch als Politiker wieder Literat, und verstanden haben seine politischen Ideen wohl nur die Literaten. Er, der wirken wollte, der ändern wollte, konnte nur analysieren, erkennen, mit genialer Schärfe darlegen, aber nicht selbst handeln, und seine Ausführungen wurden nicht vom Politiker gelesen, sondern vom Literaten. Denn nur der Literat konnte diesen komplizierten Stil eines uneinheitlichen, unruhigen und stets um die schwierigsten Probleme ringenden Geistes verstehen. Diese Wirkungslosigkeit ist sicherlich eine der stärksten Komponenten des Pessimismus, der ihm schließlich den Revolver in die Hand drückte.

Robert Müller ist in seinem Kern zerbrochen. Das Problem, mit dem er rang, ist angedeutet durch einige Worte, die sich in allen seinen Schriften stets wiederholen. Er spricht von „Rasse" und von „Geist", von „Asien", „Orientalen", „Tropen", „Exoten", „östlicher Bildung" und von „Amerika", „Zivilisation der Maschinen". Wenn seine Werke auch von nervöser Unrast erfüllt sind, diese Begriffe hat er in einen einheitlichen Zusammenhang zu bringen gewußt, in ihrer Kombination liegt der Angelpunkt seiner Weltanschauung. Rasse ist ihm etwas Geistiges. Er leugnet nicht den Blutunterschied der Rassen, aber er erklärt die Rasse für wandelbar. Landschaft, Klima, Dichte der menschlichen Besiedlung ändern den Rassentyp, alte Kulturen und Großstädte sind von anderer Rasse als ihre urmenschlichen Vorfahren desselben Blutes, „Rassen sind überhaupt wohl nur fixierte biologische Reisezustände". Ihm kommt es nur darauf an, den geistigen Gehalt einer Rasse zu bestimmen, und besonders interessiert ihn der Schnittpunkt der Rassen, vor allem die (geistige) Kreuzung des nach innen aktivierten Asiaten von unendlicher Vornehmheit der Haltung und wirklicher Kenntnis der Lebensvorgänge mit dem angelsächsischen Weltmann, dem Beherrscher der Technik und dem Organisator des politischen Lebens.

Daß ihm diese Synthese nicht gelang, daß es in ihm europäisch stürmte und brauste, während er im äußeren Leben keine nennenswerten Erfolge errang, ist die Wurzel seines Pessimismus, der sein Leben vernichtete. Dieser Pessimismus, der sich nur auf ihn und einige Erscheinungen der Zeit bezog, nicht aber auf die Zukunft Europas und der Kulturmenschheit überhaupt. Hier ist er Optimist, und es wäre wünschenswert, daß ein größerer Kreis von Menschen sich die Mühe machte, seine stets geistreichen, leider komplizierten, aber niemals langweiligen Bücher zu lesen, denn er hat uns etwas zu sagen.

Robert Müller (1887–1924)

ARTHUR ERNST RUTRA[11]

Vor sechs Jahren, am Morgen eines späten Augusttages, der der Todestag
Nietzsches ist, fiel am Donaukai ein Schuß. Er zerriß ein Herz, das stark
genug war, einige Stunden noch zu leben, ehe es nach dem Willen dessen
innehielt, der gegen sich gezielt hatte. Der Mann, der den Schuß abgab,
hatte mit dem Leben abgeschlossen, um im nächsten Augenblick, als es fiel,
ein neues beginnen zu wollen. Jenseits der Bezirke, die ihm nicht mehr ent-
sprachen. So stark war vor dem Tode, war im Tode noch der Geist, der die
Hand zum letzten, ihm sinngemäß erscheinenden Abschluß geführt hatte.
Er liebte das Leben, er bejahte es, und sagte dennoch ab. Das Leben und er
hatten verschiedene Wege genommen; es galt, ein neues einzuholen. Der
Mann, der nie im Leben geschwankt hatte, immer nur Tat war, entschied
sich wieder für die Tat. Er handelte impulsiv und fehlte niemals, wenn er
sich zum Augenblick bekannte. Das war sein Verhängnis. Er wußte wohl
darum, daß er in solchen Augenblicken zu irren pflegte, aber auch dies, daß
ihn die Irrtümer zur Wahrheit hinführten. In den fernsten Zielen, die er
sah, irrte er nicht. Und so behielt der Mann recht, – gegen sich selbst.

Wie kaum bei einem, geziemt bei Robert Müller, um eine Vorstellung
von der Bedeutung seiner Persönlichkeit zu gewinnen, da seine Erscheinung im Gedenken verlischt und sein Werk noch wenigen geläufig ist, die
Veranschaulichung dieses ungewöhnlichen Menschen selbst. Ein Bild allein
will nicht genügen, aber zwei, die ich wähle, vermögen ein Ganzes zu vermitteln. Ich sehe einen Mann im Lug-aus auf voller See. Ein in vollendeter,
edler Zucht gehaltener Körper, ein durch stets wachen, arbeitenden Geist
belebtes Antlitz. Das Auge ist auf weite Sicht eingestellt, die Züge atmen
frische Witterung und Entdeckerfreude, der Kopf ist leicht vorgeneigt und
nicht gesonnen, das Erspähte preiszugeben. Und ich sehe einen Leuchtturm von schlankem, kräftigem, ebenmäßigem Bau, auf dem vorgescho-
bensten Ende eines letzten Landausläufers, den bereiten Wächter, willkommen zu heißen jeden, dessen Weg weite Fahrt war, Künder, daß er an
der Scheidegrenze der Elemente, der Erd- und Weltteile stehe. Von dem
Mann im Lug-aus zum Leuchtturm spannt sich aber die unsichtbare geistige Brücke und schließt beide in eine Gestalt zusammen: und diese war
Robert Müller.

Romantische Hohenstaufensehnsucht trieb und treibt noch heute den
Deutschen nach dem Süden, nach dem Lande seiner Verheißung, Italien.

---

11   Radio-Wien. 7. Jahrgang, Heft 14, 1931, S. 6 (zur Sendung am Samstag, den
     10. 1. 1931).

Der Jüngling Robert Müller brach mit der Tradition und ging nach Amerika. Ein neuer Kolumbus, der es ein zweites Mal für Europa entdecken wollte. New York, Zeitungsverkäufer in den Straßen, Nachtlager unter Eisenbahnwaggons auf den Bahnhöfen, Reporter, Abgrasen von Städten, Westindien, Untertauchen in der Lebensmystik der Tropen, Heimkehr des Leichtmatrosen als Schiffssteward. In Bremen liegt heute noch unbehoben sein Seemannszeugnis. Er brauchte es nicht mehr. Ein Europäer kehrte aus der Neuen Welt wieder und brachte Amerika mit. Sein Amerika. Das Amerika des Europäers, der zum Pan-Europäer geworden war. Lange vor der Entdeckung Coudenhoves, der seinen Gedankengängen gefolgt war.

Als der Krieg ausbrach, war Deutschland die Hoffnung: Germanien sollte durch Österreich zum Amerika Europas umgeformt werden. Als er nach knapp einem Jahre freiwillig ins Feld zog – Gentleman der freiwilligen Pflichterfüllung –, hatte er diese Hoffnung bereits begraben. Den Untergang voraussehend, sah er im Zerfall den Beweis für die Gültigkeit seiner Sehnsucht erbracht, und der Umweg, der sich ergeben hatte, wurde zum Weg. In diese erste Epoche seines Lebens leuchten seine Schriften: sein Werben um Deutschland in „Macht", seine Synthese des Österreichers in „Österreich und der Mensch", seine Profilierung des Europäers in seinen „Europäischen Wegen". Und aus dieser Epoche strahlt als seltenes Kleinod sein nach der Rückkehr aus Amerika gedichteter Mythos der Reise, „Tropen", das Fundament des großen europäischen Bauwerks, das er träumte, das er schuf, um das er kämpfte und litt. Reich war sein Schaffen. Bald folgten, in der zweiten Epoche nach dem Kriege, seine beiden reifsten essayistischen Werke „Bolschewik und Gentleman", und „Rassen, Städte, Physiognomien", und in seinen vorbereitenden Novellen und Romanen „Inselmädchen", „Barbar", „Camera obscura", „Flibustier" wies er die Brücke, die zu seinen großen Schöpfungen führen sollte, von denen Aufzeichnungen in seinem heute immer noch ungeborenen Nachlaß künden.

„Zeitgenossen" gestatteten es ihm nicht, alles zu geben, was er wollte und konnte. Was er aber in seinen jungen sechsunddreißig starken Jahren gegeben hat, schon dies allein ist so reich, daß die Frucht, die einst aus dieser Saat wachsen wird, als mächtiger Weiser willkommen geheißen wird von den Späteren. Am Anfang und Ende dieses Lebens steht der Name einer Millionenstadt, die nichts von ihm weiß. Der Name Wien. Er war ein großer Österreicher. Aber Österreich ist klein geworden und weiß nichts von ihm.

Nachwort

Die Erschaffung von ‚Robert Müller' durch Kulturkritik, Germanistik und Komparatistik im letzten Drittel des 20. Jahrhunderts. Mit einem Ausblick auf Forschungsbeiträge der Gegenwart.

GÜNTER HELMES*

> *Der Einzige der nie Recht hat, ist jener Gewährsmann der unbeschade-*
> *ten Gemütsruhe, der im Bazar der Realitäten nach dem Rezepte: Kno-*
> *fel ist gut und Schokolade ist gut, wie gut muß erst Knofel mit*
> *Schokolade sein – nach diesem Rezepte völlert.*[1]
>
> Robert Müller

Vorbemerkung

Dieser Beitrag erinnert an markante Stationen eines kollektiven publizistischen und wissenschaftlichen Versuchs sehr unterschiedlicher Tempera-
mente zwischen den späten 1960er- und den späten 1990er-Jahren, Robert
Müller (29. Oktober 1887 – 27. August 1924) wieder ins literatur- und kulturhistorische Bewusstsein des frühen 20. Jahrhunderts zu integrieren.[2]
Müller sollte wieder, so der gemeinsame, alle partiellen Differenzen über-
brückende Wunsch, den ihm dort gebührenden, prominenten Platz einneh-
men können.[3]

---

* Ich danke Thomas Schwarz für die Zuarbeit im Abschnitt „Ausblick" (S. 234ff.).

1 Robert Müller an den jüngeren Bruder Erwin Müller (26. 5. 1910). In: Ders.: Briefe
und Verstreutes, 1997, S. 19.

2 Dass Müller schon bald nach seinem Tod in Vergessenheit geriet, hat eine ganze
Reihe von Gründen. Vgl. hierzu Günter Helmes, 1986, ²2011, S. 278–284. Vgl. auch
Anm. 8.

3 Für den viel zu früh verstorbenen großen Expressionismus- und Aktivismusfor-
scher Armin A. Wallas (2008, S. 262) war Müller als einer der Leiter des „Bundes
der geistig Tätigen" (vgl. ebd. S. 29f., S. 43–45 u. S. 64–85) und der „Literaria" (vgl.
ebd. S. 65f. sowie Ernst Fischer 1981) „die Integrationsfigur des Aktivismus in
Wien". Bei Jürgen Egyptien (1995; zit. n. Armin A. Wallas, 2008, S. 272) liest man
in diesem Zusammenhang: „Nimmt man [...] die Fülle der Beiträge von Robert
Müller unter näheren Augenschein, so kommt man alsbald zu der Erkenntnis, daß
Müller wohl der ambitionierteste Organisator eines aktivistisch interpretierten Expressionismus in Österreich war. Er hat die Medienlandschaft von 1912 bis 1922
kontinuierlich mit programmatischen Aufsätzen und Manifesten versorgt und das
publizistische Engagement immer wieder durch die Gründung von Verlagen,
Künstlervereinigungen und kulturellen Trägervereinen zu flankieren versucht." –

Der Beitrag schließt mit Hinweisen auf einige Robert Müller-Studien des 21. Jahrhunderts, die vor dem skizzierten und im Weiteren detaillierter nachgezeichneten Hintergrund in den wissenschaftsgeschichtlichen und arbeitstechnischen Voraussetzungen übereinstimmen. Sie müssen den Gegenstand ihres Interesses nicht mehr allererst legitimieren und sind in der Regel aufwändiger Primärquellensuche enthoben.

Rezeption und Erforschung im letzten Drittel des 20. Jahrhunderts

> *Ich bin im Grundzug kein Künstler – kein Genießer. Ich vermute, ich bin ehestens Soldat, mein Gehirn funktioniert wie eine Schrapnell-Batterie und mein Wille ist ein rotierender Panzerturm.*[4]
>
> Robert Müller

Der Versuch der Reetablierung Müllers seitens der kulturkritischen Publizistik sowie der germanistischen und komparatistischen Literaturwissenschaft lässt sich in drei sich überlappende Phasen unterteilen: Den punktuellen Beginn 1968 bis 1975, die Entstehung und Konsolidierung einer Forschungstradition 1975 bis 1991 und die Platzierung von Müllers Gesamtwerk auf dem Buchmarkt 1990 bis 1997.

Vgl. auch Anm. 41. – Soweit ich sehe, ist der Versuch, Müllers literaturgeschichtliche Bedeutung ins rechte Licht zu rücken und seine Werke wieder zugänglich zu machen, nicht fehlgeschlagen. Auf der einen Seite lässt sich feststellen, dass er heute nicht mehr zu den Vergessenen gehört. Dafür sprechen unter anderem diverse (auch zweifelhafte; vgl. Anm. 44) Ausgaben des Romans *Tropen*, die derzeit auf dem (elektronischen) Buchmarkt sind, sowie eine ganze Anzahl an (dem Niveau nach sehr unterschiedlichen) Dissertationen, Aufsätzen, Studienabschlussarbeiten. Thematisiert wird Müller nicht nur in universitären Lehrveranstaltungen im deutschsprachigen Raum, sondern auch in der internationalen Germanistik. Auf der anderen Seite ist dieser Versuch aber auch nicht in befriedigender Weise gelungen. Robert Müller, dessen Werk und dessen Erforschung sind nach wie vor literarisch Interessierten und den meisten Fachkollegen unbekannt. In einer aktualisierten, sich vor allem an Studierende richtenden Einführung in den literarischen Expressionismus (Frank Krause, 2015; ursprünglich 2007) wird Müller mit *Tropen* zwar im neu hinzugekommenen Modul 3 „Spatial and material turns" dankenswerter Weise sogar ein eigenes Unterkapitel zugestanden (S. 225–234). Doch reicht die Vorstellung des Romans nicht an den aktuellen Forschungsstand heran. Auch in der Kultur- und Literaturhistoriographie Österreichs und Wiens spielt Müller immer noch allenfalls eine periphere Rolle. Daran ändert auch nichts, dass die Stadt Wien Robert Müller auf Initiative von Thomas Schwarz seit November 2005 ein Ehrengrab gewährt und für die Pflege des Familiengrabes mit der Nummer 99 im 23. Geviert des Matzleinsdorfer Friedhofs aufkommt. Selbst sehr belesene und kulturgeschichtlich einschlägig informierte Wiener müssen bei dem Namen Robert Müller in der Regel passen. – Vgl. auch Anm. 67 und den Epilog.

4   Robert Müller an seine Mutter (29.6.1910). In: Ders.: Briefe und Verstreutes, 1997, S. 29.

Phase 1: Der punktuelle Beginn 1968 bis 1975

Wissenschaftlich beginnt die Reintegration Müllers mit dem Aufsatz „Harald Brüller und Ekkehard Meyer" des Wiener Journalisten und Schriftstellers Hans Heinz Hahnl aus dem Jahre 1968. Darin beleuchtet Hahnl kenntnisreich das „diffizile[]"[5] Verhältnis zwischen Karl Kraus und Robert Müller. Beide hatten sich, ein Ausdruck letztlich wechselseitiger Anerkennung, gegenseitig parodiert, Müller Kraus in der Figur des Ekkehard Meyer in seinem einzigen Bühnenstück *Die Politiker des Geistes* (1917)[6] und Kraus Müller in der Figur des Harald Brüller in seiner *magischen Operette in zwei Teilen* (Untertitel) *Literatur oder Man wird doch da sehn* (1921).[7]

Vor Hahnls Aufsatz hatte es nach 1945 zwar bereits den einen oder anderen Versuch gegeben, insbesondere mittels einer Neuedition oder mittels Wiederabdrucken auf den schon Ende der 1930er-Jahre in der Öffentlichkeit völlig vergessenen Robert Müller aufmerksam zu machen,[8] doch lassen sich diese Versuche allenfalls mittelbar einer wissenschaftlichen Auseinandersetzung mit Werk und Autor zurechnen.[9]

---

5   Hans Heinz Hahnl, 1968 / 1981, S. 255.
6   In diesem Zusammenhang muss selbstverständlich auch Müllers großes Pamphlet *Karl Kraus oder Dalai Lama. Der dunkle Priester. Eine Nervenabtötung* (1914) gesehen werden. Vgl. dazu auch Jens Malte Fischer, 1975 / auszugsweise 1981. Vgl. auch Robert Müllers Brief an Ephraim Frisch vom 30. 6. 1920, in dem es heißt: „Was die Kraus-Anfrage betrifft, so würde ich ja ganz gerne über diese Erscheinung [gemeint ist Kraus; d. V.] schreiben und ich hätte heute auch eine freundliche Einstellung zu ihr. Die Sache liegt aber so, daß ich im Jahre 1914 mit Kraus einen heftigen Streit hatte und gegen ihn ein Pamphlet schrieb. Die Jahre haben es mit sich gebracht, daß ich ihm heute trotzdem ganz objektiv und anerkennend gegenüberstehe. Würde ich aber heute objektiv über ihn schreiben, so würde er es als eine Anbiederung auffassen, was ich vermeiden will." (Ders.: Briefe und Verstreutes, 1997, S. 101).
7   Ich teile nicht die ursprünglich von Otto Basil (1946, S. 64) aufgebrachte und dann von Hans Heinz Hahnl (1971 / 1981, S. 28 / S. 23) und Helmut Kreuzer (1981, S. 13) aufgegriffene These, Kraus habe Müller auch in der Figur des Brahmanuel Leiser parodiert. Für diese These, die den für Müller formulierten Pathologieverdacht Wolfgang Reifs (vgl. Anm. 19) variierend fortschreibt, dürfte es weder im nichtfiktionalen Werk Müllers noch in dessen Auftreten einschlägige Anhaltspunkte geben.
8   In der zweiten Hälfte der 1920er-Jahre und in den 1930er-Jahren ist es vor allem der Schriftsteller, Journalist und Übersetzer Arthur Ernst Rutra, der mehrfach noch (unter anderem 1927, 1930, 1937) an den Freund Robert Müller erinnert. Rutra wird aber nach dem Anschluss Österreichs 1938 verhaftet, in verschiedenen Konzentrationslagern inhaftiert und schließlich im KZ Maly Trostenez im heutigen Weißrussland ermordet. – Vgl. auch Anm. 2. Margarete Beigel-Ujhely verdanken wir einen Eintrag in Eduard Castles *Deutsch-Österreichische Literaturgeschichte*, 1937 (S. 2120–2121).
9   Hinzuweisen ist unter anderem auf eine Erwähnung in dem Beitrag „Von Musil bis Csokor" (1945) von Erhard Buschbeck, eine mit einer Nachbemerkung von Otto

Hahnl ist 1971 auch der erste Beitrag zu verdanken,[10] der sich, ebenso akzentsicher wie weitere Forschungen inspirierend, an einer überblicksartigen Charakterisierung der vierzehn selbstständigen Publikationen[11] Müllers versucht und dabei insbesondere auf das „wichtigste und vollkommenste Werk Robert Müllers" abhebt, auf den Roman *Tropen*.[12] „Wir haben", ist bei Hahnl rühmend zu lesen, „in diesem Buch, das die Verleger noch nicht entdeckt haben, eine Erfüllung dessen, was die jüngsten Prosaisten ohne rechten Erfolg versuchen."[13]

Ins gleiche Jahr wie Hahnls zweite Müller-Veröffentlichung fällt auch der Beitrag „Robert Müllers Stellung zu Karl May" des Nestors der Karl May-Forschung Franz Cornaro, der jene „kurze Episode" in Müllers Leben „von Jänner bis Mai 1912" beleuchtet, in der dieser als der wohl „Tatkräftigste" im „Akademischen Verband für Literatur und Musik" den letzten Auftritt Mays am 22. März 1912 in Wien organisierte, „dessen triumphaler Erfolg die letzten Lebenstage des großen Erzählers verklärt hat."[14]

Basil versehene und vom Bruder Erwin 1946 herausgegebene Neuauflage der Novelle *Das Inselmädchen* (1919), eine Erwähnung im ersten Band *Ästhetik und Poetik* (S. 484) der von Paul Pörtner herausgegebenen Dokumentensammlung *Literaturrevolution 1910–1925* (1960), den Wiederabdruck der Beiträge „Kosmoromantik" (1920) und „Wiedergeburt des Theaters aus dem Geiste der Komödie" (1920) ebenda, den Wiederabdruck der Erzählung „Manhattan Girl" (1920) in der von Karl Otten herausgegebenen Anthologie *Ego und Eros. Meistererzählungen des Expressionismus* (1963) sowie auf Oskar Maurus Fontanas Beiträge „Erinnerungen an Robert Musil" (1960, S. 326) und „Der Expressionismus in Wien. Erinnerungen" (1961/62 / 1965, S. 208f. / S. 188f.) und auf Theodor Sappers Beitrag „Die Expressionistendichtung Österreichs" (1964). Vgl. für weitere Erwähnungen in hier zur Rede stehenden und in nachfolgenden Zeiträumen den Teil „Sekundärliteratur zu Robert Müller" in der Bibliographie von Helmes (1986, ²2011, S. 359–382). – Vgl. auch Anm. 14.

10   Zu erinnern ist für diesen Zeitraum auch an zahlreiche Hinweise auf Robert Müller bspw. in Studien von Walter H. Sokel (1969) und Guy Stern (1971).

11   Ich zähle den Sonderdruck *Karl Kraus oder Dalai Lama. Der dunkle Priester. Eine Nervenabtötung* aus der Zeitschrift *Torpedo* dazu. – Dazu kommen weit über 500 unselbstständige Publikationen Müllers im Zeitraum 1912 bis 1924. – Vgl. auch Anm. 27.

12   Darüber hinaus gibt Hans Heinz Hahnl damals sehr wertvolle Hinweise auf eine ganze Anzahl von Zeitungen und Zeitschriften, in denen Müller publizierte.

13   Hans Heinz Hahnl, 1971 / 1981, S. 24f. – Bemerkenswert ist, dass Hahnl den letzten Teil des Untertitels des Romans *Herausgegeben von Robert Müller Anno 1915* überliest. Vermutlich hat er diese Fiktionsfinte Müllers nicht wahrgenommen. Vgl. auch Hans Heinz Hahnl, 1974.

14   Franz Cornaro, 1971/1981, S. 261. – Hinzuweisen ist in diesem Zusammenhang auf Hans Wollschlägers Beitrag „Sieg – großer Sieg. Karl May und der Akademische Verband für Literatur und Musik" (1970), der im Jahr zuvor bereits einmal die näheren Umstände von Mays letztem öffentlichen Auftritt in Wien ins Visier nimmt. Erwähnenswert ist auch der Wiederabdruck der Robert Müller-Beiträge „Das Drama Karl Mays" (1912) und „Nachruf auf Karl May" (1912) im *Jahrbuch*

Drei Jahre später dann, aus Anlass des 50. Todestages von Robert Müller, erscheint in Heft 12 der von dem Schriftsteller und Übersetzer Reinhard Federmann herausgegebenen Wiener *Monatsschrift für Literatur und Kulturgeschichte* (Untertitel) *Die Pestsäule*[15] ein von dem Kunsthistoriker und Publizisten Werner J. Schweiger redigierter „Sonderteil Robert Müller".[16] In diesem auch nur mittelbar der Forschung zuzurechnenden „Sonderteil" sind neben einem im Wesentlichen nach wie vor gültigen „Biographischen Abriss" Schweigers[17] Hahnls Beitrag „Robert Müller und Karl

---

der Karl-May-Gesellschaft 1970 und der Wiederabdruck des Beitrags „Totenstarre der Phantasie" (1912) im *Jahrbuch der Karl-May-Gesellschaft 1971.* – Vgl. auch Anm. 9.

15   *Die Pestsäule* erscheint zwischen 1972 und 1975 mit insgesamt 15 Heften. 1977 brachte Milo Dor in Erinnerung an den verstorbenen Herausgeber Reinhard Federmann noch ein 16. Heft heraus.

16   Es ist bezeichnend, dass sich mit Werner J. Schweiger damals jemand um Müller sehr verdient gemacht hat, der als Autodidakt außerhalb der ausgetretenen Pfade der Wissenschaft unterwegs war. – Vgl. auch Anm. 45.

17   Hinsichtlich der Jahre 1910/1911 ist Schweiger aber wohl einer Legendenbildung Müllers aufgesessen. Müller war auf jeden Fall bis Ende 1910 in New York und im Frühherbst 1911 wieder in Wien. In den dazwischenliegenden ca. 9 Monaten kann er aber wohl kaum all das gemacht haben, wovon Schweiger (1974, S. 137; s. u.) berichtet. – Aufgrund überlieferter Dokumente (von Thomas Schwarz aufgefundene Schiffsdokumente des Immigration Office die S. S. „Graf Waldersee" betreffend; von Stephanie Heckner geborgene Briefe von Müller aus New York an die Familie) steht fest, dass Robert Müller ab dem 19. Februar 1910 (Ankunft in New York; Abreise in Hamburg am 5. 2. 1910; vgl. „List or Manifest" [1910]) in New York bzw. in Amerika gewesen ist und dort zunächst den 370 (?) 15th Street Flatbush-Brooklyn lebenden Onkel William Emmert aufgesucht hat. Aber wie lange ist Müller, dessen Schiffspassage vom Vater finanziert worden war und der mit $ 25,- in New York ankam (Dokumente des Immigration Office), in New York bzw. in den USA / Amerika gewesen? Nach eigenen Angaben will er von 1909–1911 (Ende 1909 ist er vermutlich nach Hamburg gereist) „überseeische Reisen" gemacht haben und „Journalist und gelegentlich Arbeiter" (Brief an Franz Brümmer vom 2. 6. 1922, S. 1) gewesen sein. Ein undatierter Brief Müllers an die Familie aus New York wurde in Eva Reichmanns chronologischer Ordnung (vgl. Robert Müller: Briefe und Verstreutes, 1997, S. 13, Anm. 4) mit der Zeitangabe Mitte Dezember 1909 (sie schreibt versehentlich: 1919) versehen, wohl deshalb, weil von dem bevorstehenden Weihnachtsfest die Rede ist. Die Knappheit und der Ton des Briefes machen es aber in der Zusammenschau mit den Dokumenten des Immigration Office wahrscheinlich, dass besagter Brief ein Jahr später, Mitte Dezember 1910 verfasst worden ist. Müller wäre also demnach auf jeden Fall bis Ende 1910 in New York gewesen. Ungeklärt ist allerdings dann immer noch, wo er sich zwischen Anfang 1911 und (Spät-)Sommer 1911 aufgehalten hat und was er dort gemacht hat. An den abenteuerlich-fernen Orten und bei den ungewöhnlichen Tätigkeiten, von denen der Freund Arthur Ernst Rutra wohl unter Berufung auf Müller selbst berichtet (1927/1981, S. 316) und die auch Schweiger (1974, S. 137) kolportiert? Oder irgendwo in (stationärer) psychiatrischer Behandlung, wie man aus der gemeinsamen Lektüre eines Briefes an Ludwig von Ficker vom 4. 6. 1912

Kraus", der auf dem Aufsatz von 1968 fußt, sowie die Erinnerungen von ehemaligen Freunden und Bewunderern Müllers wie Theodor Allesch-Alescha, Adelbert Muhr, Theodor Sapper und Ludwig Ullmann zu beachten.

Phase 2: Die Entstehung und Konsolidierung einer Forschungstradition 1975 bis 1991

Zu einer dann nicht mehr abreißenden wissenschaftlichen Auseinandersetzung mit dem Werk und der Person Robert Müllers und damit zur Begründung der zweiten Reintegrationsphase kommt es 1975 mit der von Helmut Kreuzer betreuten Dissertation *Zivilisationsflucht und literarische Wunschträume. Der exotistische Roman im ersten Viertel des 20. Jahrhunderts* von Wolfgang Reif. Reif ist der erste, der die Novelle *Das Inselmädchen* und insbesondere den Roman *Tropen* systematisch interpretiert und beide Texte in einen – der Titel der Dissertation bringt das zum Ausdruck – größeren, seitens späterer Forschungsarbeiten allerdings energisch bestrittenen[18] literaturgeschichtlichen Zusammenhang stellt. Reif nimmt aber nicht nur ausführlich zum Roman Stellung, sondern auch zu Robert Müller als Person. In *Tropen*, so Reifs These, komme durch die in einer „pseudointerpersonale[n] Beziehung" stehenden Figuren Jack Slim und Hans Brandlberger die schizoide Persönlichkeitsstruktur Müllers „in einer ziemlich seltenen Deutlichkeit zutage, ohne daß das Werk deswegen als Produkt und Dokument einer Psychose abgetan werden könnte."[19]

Einlässlich mit dem Roman *Tropen* beschäftigen sich auch die beiden Beiträge „Vergleichende Deutung einer Epiphanie. Robert Müller – Marcel Proust" (1976) des Amsterdamer Autors und Literaturwissenschaftlers Jan

---

(Briefe und Verstreutes, 1912, S. 50) und dem Bühnenstück *Die Politiker des Geistes* (1917) mutmaßen könnte (vgl. hierzu näher die Diskussion in Helmes, 1986, ²2011, Anm. 4, S. 288f.)? Ein anderer, langer Brief an Erhard Buschbeck vom 26. 1. 1916 gibt der Vermutung, Müller habe sich eine zeitlang in psychiatrischer Behandlung befunden, neue Nahrung, lässt dafür aber eher an die Zeit vor der Abreise nach Amerika denken. – Die für das Heft 13 der *Pestsäule* von Schweiger angekündigte Bibliographie der Schriften und Werke Müllers ist nicht erschienen, auch nicht in den Folgeheften.

18 Vgl. insbesondere Thomas Köster, der mit guten Gründen von „Verfälschung" spricht, wenn man *Tropen* und andere Texte Müllers rein exotistisch rezipierte: „Tatsächlich dekonstruieren gerade *Das Inselmädchen* und der Roman *Tropen* jene sentimental-naiven Ideale von Fremderfahrung und entlarven das exotistische Erzählmodell als Manifestation des ‚monumentalen Schwindels' eines städtischen Literaturbetriebs." (1995, S. 17). Vgl. auch Volker Zenk, der scharf den mit dem Exotismusvorwurf einhergehenden „Eskapismusvorwurf" (2003, S. 29) zurückweist. – Vgl. auch Anm. 28.

19 Wolfgang Reif, 1975, S. 143. Vgl. zu Reifs These unter anderem die von Günter Helmes (1986, ²2011, S. 11–13) vorgetragenen Bedenken. – Vgl. auch Anm. 7.

Kamerbeek jr. und „Robert Müllers ‚Tropen'. Fiktionsstruktur, Rezeptionsdimensionen, paradoxe Utopie" (1978) der Siegener Kunsthistorikerin und Literaturwissenschaftlerin Ingrid Kreuzer.[20]

Kamerbeek vergleicht ein epiphanisches Erlebnis des Protagonisten Hans Brandlberger im zweiten Kapitel des „großen und in jeder Hinsicht gelungenen Wurf[s]"[21] *Tropen* mit einigen „zentralen Stellen" in Marcel Prousts *A la recherche du temps perdu*, die er „kurzerhand mit dem Kennwort ‚la Petite Madeleine'" benennt.[22] „In beiden Fällen", so Kamerbeek zusammenfassend, handele es sich „in letzter Analyse um ein Identitätserlebnis" mit zwar verschiedenen „Interpretationen", doch mit gleichem „Erlebnisverlauf"[23].

Ingrid Kreuzer zeigt detailliert, wie der „verschämte[] Klassizist[] und Konstruktivist[]"[24] Müller virtuos mit „ironischen und strukturalen Tricks, [...] mit Zeit-Dimensionen und Fiktionsebenen"[25] experimentiert. Sie kommt zu dem Ergebnis, dass das tropische Milieu des Binnenromans nur der „vorgestellte[] Erlebnisraum" eines „entgrenzte[n] Bewußtsein[s]"[26] darstelle. Allein aus dem Roman heraus könne allerdings nicht darüber entschieden werden, ob dieses Bewusstsein und dasjenige weiterer Romanfiguren, zu denen auch der Herausgeber Robert Müller zähle, mit demjenigen des Autors Robert Müller im Sinne weltanschaulicher Übereinkunft in eins gesetzt werden könne.

Der Beitrag von Ingrid Kreuzer ist aber nicht nur in analytisch-interpretatorischer Hinsicht nach wie vor lesenswert, sondern auch mit Blick auf sozialgeschichtliche, beispielsweise auf Kanonisierungsprozesse durchschlagende Aspekte von Literatur. Ursprünglich sollte der Text als Nachwort einer 1977 bereits im Druck befindlichen Neuausgabe des Romans *Tropen* innerhalb der von Helmut Kreuzer im Scriptor / Athenäum-Verlag herausgegebenen „Reihe Q. Quellentexte zur Literatur- und Kulturgeschichte" veröffentlicht werden. Zu dieser Neuauflage kommt es allerdings nicht, da der in Wiesbaden ansässige B. Heymann-Verlag Einspruch erhebt und behauptet, die Rechte an den *Tropen* und an Müllers Werk insgesamt lägen bei dem zuvor bereits genannten Werner J. Schweiger. Dieser besitze eine Postkarte der Witwe Robert Müllers, Olga Müller geb. Estermann, auf der ihm diese die Rechte am Werk Müllers übertragen habe (s. u.), und er wolle nunmehr bei Heymann eine Müller-Gesamtausgabe mit *Tropen* als erstem, noch 1977 erscheinenden Band herausbringen. Daraufhin gibt der

---

20 Ingrid Kreuzer veröffentlichte unter dem Pseudonym Angelika Jakob auch eine Reihe von Erzählbänden.
21 J. [Jan] Kamerbeek jr., 1976 / 1981, S. 682 / S. 86.
22 Ebd., S. 687 / S. 91.
23 Ebd., S. 693 / S. 99f.
24 Ingrid Kreuzer, 1978 / 1981, S. 200 / S. 108.
25 Ebd., S. 194 / S. 102.
26 Ebd., S. 205 / S. 115.

Scriptor / Athenäum-Verlag das Projekt auf, ohne die Rechtelage selbst überprüfen zu lassen. Tatsächlich erscheinen dann in der Regie Werner J. Schweigers beziehungsweise bei Heymann weder *Tropen* noch sonst ein Werk Robert Müllers, und es bedarf des couragierten Handelns des Inhabers des alles andere als kapitalstarken Paderborner Igel-Verlags Michael Matthias Schardt, damit mit *Tropen* 1990 endlich wieder ein erstes Buch Müllers auf den Buchmarkt kommen kann (s. u.). Die langen dazwischenliegenden dreizehn Jahre allerdings, die mit Blick auf die Fachgeschichte und deren bevorzugte Interessen womöglich für eine Auseinandersetzung mit Müller-Texten günstiger gewesen wären als die 1990er und die sich daran anschließenden Jahre,[27] sind dahin.

Der von Helmut Kreuzer und mir 1981 herausgegebene Sammelband *Expressionismus – Aktivismus – Exotismus. Studien zum literarischen Werk Robert Müllers (1887–1924)* ist die erste, immerhin knapp 350 Seiten starke Buchveröffentlichung über Robert Müller überhaupt.[28] Sie stellt diesen Linken „von Rechts" oder auch Rechten „von Links"[29] in exemplarischen Beiträgen sowohl als literarischen Autor und (politischen) Publizisten als

---

27 Mit Fritz Martinis verdienstvoller Anthologie *Prosa des Expressionismus* (1970) in Reclams publikumsstarker „Universalbibliothek", die eine auffällige Anzahl an ‚hauptberuflichen' Lyrikern und Dramatikern zu Wort kommen lässt, war ein Jahrzehnt zuvor der Boden bereitet worden für eine intensivere Auseinandersetzung mit dem bis dato vernachlässigten expressionistischen Erzählen. In den 1980er-Jahren ist dafür der in der viel beachteten „Sammlung Metzler" erscheinende Band *Prosa des Expressionismus* (1984) von Wilhelm Krull ein Beispiel. Doch wird Müller bei Krull nur an mageren zwei Stellen (S. 3, S. 103) erwähnt. Das dürfte vor allem den damals desolaten Zugriffsmöglichkeiten auf das zu allem Überfluss auch noch weit verstreute, zum Teil an abgelegenen Orten erschienene Werk Robert Müllers geschuldet sein; Müller publizierte immerhin in über 40 verschiedenen Zeitschriften, Zeitungen, Almanachen und Jahrbüchern. – Vgl. auch Anm. 11.

28 Wie der Titel zeigt, geht der frühe Band implizit noch davon aus, dass Müller auch Exotist gewesen sei. Unter anderem die Forschungen Thomas Kösters haben gezeigt, dass dies dann eine Fehleinschätzung ist, wenn man Müller in allen Hinsichten zum Exotisten stempelt (vgl. auch Anm. 18). In der Tat gibt es bei Müller (wie auch bei Thomas Mann) eine von Nietzsche inspirierte Kritik eines trivialen Exotismus. Jedoch ist die Faszination für den sexuellen Exotismus bei Müller ungebrochen, wie Thomas Schwarz (2006) gezeigt hat. Symptomatisch sind in diesem Zusammenhang wiederkehrende (lüsterne) Hybridisierungsphantasien. In diesen wird die ‚fremdrassige Frau' gefeiert (nicht jede selbstverständlich, siehe beispielsweise die Figur Rulc in *Tropen*), obwohl dies die Rassendoktrin des kolonialen Diskurses und deren Vorstellungen von Rassenreinheit verbieten. Vgl. etwa die frühen Gedichte „An die Jüdin" (1912), „Die Malaiin" (1913) und „Die dunkle Frau" (1917) sowie jene semi-autonomen Erzähltexte aus den Jahren 1919 bis 1921, die Robert Müller in seiner letzten Buchpublikation *Rassen, Städte, Physiognomien* (1923) unter dem Titel „Manhattan" zusammenfasste und die Teile eines verschollenen Romanmanuskriptes mit dem Titel *Die graue Rasse* darstellen. Vgl. dazu Helmes (2018).

29 Helmut Kreuzer: Einleitung, 1981, S. 13.

auch als Literaturmanager und Verleger vor. Als habe es mit Müller selbst
zu tun, ist auch das Erscheinen dieses Bandes, der neben einer das Fachin-
teresse, die bisherige Rezeption sowie künftige Forschungsaufgaben skiz-
zierenden Einleitung des Mitherausgebers Helmut Kreuzer „Original-
beiträge"[30], „Nachdrucke von Pionierarbeiten über Müller [...], zeitgenössische Literaturkritiken, Nekrologe und eine Bibliographie der Schriften
von und über Müller" enthält, von erheblichen Schwierigkeiten begleitet
und verzögert sich um zwei Jahre. Inwieweit der Band, dem zunächst keine
größere Aufmerksamkeit zuteil wird,[31] dennoch initiierenden Einfluss auf
Publikationen nimmt, die in den folgenden Jahren erscheinen und die Müller thematisieren oder einlässlicher erwähnen,[32] ist schwer abzuschätzen.

Die Reihe der Monographien über Robert Müller wird mit meiner
1986 erschienenen, im Wesentlichen ideologiekritisch verfahrenden Dissertation *Robert Müller: Themen und Tendenzen seiner publizistischen
Schriften* eröffnet. Der damaligen misslichen Zugänglichkeit insbesondere
des weit verstreuten nicht-fiktionalen Werkes geschuldet, kommt der
„„schreibende Politiker""[33] Müller in der Arbeit ausführlich selbst zu Wort.
Die Studie zeigt, dass Müllers politisches sowie zivilisations- und kultur-
kritisches Denken bis in die zweite Hälfte des Ersten Weltkriegs hinein fa-
schistoid-imperialistische Züge[34] trägt; diese sind dann in den Nachkriegs-
texten aufgrund eigener (traumatischer) Erfahrungen während des Krieges
und massiver politisch-gesellschaftlicher Enttäuschungen nach dem Zusammenbruch und dem Untergang der Mittelmächte in dieser Massierung
nicht mehr zu finden, untergründig aber nach wie vor vorhanden.[35]

Selbstverständlich handelt es sich bei dieser negativ gemeinten Etiket-
tierung um die Applizierung eines erst später entstandenen Begriffs aus
dem Wissen um den Fortgang der Geschichte heraus (den Müller nicht
mehr miterlebt hat!). Daraus folgt, dass es mir keinesfalls darum geht, Müller moralisch oder charakterlich zu attackieren und ihn der Leichtfertigkeit
oder Ignoranz zu zeihen. Seine persönliche Integrität und die Lauterkeit
seiner Bestrebungen stehen für mich außer Zweifel, und wie andere auch,
hat er einen Anspruch darauf, aus seiner Zeit heraus verstanden und dargestellt zu werden. Wohl aber geht es mir darum herauszuarbeiten, welche

---

30   Vgl. Christoph Eykman (1981), Ernst Fischer (1981), Günter Helmes (1981), Hel-
     mut Kreuzer (1981) und J. J. [Jacob Jan (Jaap)] Oversteegen (1981).
31   Rezensiert wird der Band in den 1980er-Jahren bspw. von Klaus Amann (*Germa-
     nistik*, 3/4, 1983, S. 881f.) und Gisela Benda (*Monatshefte*, 1984, S. 114).
32   Vgl. u. a. Michael Stark (1983) sowie die beiden Beiträge von Roger Willemsen
     (1984).
33   Günter Helmes, 1986, ²2011, S. 2.
34   Zuweilen handelt es sich aber auch einfach nur um skurrile anmutende Züge; so
     sollte 1912 der Reinerlös des 3. Heftes der Zeitschrift *Der Ruf*, in dem Müller
     „Apologie des Krieges" veröffentlichte, „zur Schaffung einer österreichischen
     Luftflotte bestimmt" sein.
35   Zusammenfassend vgl. Günter Helmes, 1986, ²2011, S. 260f.

ideologischen Affinitäten insbesondere der frühe Müller (zusammen mit
zahlreichen bürgerlichen Intellektuellen und Akademikern des späten 19.
und frühen 20. Jahrhunderts!) faktisch zu den von ihm nur noch am Rande
wahrgenommenen faschistischen Bewegungen der 1920er-Jahre gehabt hat.
Ist es angesichts dieser Affinitäten so abwegig zu vermuten, dass sich Müller, hätte er sich in seiner ganzen weltanschaulichen, ökonomischen und
wohl auch privaten Verzweiflung nicht für den Freitod entschieden, wie
andere Depravierte oder Desorientierte seiner Zeit auch zeitweilig auf den
Faschismus eingelassen hätte?[36]

---

36   Dazu ein Zitat aus Müllers „Die Politisierung Österreichs" (1923): „Erst in der
     jüngsten Zeit sehen wir gerade bei dem [...] zu einer plötzlichen Staatseinheit zu-
     sammengeschweißten Italien einen starken, politischen Commonsense entstehen,
     der zu jener Bewegung geführt hat, die man heute allgemein als Faschismus be-
     zeichnet. Der Faschismus ist in seiner praktischen Tendenz reaktionär. Er ent-
     stammt aber, wie schon sein Führer Mussolini beweist, aus sozialen, um nicht zu
     sagen sozialistischen Ordnungsprinzipien. Mit praktischem Sinn dem Bestehenden
     Rechnung tragend [...], hat sich die italienische Allgemeinpolitik den derbsten
     Kräften gefügt: und das sind in Italien eben die liberalen, bürgerlich erhaltenden,
     sauber ordnenden Kräfte." (Ders.: Kritische Schriften III, 1996, S. 171). In „Gorki
     und Lenin" (1924), drei Tage vor Müllers Tod erschienen, ist zu lesen: „Was wissen
     wir von Lenin? So gut wie nichts. Seine Bücher [...] haben keinesfalls den Wert der
     Bücher eines Marx oder gar der genialen Luxemburg. Daß er eine kristallisierende
     politische Begabung war, das unterliegt doch keinem Zweifel. Aber das ist Hitler
     auch, sogar sehr, erste Potenz darin. Das *Lebensphänomen Lenin* möchten wir ken-
     nen." (Ders.: Kritische Schriften III, 1996, S. 206). Und in seinem selbst verfassten,
     dreiseitigen Curriculum vitae, das insgesamt aufschlussreich ist und das einem in
     diesem Band erstmals abgedruckten Brief an Franz [Karl Wilhelm] Brümmer, den
     Münchner Pädagogen und verdienstvollen Lexikographen, vom 2. Juni 1922 bei-
     liegt, heißt es diesbezüglich: „Politische Ansicht : deutsch-national, dann Sozial-
     Aktivist. [...] Vor und noch während des Krieges politisch-konservativer Großös-
     terreicher [...] die Essay-Sammlung "Macht" [...] ein Bekenntnis zu einem geistigen
     deutschen Imperialismus,in dem jedoch pazifistische Elemente [...] vorklingen.
     Der Eindruck des Krieges macht R.M. zwar nicht zum Pazifisten,wohl aber zum
     Internationalisten.Schon sein Groß-Oesterreichertum war slavofil tingiert [...].
     1917 gleitet die Gesinnung mit " Europäische Wege" [...] bei zunehmender Hoff-
     nungslosigkeit gegenüber der nationalen und staatlichen Zukunft stärker in die Be-
     tonung eines allgemein Europäischen über, das Oesterreich fortsetzen soll.Die
     Resignation über die abnehmende der Alten Mächte führt zur radikalen,alle Tradi-
     tion extrem brechenden Betonung der rein geistigen Aufgabe in dem Schauspiel"
     Die Politiker des Geistes" [...] . Damit ist M. Aktivist geworden.Bei Ausbruch der
     Revolution spielt er,aus Mangel an demokratischer Ideologie(er ist Nietzscheaner)
     keine Rolle.Es folgen vielmehr neben lebhafter aktivistischer Propaganda,die sich
     stelenweise mit dem Anarchismus,anderweise mit dem Bolschewismus be-
     rührt,eine Serie von Erfahrungsromanen im abenteuerlichen und fantastischen
     Kleide. [...] Alle diese Romane schildern denExistenz- und Durchsetzungskampf
     des modernen intelektuellen Menschen." (1922, S. 1–3; Tippfehler o. Ä. wurden
     absichtlich nicht korrigiert). Vgl. auch Günter Helmes, 1986, ²2011, S. 73–86.

Meine Diskussion der bis Mitte der 1980er-Jahre vorliegenden Arbeiten zu *Tropen*[37] sowie Exkurse zu Müllers fiktionalen Texten um 1920 und zu Müllers literaturtheoretischen, literaturkritischen und literatursoziologischen Überlegungen[38] belegen nicht nur die „Einheit" von Müllers gesamtem Werk, in dem die fiktionalen Texte „die fiktive Wirklichkeitsprobe des Gehaltes der nicht-fiktionalen Texte sind".[39] Sie zeigen auch, dass der „Aktivist [...] der ins Praktische gewendete Expressionist" ist und Müller radikal, radikal scheiternd auch,[40] die „Einheit von Kunst und Leben"[41] versucht hat.

Mit Stephanie Heckners Dissertation *Die Tropen als Tropus. Zur Dichtungstheorie Robert Müllers* (1991), der zweiten Dissertation über Robert Müller, ist die Konsolidierungsphase einer publizistischen und wissen-

---

37 Vgl. Günter Helmes, 1986, ²2011, S. 10–14.

38 Vgl. Günter Helmes, 1986, ²2011, S. 25–72 und S. 232–253. Diese Teile der Arbeit und deren Bedeutung auch für meine Gesamtbeurteilung Müllers wurden von nachfolgenden Arbeiten (bspw. Stephanie Heckner, 1991 und insbesondere Thomas Köster, 1995) leider übersehen, was sicherlich auch etwas mit der Spezifik der Textsorte ‚Dissertation' zu tun hatte. Überhaupt ist festzustellen, dass auch in der Müller-Forschung die zusehends grassierende Tendenz ausgeprägt ist, vorausgehende Forschungsarbeiten nur punktuell bzw. dekontextualisiert zu lesen und vor allem als defizitär darzustellen.

39 Mit dieser These werden keineswegs, wie Thomas Köster argwöhnt, „die literarischen Schriften zugunsten der Essays stark abgewertet." (Thomas Köster, 1995, S. 16). Diese sog. „literarischen Schriften" behalten ihre relative, in ihrer ästhetischen Qualität begründete Autonomie, die wiederum von den Gehalten der essayistischen, im Übrigen auch genuin literarischen Schriften in keiner Weise tangiert ist. Umgekehrt sollten allerdings die essayistischen Schriften auch nicht zugunsten der fiktionalen / der lyrischen / des dramatischen Textes Müllers abgewertet werden. Deren Stärke liegt ja, man denke bspw. an die Kraus-Polemik *Karl Kraus oder Damai Lama*, auch im Sprachlich-Kompositorischen. Zu fragen wäre zudem – vgl. die diesem Teil vorangestellte Eigencharakterisierung Müllers –, welche Akzente Müller selbst in dieser Angelegenheit gesetzt hätte.

40 Vgl. dazu auch unten den Abschnitt „Epilog".

41 Günter Helmes, 1986, ²2011, S. 41f. Vgl. auch Armin A. Wallas, 1997, S. 107–120. Wallas betont, der Aktivismus sei „die handlungstheoretische Variante des Expressionismus" (S. 107) gewesen: „Als Integrationsfigur des Wiener Aktivismus fungierte Robert Müller, der die institutionelle Infrastruktur zur Propagierung der aktivistischen Ideen schuf und in seinem essayistischen Schaffen das theoretische Grundgerüst der Bewegung entwarf." (S. 109f.) – Bemerkenswert in diesem Zusammenhang ist auch, dass Robert Müller im von ihm initiierten, disziplinär untergliederten „Bund der geistig Tätigen" die ‚Politische Gruppe' leitete und nicht etwa die ‚Literarische Gruppe' (deren Leiter war Franz Ottmann). Das deutet wie vieles andere auch darauf hin, dass es dem „Politiker des Geistes" Müller sehr ernst gewesen sein muss mit dem Programm ‚Geist und Tat'; es wirft zudem ein bezeichnendes Licht auf seinen Selbstmord nach dem Scheitern aller revolutionären Hoffnungen in einer zunächst flibustierhaften und dann konsolidiert kapitalistisch-materialistischen Zeit. – Vgl. auch Anm. 3 und die vorherige Anm.

schaftlichen Beschäftigung mit Robert Müller und dessen Werk abgeschlossen. Dies in dem Sinne zum einen, dass ergänzend zur Thematisie-
rung des nicht-fiktionalen Werkes nunmehr auch die bei mir nur in
Exkursen summarisch verhandelten erzählerischen Werke sowie die (impli-
ziten) erzähl- und kunsttheoretischen Überlegungen Müllers ausgiebig
verhandelt werden. Zum anderen lässt sich feststellen, dass von nun an, angefangen mit den bald nachfolgenden Arbeiten von Raepke (1994) und
Köster (1995),[42] eine stetige wissenschaftliche Beschäftigung mit Müller in
Aufsatz- oder in Buchform nachweisbar ist.[43] Heckners bleibender Verdienst liegt unter anderem darin, im Anschluss an Roger Willemsen (1984)
gezeigt zu haben, dass es dichtungstheoretisch (und gehaltlich) zwar einerseits enge Verbindungen zwischen dem erzählerischen und dem publizistischen Werk Robert Müllers und damit zwischen dem Expressionisten und
dem Aktivisten gibt, dass andererseits aber, zumindest in theoretischer
Hinsicht und mit Blick auf *Tropen*, der Expressionist Müller insofern gegen
den Aktivisten Müller ‚rebelliert‘, als er sich, vieldimensional wie er denkt,
von dessen mehr ans Tagesgeschäft gebundenen Perspektiven eingeengt
fühlt.

Phase 3: Die „Werke"-Ausgabe 1991 bis 1997

Ein Jahr vor dem Erscheinen der Dissertation von Stephanie Heckner setzt
mit dem Wiedererscheinen der *Tropen* 75 Jahre nach dem Erstdruck die
dritte Phase der Reintegration Robert Müllers ins literatur- und kulturhistorische Bewusstsein des frühen 20. Jahrhunderts ein.[44] Diese dritte Phase

---

42 Für weitere Titel der 1970er- bis Mitte der 1990er-Jahre vgl. die Bibliographie bei
    Thomas Köster, 1995, S. 327–337. Vgl. in diesem Jahrzehnt bspw. die Beiträge von
    Michael Mayer (2010), Eva Blome (2011), Catarina Martins (2011), Robert Schulze
    (2011), Georg Braungart (2012), Claus Hoheisel (2012), Hubert Roland (2012),
    Nicola Gess (2013), Marcel Schaefer (2013), Christoph Gardian (2014 u. 2015),
    Frank Krause (2015), Florian Krobb (2015) und Wesley Lim (2015), die hier im
    Teil „Ausblick" z. T. angesprochen werden. – Vgl. die folgende Anm.

43 Da es in der Zwischenzeit auch zu einer Reihe von Neuauflagen und Wiederabdrucken
    gekommen ist, wäre es an der Zeit, eine aktuelle Bibliographie der Primärtitel
    von und der Sekundärtitel über Müller vorzulegen. – Vgl. die vorherige Anm.

44 Andere auf dem Buchmarkt befindliche Ausgaben sind eher kritisch zu sehen. Die
    2013 in der „edition mabila" in der Reihe „Europäische Klassiker" (sic!) erschie-
    nene Ausgabe lässt schon von der tropisch-schwülstigen Cover-Gestaltung her we-
    nig Gutes erwarten. Behauptet wird zwar, es handele sich um den „Text der
    Originalausgabe" (unpag. 4), doch wird schon der Titel falsch wiedergegeben;
    heißt es auf dem Cover immerhin noch „Tropen. Der Mythos der Reise", fehlt in
    der Titelei selbst dieser erste Teil des Untertitels. Auch die von Michael Holzinger
    herausgegebenen Ausgabe (Berlin ²2013) wirbt mit einem (wenig passenden) exo-
    tistischen Motiv, mit Gauguins „Berge auf Tahiti" (1893). Der bedeutsame letzte
    Teil des Untertitels „Herausgegeben von Robert Müller / Anno 1915" fehlt aber

ist mit dem Namen des Inhabers des über lange Jahre in Paderborn ansässigen Igel-Verlags, Michael Matthias Schardt, eng verbunden. Schardt ist damals ‚im Hauptamt' als wissenschaftliche Hilfskraft in der Germanistik an der Universität-GH Paderborn beschäftigt – zunächst seine einzige Einnahmequelle. Dennoch scheut er in seiner Begeisterung für zu Unrecht vergessene Literatur nicht davor zurück, erhebliche private Mittel zu riskieren und sich seitens des vermeintlichen Inhabers der Rechte am Werk Robert Müllers Werner J. Schweiger für die mit viel Idealismus zustande gebrachte Neuausgabe von *Tropen* verklagen zu lassen. Die Streitsumme, um die es geht, beläuft sich nach Tagessätzen berechnet meiner Erinnerung nach immerhin auf mehrere Monate Gefängnis bei Zahlungsunfähigkeit oder -unwilligkeit, und Schardt verkündet im privaten Kreis, er werde, sollte er den Rechtsstreit verlieren, die eine oder andere nächste Igel-Publikation aus dem Gefängnis heraus bewerkstelligen. Dazu kommt es dann allerdings nicht; die Klage Schweigers wird abgewiesen[45] und *Tropen* kann – darauf weisen die zweite Auflage 1991, die Lizenzausgabe 1993 in „Reclams Universalbibliothek" und eine Reihe von Besprechungen unzweideutig hin – rasch den Weg zur Literaturkritik und zum Lesepublikum zurückfinden.

Ermuntert durch diese Erfolge, entsteht der in mancherlei Hinsicht ehrgeizige Plan, unter Einbindung nahezu aller bis dahin hervorgetretener Müller-ForscherInnen[46] eine Ausgabe des gesamten Werkes in Einzelbänden zu veranstalten. Dabei soll jedem Band zumindest ein Vor- oder ein Nachwort beigegeben werden. Realisiert wird dieses Vorhaben in den Jahren 1991 bis 1997, in denen mit Unterstützung des Bundesministeriums für Wissenschaft und Forschung in Wien[47] nach *Tropen* insgesamt zwölf weitere Bände erscheinen.[48] Eine angesichts der äußerst knappen finanziellen

---

auch hier. Die knappe, stichpunktartige Biographie Robert Müllers am Ende des Bandes (S. 246f.) ist fehlerhaft und fällt weit hinter den aktuellen Forschungsstand zurück. Schließlich die bei „tradition" in der Reihe „tradition classics" erschienene Ausgabe (Hamburg o. J.): Sie macht in diesem Kontext noch den besten Eindruck, doch irritieren auch hier satztechnische Abweichungen von der Originalausgabe.

45 Schweiger konnte nicht nachweisen, dass die von ihm als Beweis vorgelegte Postkarte tatsächlich von der Witwe Robert Müllers, Olga Müller geb. Estermann, stammte. Sie könnte, so das Gericht damals, von jedermann verfasst worden sein, da sie bspw. keine Adressangabe enthielt. Schweiger konnte auch keine weiteren Korrespondenzen, eine Adresse von Olga Müller oder Sonstiges vorzeigen.

46 Ingrid und Helmut Kreuzer waren damals gesundheitlich bereits so angegriffen, dass sie eine ihnen selbstverständlich angetragene Mitarbeit ablehnen mussten.

47 Es gab Druckkostenzuschüsse für jene Bände, die das publizistische Werk sowie Briefe enthalten.

48 In der Reihenfolge ihres Erscheinens: *Camera obscura* (hg. von Günter Helmes, 1991), *Flibustier* (hg. von Günter Helmes, 1992), *Rassen, Städte, Physiognomien* (hg. von Stephanie Heckner, 1992), *Der Barbar* (hg. von Hans Heinz Hahnl, 1993), Kritische Schriften I (1912-1916; hg. von Günter Helmes u. Jürgen Berners, 1993), der Doppelband *Irmelin Rose* (Erzählung) und andere verstreute Texte (hg. von Daniela Magill) / *Bolschewik und Gentleman* (hg. von Michael M. Schardt,

und personellen Ressourcen besondere Herausforderung stellen dabei jene drei Bände *Kritische Schriften* dar, die Müllers unselbstständiges publizistisches Werk seit 1912 enthalten. Ihnen nämlich ist jeweils ein detaillierter, aufwändiger Stellenkommentar beigegeben, der im dritten Band noch durch ein alle drei Bände umfassendes Werk- und Personenregister ergänzt wird.

Im Wesentlichen liegt damit seit Ende des vergangenen Jahrhunderts Müllers gesamtes Werk der interessierten Öffentlichkeit und der Forschung wieder vor. Vereinzelte Funde (Artikel, Briefe, sonstige Dokumente), die in den vergangenen annähernd zwanzig Jahren seit dem Abschluss der Werke-Ausgabe getätigt wurden, verdanken sich insbesondere den Forschungsaktivitäten von Thomas Schwarz.

Ausblick: Forschungsbeiträge der Gegenwart

Der Ausblick beschränkt sich darauf, diejenigen Studien und Beiträge aus den vergangenen 20 Jahren anzusprechen, die die Robert Müller-Forschung in besonderer Weise bereichert haben; mit ihnen kommt allen anderen hier nicht eigens genannten Arbeiten das Verdienst zu, zur literarhistorischen Re-Integration und auf Zukunft gerichteten Kanonisierung Robert Müllers beigetragen zu haben.

Die erzähltechnischen Volten des *Tropen*-Romans hat Stephan Dietrich 1997 erschöpfend behandelt.[49] Er hat so einen wichtigen Beitrag in dem Prozess geleistet, der dazu geführt hat, dass der literarische Rang dieses Textes inzwischen unstrittig anerkannt ist. Doch noch 2004 musste Michael Frank den Roman in einem Kompendium vorstellen, das *Vergessene Texte* versammelt. Müller sei „weit davon entfernt, kanonisiert zu werden", seine „Wiederentdeckung" befinde sich „erst im Anfangsstadium".[50] Thomas Schwarz hat 2006 eine historische Diskursanalyse des Romans vorgelegt.[51] Er konzediert, dass in Müllers *Tropen* auch ein koloniales Begehren zum Ausdruck kommt, doch zugleich subvertiere der Roman europäische Ansprüche auf Ausübung imperialer Macht. Während der koloniale

---

1993), *Das Inselmädchen* (hg. von Wolfgang Reif, 1994), *Die Politiker des Geistes* (hg. von Thomas Köster, 1994), Kritische Schriften II (1917-1919; hg. von Ernst Fischer, 1995), Gesammelte Essays (mit einem Nachwort von Hans Heinz Hahnl hg. von Michael Matthias Schardt, 1995), Kritische Schriften III (1921–1924ff.; hg. von Thomas Köster, 1996) und Briefe und Verstreutes (in Zusammenarbeit mit Thomas Schwarz hg. von Eva Reichmann (1997). – Seit 2013 hat der mittlerweile in andere Hände übergegangene und nunmehr in Hamburg ansässige Igel-Verlag begonnen, einzelne Bände der Werke-Ausgabe wieder neu aufzulegen.

49   Stephan Dietrich, 1997.
50   Michael C. Frank, 2004, hier S. 187f.
51   Thomas Schwarz, 2006; vgl. zuvor schon den Eintrag zu Müllers *Tropen* in *Literaturgeschichte des Fremden*, 2004. Vgl. auch ders., 2010 und 2017.

Diskurs um 1900 zunehmend auf ‚Rassenreinheit' besteht, feiert Müllers
Roman die sexuelle Hybridisierung der ‚Zivilisierten' und ‚Wilden'. Diese
Dissertation hat das literarische Werk Müllers für die Bearbeitung von Fra-
gestellungen erschlossen, die im Postkolonialismus debattiert werden.[52] Im
Jahr 2008 finden Müllers *Tropen* dann zwischen Thomas Manns *Zauberberg*
und Robert Musils *Mann ohne Eigenschaften* Aufnahme in einen Sammelband über *Deutschsprachige Romane der klassischen Moderne*. Der Artikel
von Moritz Baßler signalisiert, dass Müllers *Tropen*-Roman die rezeptions-
historische Hürde gemeistert hat und zumindest unter Germanisten jetzt
zum Paradigma kanonischer Texte zählt: „Müllers Roman ist dicht und raf-
finiert, er ist voller kühner Ideen, witziger Formulierungen und erzähleri-
scher Geheimnisse, er ist die Summe der angesagten Diskurse seiner Zeit;
vor allem aber ist er durch und durch intelligent".[53]

Auffällig ist, dass in den letzten Jahren keine Monographien mehr erschienen sind, die das Gesamtwerk Müllers ins Auge fassen. Studien zu einzelnen Werken Müllers wie dem *Manhattan*-Komplex[54], *Irmelin Rose*[55] oder
zum Amerika-Roman *Der Barbar*[56] tauchen selten auf. Die Forschung hat
sich in einzelne Kapitel von Dissertationen verlagert, die Müllers Amazo-
nas-Roman *Tropen* und die Pazifik-Novelle *Das Inselmädchen* in Textrei-
hen zusammen mit anderen Autoren aufarbeiten. Volker Zenk und Michael
Mayer schließen dabei an Reifs Studie zum Zusammenhang zwischen Zivilisationskritik und Exotismus an.[57] Eine postkolonial informierte Analyse
der Problematisierung sexueller Hybridität in *Tropen* und im *Inselmädchen*
findet sich in der Dissertation von Eva Blome.[58] Stephan Besser liest Müllers *Tropen* als eine „lebensideologische Umschrift des *Handbuchs der Tro-
penkrankheiten*, in der alle Krankheitsphänomene, die aus europäisch-
medizinischer Perspektive als pathologisch, deviant und anormal erscheinen, gefeiert und zu einem Zeichen der Vitalität umgedeutet werden."[59]
Anna S. Brasch thematisiert die Weltanschauungen, kolonialen Fantasien
und die Kulturkritik im *Tropen*-Roman.[60] Für Christoph Gardian besteht
die „wirkungspoetische Pointe" des Romans darin, dass die Leser durch

---

52 Andreas Michel, 2007.
53 Moritz Baßler, 2008, vgl. S. 135, 153.
54 Vgl. aktuell Günter Helmes, 2018.
55 Matthias Erdbeer, 2000; 2001; ders., 2004 und besonders hervorhebenswert 2016:
    Eine zweisprachige Textausgabe unter der Federführung Erdbeers bietet die Er-
    zählung *Irmelin Rose* in rumänischer Übertragung.
56 Deniz Göktürk, 1998, Kapitel 6: Barbaren von Ost nach West.
57 Volker Zenk, 2003, in Teil I das Kapitel 3 über *Tropen* und in Teil III das Kapitel 2
    über das *Inselmädchen*; Michael Mayer, 2010, Abschnitt 4.2 über Müllers *Tropen*.
58 Eva Blome, 2011, vgl. Teil III über „Sexualität im (literarischen) Primitivismus",
    darin Kapitel 2 zu *Tropen* und Kapitel 5 zum *Inselmädchen*, zu letzterem auch dies.,
    2013.
59 Stephan Besser, 2013, S. 136.
60 Anna S. Brasch, 2017, S. 338–349.

ihre „Mitarbeit am Text das zugrunde gelegte visionäre Vermögen selbst (re)produzieren und das dargestellte ekstatische Erleben halluzinieren" sollen.[61] Die verschiedenen Morde im Roman würden so stark verrätselt, dass die „Lösung der Kriminalfälle durch den Leser [...] aktiv hintertrieben" werde.[62]

Florian Krobb interpretiert den Text 2015 konsequent als Kriminalroman, in dem der Leser zum Detektiv wird, der das Bekenntnis eines Mörders, das Plädoyer des Angeklagten liest.[63] Krobb eröffnet seinen Beitrag über Müllers *Tropen* für die *Deutsche Vierteljahresschrift für Literaturwissenschaft und Geistesgeschichte* mit der Feststellung, der Roman gelte „zu Recht als ein Höhepunkt expressionistischer Prosa".[64] Dass Publikationen über Müllers *Tropen* und das *Inselmädchen* in zunehmender Zahl in renommierten Zeitschriften angenommen und in Sammelbände aufgenommen werden, ist ein Zeichen für eine fortschreitende Kanonisierung.[65] In der Königsdisziplin der Wissenschaft, der Habilitation, hat sich bislang erst Matthias M. Lorenz an Robert Müller herangewagt und den *Tropen* ein Kapitel seiner Untersuchung über intertextuelle Bezüge zu Joseph Conrads *Heart of Darkness* gewidmet.[66] Eine Habilitation, die das Gesamtwerk Robert Müllers ins Zentrum rückte, steht noch aus.

Epilog

Hinsichtlich des Freitodes Robert Müllers sind seitens der Zeitgenossen und der Forschung verschiedene Vermutungen angestellt worden.[67] Neuen Auftrieb könnte die Diskussion nach Recherchen bekommen, die darauf hindeuten, dass ein fatal endendes Liebesverhältnis Müllers zu der Tänzerin Marie Pollak seinen Entschluss beeinflusst haben könnte, seinem Leben ein

---

61   Christoph Gardian, 2017, S. 20, zu *Inselmädchen* S. 123–140, zu *Tropen* vor allem S. 141–188; S. 188–195 zur Verarbeitung kinematographischer Verfahren im Roman. Zu *Camera obscura* S. 203–225.

62   Ebd., S. 197.

63   Florian Krobb, in: DVjs 89/2, 2015, hier S. 238, 263.

64   Ebd., S. 235. Vgl. auch Krobbs Ausführungen zum Verhältnis von Karl May und Robert Müller, die im selben Jahr in *The Modern Language Review* erschienen sind.

65   Wesley Lims Untersuchung der Rezeption des zeitgenössischen Ausdruckstanzes bei Müller, die sich in den Beschreibungen der Tänze Zanas niederschlägt, ist ebenfalls 2015 im *Journal of Austrian Studies* erschienen. Vgl. Dietmar Schmidts Beitrag über Müllers *Tropen* für einen Sammelband über *Literarische Entdeckungsreisen*, 2012. Vgl. Matthias Berning, 2015, der *Das Inselmädchen* im Anschluss an Anja Hall (2008, S. 172–183) im Südsee-Diskurs verortet.

66   Matthias M. Lorenz, 2017, vor allem S. 182–210.

67   Vgl. dazu bspw. auch Theodor Allesch-Alescha (1974), Ludwig Ullmann (1974) und Ernst Fischer (1981). Siehe für Müllers „Atlantischer Verlag" auch http://verlagsgeschichte.murrayhall.com/?page_id=184. – Vgl. auch Anm. 3.

Ende zu setzen. Marie Pollak kam am Abend vor Müllers Freitod auf mysteriöse Weise in einem Prater-Lokal ums Leben.[68]

Ich sehe vor allem zwei Gründe, die ineinandergespielt haben dürften. Zum einen glaube ich, dass Robert Müller seit dem Kriegsende angesichts der Zeitwirklichkeit und deren Entwicklungen sukzessive zu der Einsicht gelangt sein dürfte, dass er mit seinen weitreichenden, nichts weniger als den Globus betreffenden politisch-gesellschaftlichen und kulturpolitischen Zielsetzungen gescheitert war; intensivste denkerische, literarische, publizistische Tätigkeit über mehr als ein Jahrzehnt schien ihm vermutlich vergebens gewesen zu sein.[69] Zum anderen hatte sich Müller mit seinem verlegerischen Engagement („Literaria", „Atlantischer Verlag") offensichtlich ökonomisch in den Ruin getrieben; seine Beerdigungskosten mussten von der Stadt Wien übernommen werden. Dieser ökonomische Ruin muss für ihn in seinem Anspruch, stets ungebundener Intellektueller zu sein, unerträglich gewesen sein. In einem Brief an den Bruder Erwin vom 26. 5. 1910 heißt es zu diesem Themenkomplex vielsagend: „Soziale Tüchtigkeit spricht nicht gegen Künstlertum. Erst wenn man ihrer fähig ist, hat es Sinn und Größe, Bohemien zu sein. [...] Mache Dich sobald als möglich ökonomisch unabhängig. [...] die ökonomische Freiheit ist eine Pflicht für sie [die „Persönlichkeit"; d. V.], und die Feigheit sich aus einer Sklaverei nicht zu emanzipieren, wird durch keinen Mut je, abhängig zu sein, aufgewogen. Geldverdienen ist ethisch wertbar."[70]

> *In den Auen der Donau, wo die Großstadt aufhört, es rechts zu den Gaswerken, links zu den Pferderennen in der Freudenau geht, erschoß sich Robert Müller. Er legte die Pistole an die linke Brustwarze und drückte los. Passanten fanden ihn. Man schaffte ihn ins Rudolfspital. Er kam nicht mehr zu sich. Er sprach einige wenige Worte. Und starb. Kein Brief von ihm nahm Abschied. Er, der mitten unter Menschen gelebt, starb im Einsamen. Er, der das Wort fanatisch liebte und in der Aussprache lebte wie einer sonst am Spieltisch, so mit ganzem Einsatz, so mit der Lust des Abenteuers, so mit dem Willen zum Sieg, er starb ohne Wort.[71]*

> Oskar Maurus Fontana

---

68   Vgl. zu den Details das Vorwort von Thomas Schwarz in diesem Band.
69   Vgl. hier auch die Nachrufe Franz Blei, Robert Musil und Hermann Budzislawski.
70   Robert Müller: Briefe und Verstreutes, 1997, S. 26.
71   Oskar Maurus Fontana, 1924. – Nach Werner J. Schweiger (1974/75, S. 140) starb Müller um 13 Uhr im Saal 18 des Rudolfspitals. Begraben wurde er am 30. August. – Vgl. auch Anm. 3.

Postskriptum

Und was, wenn alles ganz anders gewesen ist? Wenn Robert Müller gar nicht Selbstmord begangen hat, sondern erschossen worden ist, willentlich oder eher unbeabsichtigt bei einem Gerangel? Keine Frage, das Zugleich von ökonomischem Desaster, harscher politisch-gesellschaftlicher Desillusionierung und privat-amourösen Verwicklungen kann allemal ausreichend Anlass bieten, dem eigenen Leben ein Ende zu setzen. Aber geht diese Rechnung im Falle von Robert Müller nicht allzu glatt auf? Führt sie nicht dazu, erst gar nicht um die Ecke zu denken und keine anderen Möglichkeiten in Erwägung zu ziehen, auch seitens der damals mit dem Fall befassten Polizei?

Niemand hat schließlich gesehen, dass sich Robert Müller selbst erschossen hat. Er wurde vielmehr von Passanten gefunden, schwer verletzt und nicht bei Bewusstsein, mit einem Einschuss bei der linken Brustwarze, mit einer Pistole in der Hand oder neben ihm. Was er unmittelbar vor seinem Stunden später eintretenden Tod noch an Worten gesprochen hat, ist nicht überliefert, war vielleicht auch nicht mehr verständlich. Aber wurde nicht auch die Tänzerin Marie Pollak, die aus diversen Gründen die Geliebte Robert Müllers gewesen sein könnte, am Vorabend von Müllers Tod sozusagen mit der ‚Mordwaffe‘ in der Hand aufgefunden, mit einem Säckchen Gift in der Hand, das ihr freilich auch nach ihrem Tod in die Hand geschmuggelt worden sein kann?[72] Warum also sollte die Tatwaffe nicht auch Robert Müller *post rem* in die Hand gedrückt oder neben ihn gelegt worden sein? Dafür könnte auch sprechen, dass es doch überrascht, wenn Müller sich als erfahrener Soldat so dilettantisch in die Brust geschossen haben soll, wo er doch, wenn er denn selbst die Pistole abgedrückt haben sollte, sicherlich das Herz treffen wollte. Ist es überdies nicht wahrscheinlicher, dass er sich, wie es üblicher Weise geschieht, in die Schläfe oder in den Mund geschossen hätte?

Denkt man unter der Annahme einer Liebesbeziehung die Todesfälle Marie Pollak und Robert Müller zusammen, ließe sich vor dem skizzierten Hintergrund auch über das folgende Szenario nachdenken und nachforschen: Obwohl Marie Pollak – vermutlich mit Wilhelm Reiß – einen reichen Liebhaber hat, lässt sie sich auf ein weiteres Liebesverhältnis mit

---

72   Vgl. Anm. 67. – Marie Pollak hat sich ja bereits am Wirtshaustisch über Magen-
     und Herzkrämpfe beklagt, das Gift muss also bereits zu diesem Zeitpunkt in ihr
     gewirkt haben. Warum sollte sie dann das Säckchen mit dem Gift Minuten später
     und unmittelbar vor ihrem Tod auf der Toilette noch einmal hervorgekramt haben?
     Wäre sie dazu überhaupt noch in der Lage gewesen? Und: Wer hat Marie Pollak
     überhaupt gefunden? Einer ihrer Begleiter, der ihr nachgegangen war, weil sie so
     lange abwesend war und man sich um sie sorgte? Wo befand sich ihre Leiche über-
     haupt genau, vor oder in der Damentoilette? Hätte einer ihrer Begleiter die Mög-
     lichkeit gehabt, ihr das Säckchen mit Gift noch in die Hand zu drücken?

Robert Müller ein. Der reiche Liebhaber, der davon erfährt, beendet daraufhin das Verhältnis mit Pollak und rächt sich an dieser, indem er sie, ob mit Tötungsabsicht oder nicht, vergiftet.[73] Im nächsten Schritt sucht er auch die Konfrontation mit dem Konkurrenten Robert Müller, entweder mit der Zielsetzung, diesen zu töten oder mit diesem zu streiten. So oder so, bei dieser Konfrontation fällt der für Robert Müller tödliche Schuss aus einer Pistole, die nicht Robert Müller, sondern dem reichen Liebhaber gehört. Der entfernt sich danach vom Ort des Geschehens und lässt die Pistole zurück.

Aber auch ein weiteres Szenario, in dem Müller ebenfalls kein Selbstmörder wäre, ist unter der Annahme einer Liebesbeziehung zwischen Robert Müller und Marie Pollak denkbar: Dass nämlich Robert Müller gar nicht mehr vom wie auch immer erfolgten Tod Marie Pollaks erfahren hat und dass das Zusammenfallen beider Tode ganz und gar dem Zufall geschuldet ist. Was spricht angesichts der desolaten wirtschaftlichen Situation Müllers gegen die Hypothese, dass er sich – man denke an sein *Kulturbild* (Untertitel) *Flibustier* – zwecks ökonomischer Rettungsversucher mit windigen ‚Geschäftsleuten‘ eingelassen hat? Einer dieser ‚Geschäftsfreunde‘ könnte ihn bei einem verschwiegenen ‚Geschäftstreffen‘ zu ungewohnter Stunde an sicherem Ort aus welchen näheren Gründen auch immer beseitigt haben.

Robert Müllers früher Tod gab nicht nur den Zeitgenossen und Freunden, sondern gibt auch der Robert Müller-Forschung immer noch Fragen und Rätsel auf. Diese fordern zu Spekulationen geradezu heraus. Fragen, Rätsel und Spekulationen aber sind der Beginn aller Wissenschaft.

---

73 Es verwundert sehr, dass mit dem Gummimenschen Edi zwar einer der beiden Begleiter von Marie Pollak an deren Todesabend namentlich bekannt ist, der zweite hingegen nur als „Freund" firmiert. War dieser Freund noch zugegen, als man Marie Pollaks Leiche fand? Wurde er, wie sicherlich Edi, auch verhört? Davon muss man eigentlich ausgehen. Dann aber müsste auch der Namen dieses Freundes bekannt bzw. zu ermitteln sein. War es vielleicht sogar Wilhelm Reiß?

Verzeichnisse

Literatur und Briefzeugnisse von Robert Müller (Auswahl)

In diesem Band abgedruckte Beiträge und Briefzeugnisse Müllers werden bibliographisch nicht eigens ausgewiesen.

Müller, Robert: Brief an die Mutter aus New York vom 19. 5. 1910. In: Ders.: Briefe und Verstreutes. Mit einer unveröffentlichten Gedenkrede auf Robert Müller von Albert Paris Gütersloh. In Zusammenarbeit mit Thomas Schwarz hg. von Eva Reichmann. Oldenburg: Igel Verlag 1997, S. 13–17.

Müller, Robert: Brief an den Bruder Erwin aus New York vom 26. 5. 1910. In: Ders.: Briefe und Verstreutes, 1997, S. 18–28.

Müller, Robert: Brief an die Mutter aus New York vom 29. 6. 1910. In: Ders.: Briefe und Verstreutes, 1997, S. 28–33.

Müller, Robert: Brief an die Familie aus New York vom 29. 8. 1910. In: Ders.: Briefe und Verstreutes, 1997, S. 33–35.

Müller, Robert: Roter Hahn in New York. In: Das Fremdenblatt, Nr. 22, 24. 1. 1912, S. 15f. Wieder in: Ders.: Kritische Schriften I. Mit einem Anhang hg. von Günter Helmes und Jürgen Berners. Paderborn: Igel Verlag 1993, S. 7–13.

Müller, Robert: Das Drama Karl Mays. In: Der Brenner, 2. Jahrgang, H. 17, 1912, S. 601–610. Wieder in: Claus Roxin (Hg.): Jahrbuch der Karl-May-Gesellschaft 1970. Hamburg: Hansa-Verlag 1970, S. 98–105. Wieder in: Robert Müller: Kritische Schriften I, 1993, S. 13–19.

Müller, Robert: Spätlinge und Frühlinge. In: Der Ruf, H. 2, 1912, S. 13–23. Wieder in: Ders. (1993): Kritische Schriften I, 1993, S. 27–33.

Müller, Robert: Nachruf auf Karl May. In: Das Fremdenblatt, Nr. 91, 3. 4. 1912, S. 23. Wieder in: Claus Roxin (Hg.): Jahrbuch der Karl-May-Gesellschaft 1970, 1970, S. 106–109. Wieder in: Robert Müller: Kritische Schriften I, 1993, S. 34–36.

Müller, Robert: Brief an Ludwig von Ficker vom 4. 6. 1912. In: Ders.: Briefe und Verstreutes, 1997, S. 50.

Müller, Robert: Totenstarre der Phantasie. In: Der Brenner, 2. Jahrgang, H. 24, 1912, S. 917–921. Wieder in: Claus Roxin (Hg.): Jahrbuch der Karl-May-Gesellschaft 1971. Hamburg: Hansa-Verlag 1971, S. 221–225. Wieder in: Robert Müller: Kritische Schriften I, 1993, S. 40–44.

Müller, Robert: Roosevelt. In: Der Ruf, H. 3, 1912, S. 16–20. Wieder in: Ders.: Kritische Schriften I, 1993, S. 50–53.

Müller, Robert: Apologie des Krieges. In: Der Ruf, H. 3, 1912, S. 1–8. Wieder in: Ders.: Kritische Schriften I, 1993, S. 45–49.

Müller, Robert: An die Jüdin. In: Der Brenner, 3. Jahrgang, H. 2, 1912, S. 84–86. Wieder in: Ders.: Irmelin Rose (Erzählung) und andere verstreute Texte. Mit einem Nachwort hg. von Daniela Magill / Bolschewik und Gentleman (Essay).

Mit einem Nachwort hg. von Michael M. Schardt. Paderborn: Igel Verlag 1993, S. 111–114.

Müller, Robert: Amerikanismus. In: Reichspost, 20. Jahrgang, Nr. 76, 14. 2. 1913, S. 1f.

Müller, Robert: Newyorkitis. In: Der Sonntag. Unterhaltungsblatt der Reichspost. Unabhängiges Tagblatt für das christliche Volk Österreich-Ungarns, 20. Jahrgang, 20. Folge, 18. 5. 1913, S. 42–43.

Müller, Robert: Varieté zweier Welten. In: Die Schaubühne, 9. Jahrgang, Nr. 38, 18. 9. 1913, S. 887–890. Wieder in: Ders.: Kritische Schriften I, 1993, S. 66–68.

Müller, Robert: Der Roman des Amerikanismus. In: Saturn, 3. Jahrgang, H. 9, 1913, S. 253–258. Wieder in: Ders. (1993): Kritische Schriften I, 1993, S. 73–76.

Müller, Robert: Die Malaiin. In: Ders. (Hg.): Die Pforte. Eine Anthologie Wiener Lyrik. Heidelberg: Saturn-Verlag H. Meister, 1913, S. 61f. Wieder in: Ders.: Irmelin Rose (Erzählung) und andere verstreute Texte / Bolschewik und Gentleman (Essay), 1993, S. 115f.

Müller, Robert: Karl Kraus oder Dalai Lama. Der dunkle Priester. Eine Nervenabtötung (Torpedo. Monatsschrift für großösterreichische Kultur und Politik. Nr. 1, 1914). Wieder in: Ders.: Kritische Schriften I, 1993, S. 137–170.

Müller, Robert: Irmelin Rose. Die Mythe der großen Stadt (Heidelberg: Saturn-Verlag Hermann Meister 1914). Wieder in: Ders.: Irmelin Rose (Erzählung) und andere verstreute Texte / Bolschewik und Gentleman (Essay), 1993, S. 7–52

Müller, Robert: Was erwartet Österreich von seinem jungen Thronfolger? München: H. Schmidt 1914. Zweite, veränderte Aufl. München: H. Schmidt 1915. Wieder in: Ders.: Gesammelte Essays. Mit einem Nachwort von Hans Heinz Hahnl hg. von Michael Matthias Schardt. Paderborn: Igel Verlag 1995, S. 5–81.

Müller, Robert: Roosevelt. In: Wiener Mittagszeitung, Nr. 85, 15. 4. 1914, S. 5. Wieder in: Ders.: Kritische Schriften I, 1993, S. 121–125.

Müller, Robert: Der New-Yorker Cop. In: Wiener Mittagszeitung, Nr. 96, 28. 4. 1914, S. 6. Wieder in: Ders.: Kritische Schriften I, 1993, S. 133–136.

Müller, Robert: Kritik des Amerikanismus. In: Die Schaubühne, 10. Jahrgang, Nr. 20, 14. 5. 1914, S. 541–545. Wieder in: Ders.: Kritische Schriften I, 1993, S. 170–174.

Müller, Robert: Tropen. Der Mythos der Reise. Urkunden eines deutschen Ingenieurs. Herausgegeben von Robert Müller Anno 1915. München: H. Schmidt 1915. Neuauflage mit einem Nachwort hg. von Günter Helmes. Paderborn: Igel Verlag 1990. Nachdrucke ebd. 1991 und 2010. Nachdruck Stuttgart: Reclam Verlag 1993. – Vgl. weitere (elektronische) Ausgaben in den 2010er-Jahren.

Müller, Robert: Macht. Psychopolitische Grundlagen des gegenwärtigen Atlantischen Krieges (München: Hugo Schmidt 1915). In: ders.: Gesammelte Essays, S. 83–140.

Müller, Robert: Brief an Erhard Buschbeck vom 26. 1. 1916.

Müller, Robert: Österreich und der Mensch. Eine Mythik des Donau-Alpen-Menschen. Berlin: S. Fischer 1916. Wieder in: Ders.: Gesammelte Essays, 1995, S. 143–192.

Müller, Robert: Ein junger Kaiser. In: Sport & Salon. Illustrierte Zeitung für die vornehme Welt (Sondernummer: Unser Kaiser), 21. Jahrgang, Nr. 31, 29. 7. 1917, S. 105–107.

Müller, Robert: Postkarte an Hermann Bahr vom 8. 9. 1917.

Müller, Robert: Der österreichische Mensch (geschrieben 1917). In: Agathon. Almanach auf das Jahr 46 des zwanzigsten Jahrhunderts. Wien: Agathon-Verlag 1945, S. 11f. Wieder in: Ders.: Kritische Schriften II. Mit einem Anhang hg. von Ernst Fischer. Paderborn: Igel Verlag 1995, S. 11.

Müller, Robert: Österreichische Bibliothek. In: Der Merker, H. 14 / 15, 1. 8. 1917, S. 544–546. Wieder in: Ders.: Kritische Schriften II, 1995, S. 12–16.

Müller, Robert: Österreich, Erde und Geist. In: Die Neue Rundschau, 28. Jahrgang, Bd. 2, 1917. S. 1294f. Wieder in: Ders.: Kritische Schriften II, 1995, S. 16–18.

Müller, Robert: Die Zeitrasse. In: Der Anbruch, 1. Jahrgang, H. 1, 1917, S. 2, fortgesetzt in H. 2, S. 2. Wieder in: Ders.: Kritische Schriften II, 1995, S. 21–25.

Müller, Robert: Frauen [darunter: Die dunkle Frau]. In: Die neue Rundschau, 28. Jahrgang, Bd. 1, 1917, S. 682–684. Wieder in: Irmelin Rose (Erzählung) und andere verstreute Texte / Bolschewik und Gentleman (Essay), 1993, S. 120f.

Müller, Robert: Die Politiker des Geistes. Sieben Situationen (Berlin: Fischer 1917). Mit einem Nachwort wieder hg. v. Thomas Köster, Paderborn: Igel Verlag 1994.

Müller, Robert: Europäische Wege. Im Kampf um den Typus (Berlin: Fischer 1917). In: ders., Gesammelte Essays, S. 195–291.

Müller, Robert: Das Chaos des Jack Slim (geschrieben 1917). In: Die Literarische Welt, 3. Jahrgang, Nr. 34, 1927, S. 1ff. Wieder in: Ders.: Im Kampf um den Typus. Mit einem Nachwort hg. von Günter Helmes. Siegen: Universität-Gesamthochschule Siegen 1990, S. 4–7. (= Vergessene Autoren der Moderne XLVI).

Müller, Robert: Postkarte an Hermann Bahr aus Wien vom 13. 1. 1918.

Müller, Robert: Der Mensch aus dem Kino. In: Neues Wiener Journal. Unparteiisches Tagblatt, Nr. 8718, 9. 2. 1918, S. 3.

Müller, Robert: Wilsonismus. In: Der Anbruch, 1. Jahrgang, H. 3, 1918, S. 2. Wieder in: Ders.: Kritische Schriften II, 1995, S. 38–41.

Müller, Robert: Österreichische Kolonien. In: Österreichisch-Ungarische Finanz-Presse, 30. 3. 1918, S. 1f. Wieder in: Ders.: Kritische Schriften II, 1995, S. 78–81.

Müller, Robert: Österreichische Liga der Nationen. In: Österreichisch-Ungarische Finanz-Presse, 6. 4. 1918, S. 1f. Wieder in: Ders.: Kritische Schriften II, 1995, S. 81–84.

Müller, Robert: Zur Wiederverjüngung Österreichs. In: Österreichisch-Ungarische Finanz-Presse, 27. 4. 1918, S. 1f. Wieder in: Ders.: Kritische Schriften II, 1995, S. 90–93.

Müller, Robert: Im Kampf um den Typus. In: Der Friede, 1. Jahrgang, Nr. 16, 10. 5. 1918, S. 376–378. Wieder in: Ders.: Kritische Schriften II, 1995, S. 100–105.

Müller, Robert: Österreich und die Menschheit. In: Österreichisch-Ungarische Finanz-Presse, 1.6.1918, S.1f. Wieder in: Ders.: Kritische Schriften II, 1995, S.111–114.

Müller, Robert: Bolschewismus und Expressionismus. In: Neues Wiener Journal, Nr.8832 (6 Uhr-Blatt), Donnerstag, 6.6.1918, S.4.

Müller, Robert: Austrophile Österreicher. In: Österreichisch-Ungarische Finanz-Presse, 27.7.1918, S.1–4. Wieder in: Ders.: Kritische Schriften II, 1995, S.145–150.

Müller, Robert: Was will Wilson? In: Die Wage, Nr.34, 24.8.1918, S.550f. Wieder in: Ders.: Kritische Schriften II, 1995, S.180f.

Müller, Robert: Der Slimismus. In: Der Anbruch, 1. Jahrgang, H.7, S.5f. Wieder in: Ders.: Briefe und Verstreutes, 1997, S.132–135.

Müller, Robert: Wilson in Europa. In: Finanz-Presse, 13.12.1918, S.1f. Wieder in: Ders.: Kritische Schriften II, 1995, S.278–280.

Müller, Robert: Donaubund und deutsche Mission. In: Finanz-Presse, 27.12.1918, S.2f. Wieder in: Ders.: Kritische Schriften II, 1995, S.287–291.

Müller, Robert: Das Inselmädchen. Novelle. München: Roland Verlag1919. Neuauflage mit einer Nachbemerkung von Otto Basil herausgegeben von Erwin Müller. Wien: Verlag Erwin Müller 1946.

Müller, Robert: Österreich und das deutsche Geschäft. In: Der Friede, 3. Jahrgang, Nr.54, 3.1.1919, S.32–34. Wieder in: Ders.: Kritische Schriften II, 1995, S.300–304.

Müller, Robert: Berlin – Wien, zwei Perspektiven. In: Finanz-Presse, 7.1.1919, S.1f. Wieder in: Ders.: Kritische Schriften II, 1995, S.304–307.

Müller, Robert: Aus Deutschösterreich. In: Der Neue Merkur, 3. Jahrgang, H.4, S.236–243. Wieder in: Ders.: Kritische Schriften II, 1995, S.377–384.

Müller, Robert: Die Zukunft Wiens. In: Die neue Wirtschaft, 2. Jahrgang, Oktober-Heft 1919, S.1–5. Wieder in: Ders.: Kritische Schriften II, 1995, S.397–405.

Müller, Robert: Brief an Hermann Bahr vom 26.5.1920. In: Ders.: Briefe und Verstreutes, 1997, S.72–76.

Müller, Robert: Brief an Ephraim Frisch vom 30.6.1920. In: Ders.: Briefe und Verstreutes, 1997, S.101.

Müller, Robert: Kosmoromantik. In: Die Neue Rundschau, 31. Jahrgang, Bd. 1, 1920, S. 255-257. Wieder in: Ders.: Kritische Schriften II, 1995, S. 449–451.

Müller, Robert: Wiedergeburt des Theaters aus dem Geiste der Komödie. In: Hugo Zehder (Hg.): Die Neue Bühne. Dresden: Verlag Neue Schaubühne 1920, S. 70–80. Wieder in: Ders.: Kritische Schriften II, 1995, S. 490–499.

Müller, Robert: Wien, die versinkende Stadt. In: Die Neue Rundschau, 31. Jahrgang, Bd. 2, 1920, S. 870–874. Wieder in: Ders.: Kritische Schriften II, 1995, S. 460–464.

Müller, Robert: Das moderne Ich. In: Der Merker, H.18, 15.9.1920, S.453–455. U.a. wieder in: Ders.: Kritische Schriften II, 1995, S.476f.

Müller, Robert: Ein Beginner (Robert Musil). In: Der Neue Merkur, 4. Jahrgang, H. 12, 1920/21, S. 860–862. Wieder in: Ders.: Kritische Schriften II, 1995, S. 488–490.

Müller, Robert: Der Barbar. Roman (Berlin: Erich Reiß 1920). Wieder hg. und mit einem Vorwort versehen von Hans Heinz Hahnl, Paderborn: Igel Verlag 1993.

Müller, Robert: Camera obscura. Berlin: Erich Reiß Verlag 1921. Neuauflage mit einem Nachwort hg. von Günter Helmes. Paderborn: Igel Verlag 1991.

Müller, Robert: Americano! In: Prager Presse, 20. 11. 1921, S. 1–3. Unter dem Titel „Der Americano" wieder in: Ders.: Rassen, Städte, Physiognomien. Kulturhistorische Aspekte. Berlin: Erich Reiß Verlag 1923. Neuauflage mit einer Einführung hg. von Stephanie Heckner. Paderborn: Igel Verlag 1992, S. 83–98.

Müller, Robert: Wien. In: Ganymed. Blätter der Marees-Gesellschaft, Bd. 3, 1921, S. 112–130. Wieder in: Ders.: Rassen, Städte, Physiognomien, 1923. Wieder in: Ders.: Rassen, Städte, Physiognomien, 1992, S. 99–136.

Müller, Robert: Kulturpolitik und Journalismus in Österreich. In: Prager Presse, 10. 7. 1921, S. 12f. Wieder in: Ders.: Kritische Schriften III. Mit einem Anhang hg. von Thomas Köster. Paderborn: Igel Verlag 1996, S. 35–38.

Müller, Robert: Brief an Franz Karl Ginzkey vom 8. 5. 1922. In: Ders.: Briefe und Verstreutes, 1997, S. 79–84.

Müller, Robert: Brief an Franz Brümmer (inkl. Autograph des Lebenslaufs) vom 2. 6. 1922.

Müller, Robert: Der amerikanische Typus. In: Faust, H. 10, 1922/23, S. 7–14. Wieder in: Ders.: Kritische Schriften III, 1996, S. 121–129.

Müller, Robert: Der letzte Österreicher. In: Die Neue Rundschau, 34. Jahrgang, Bd. 1, 1923, S. 560–569. Wieder in: Ders.: Kritische Schriften III, 1996, S. 154–163.

Müller, Robert: Flibustier. Ein Kulturbild (Leipzig / Wien: West Ost-Verlag [Interterritorialer Verlag Renaissance] 1922). Wieder hg. und mit einem Nachwort versehen von Günter Helmes, Paderborn: Igel Verlag 1992.

Müller, Robert: Austria ... Ultima. In: Die Neue Rundschau, 34. Jahrgang, Bd. 2, 1923, S. 652–659. Wieder in: Ders.: Kritische Schriften III, 1996, S. 163–170.

Müller, Robert: Die Politisierung Österreichs. In: Der Neue Merkur, 7. Jahrgang, 1923/24, S. 176–189. Wieder in: Ders.: Kritische Schriften III, 1996, S. 171–183.

Müller, Robert: Manhattan. In: Ders.: Rassen, Städte, Physiognomien, 1923. Wieder in: Ders.: Rassen, Städte, Physiognomien, 1992, S. 137–188. Im Einzelnen: Brooklyn-Bridge (Der neue Merkur, 3. Jahrgang, H. 8, 1920, S. 529–534, Neuauflage 1992, S. 137–146), Manhattan Girl (Die Neue Rundschau, 31. Jahrgang, Bd. 2, 1920, S. 1018–1030, diverse Nachdrucke, Neuauflage 1992, S. 146–167), Die graue Rasse (Die Neue Wirtschaft, 11. 10. 1919, S. 16–18, Neuauflage 1992, S. 168–174), Die bronzene Rasse (Prager Presse, 25. 12. 1921, S. 21–23, Neuauflage 1992, S. 174–184), Fantoma (Der Merker, H. 9, 1. 5. 1920, S. 243–245, Neuauflage 1992, S. 184–188).

Müller, Robert: Gorki und Lenin. In: Prager Presse, 24. 8. 1924, S. 1f. (Beilage). Wieder in: Ders.: Kritische Schriften III, 1996, S. 203–207.

Literatur und Quellen zu Robert Müller (Auswahl)

In diesem Band abgedruckte Quellen werden bibliographisch nicht eigens ausgewiesen.

Allesch-Alescha, Theodor: Ein Schuss in unsere Sonne. In: Die Pestsäule, 2. Folge, Nr. 12, 1974/75, S. 159–162.

Amann, Klaus: Staatsfiktionen. Bilder eines künftigen Österreich in der Wiener Wochenschrift „Der Friede". In: Studi Tedeschi, 23, H. 1/2,1990, S. 53–77.

Basil, Otto: Nachbemerkung. In: Robert Müller: Das Inselmädchen. Novelle (1919). Herausgegeben von Erwin Müller. Wien: Verlag Erwin Müller 1946, S. 63f. Wieder in: Helmut Kreuzer / Günter Helmes (Hg.): Expressionismus – Aktivismus – Exotismus. Studien zum literarischen Werk Robert Müllers (1887-1924). Göttingen: Vandenhoeck & Ruprecht 1981, S. 37f.

Baßler, Moritz: Jäger der verlorenen Pace. Robert Müller: Tropen. Der Mythos der Reise. Urkunden eines deutschen Ingenieurs (1915). In: Matthias Luserke-Jaqui (Hg.): Deutschsprachige Romane der klassischen Moderne. Berlin: de Gruyter 2008, S. 128–153.

Begemann, Christian: Tropische Welten. Anthropologie, Epistemologie, Sprach- und Dichtungstheorie in Robert Müllers *Tropen*. In: Anil Bhatti / Horst Turk (Hg.): Reisen, Entdecken, Utopien. Untersuchungen zum Alteritätsdiskurs im Kontext von Kolonialismus und Kulturkritik (= Jahrbuch für Internationale Germanistik. Reihe A. Bd. 48). Frankfurt am Main: Peter Lang Verlag 1998, S. 81–91.

Beigel-Ujheli, Margarete: Revolution der Jugend. In: Eduard Castle (Hg.): Deutsch-Österreichische Literaturgeschichte. Bd. 4: 1890–1918, Wien: Fromme 1937, S. 2103–2130.

Berning, Matthias: ‚Südseetraum' und Kunsttheorie – ein Streitfall? Die Südsee-Thematik bei C. Einstein und G. Benn im Spiegel ihrer avantgardistischen Poetik und ihre Desillusionierung bei B. Brecht und R. Müller. In: World Literature Studies 7, 2015, S. 47–57.

Besser, Stephan: Pathographie der Tropen. Literatur, Medizin und Kolonialismus um 1900. Reihe: Studien zur Kulturpoetik, Bd. 14. Würzburg: Königshausen & Neumann 2013.

Blei, Franz: DER ROBERTMÜLLER. In: Ders.: Das große Bestiarium der Literatur. Berlin: Ernst Rowohlt Verlag 1923, S. 49f. Neuauflage herausgegeben und mit einem Nachwort versehen von Rolf-Peter Baacke. Hamburg: Europäische Verlagsanstalt 1995, S. 52.

Blome, Eva: Reinheit und Vermischung. Literarisch-kulturelle Entwürfe von Rasse und Sexualität. Wien / Köln: Böhlau 2011.

Blome, Eva: ,Politik und Liebe, in der Südsee'. Über Robert Müllers Kolonialnovelle *Das Inselmädchen* (1919). In: Anna Babka / Axel Dunker (Hg.): Postkoloniale Lektüren. Perspektivierung deutschsprachiger Literatur. Bielefeld: Aisthesis 2013, S. 69–88.

Brasch, Anna S.: Moderne – Regeneration – Erlösung. Der Begriff der ,Kolonie' und die weltanschauliche Literatur der Jahrhundertwende. Göttingen: V&R unipress 2017.

Braungart, Georg: Exotismus und Zivilisationskritik. Robert Müller *Tropen* und Alfred Döblin *Amazonas*. In: Jörg Robert / Friederike Felicitas Günther (Hg.): Poetik des Wilden. Festschrift für Wolfgang Riedel. Würzburg: Königshausen & Neumann 2012, S. 439–457.

Buschbeck, Erhard: Von Musil bis Csokor. In: Der Turm, 1. Jahrgang, Nr. 1, August 1945, S. 14f.

Cornaro, Franz: Robert Müllers Stellung zu Karl May. In: Claus Roxin (Hg.): Jahrbuch der Karl May-Gesellschaft 1971. Hamburg: Hansa-Verlag 1971, S. 236–245. Wieder in: Helmut Kreuzer / Günter Helmes (Hg.): Expressionismus – Aktivismus – Exotismus. Studien zum literarischen Werk Robert Müllers (1887–1924). Göttingen: Vandenhoeck & Ruprecht 1981, S. 261–272.

Dietrich, Stephan: Poetik der Paradoxie. Zu Robert Müllers fiktionaler Prosa. Siegen: Carl Böschen Verlag 1997.

Egyptien, Jürgen: Surfen im Expressionismus-Space und einige Thesen zur Ausdruckskunst. In: Juni, H. 23, 1995, S. 191–196.

Erdbeer, Robert Matthias: Der Einkaufsbummel als Horrortrip. Ein diskursgeschichtlicher Versuch zur Attraktionskultur in Robert Müllers Erzählung *Irmelin Rose* (1914). In: Hofmannsthal-Jahrbuch 2000, S. 311–355.

Erdbeer, Robert Matthias: Diskurskulturgeschichte. Zu Robert Müllers *Irmelin Rose*. Kulturelle Hermeneutik zwischen analytischer Verfahrensstrategie und postmoderner Ideologiekritik. In: Österreichische Zeitschrift für Geschichtswissenschaften 12, 2001, S. 47–68.

Erdbeer, Robert Matthias: Spaßige Rassen. Ethno-Flanerie und *Gender*-Transgression in Robert Müllers *Manhattan*. In: Kerstin Kropp / Klaus Müller-Richter (Hg.): Die ,Großstadt' und das ,Primitive'. Stuttgart: Metzler 2004, S. 221–258.

Erdbeer, Robert Matthias: Endstation Schaufenster / Capăt de linie: Vitrina. Mit der Erzählung *Irmelin Rose* von Robert Müller / Cu povestirea *Irmelin Rose* de Robert Müller. Übers. von Roxana Doncu. Iași: Editura PIM 2016.

Eykman, Christoph: Das Problem des politischen Dichters im Expressionismus und Robert Müllers *Die Politiker des Geistes*. In: Helmut Kreuzer / Günter Helmes (Hg.): Expressionismus – Aktivismus – Exotismus, 1981, S. 169–177.

Jens Malte Fischer: Affe oder Dalai Lama? Kraus-Gegner gestern und heute. In: Text und Kritik. Sonderband Karl Kraus. München: Edition Text und Kritik 1975, S. 145–157. Auszugsweise wieder in: Helmut Kreuzer / Günter Helmes (Hg.): Expressionismus – Aktivismus – Exotismus, 1981, S. 258–260.

Ernst Fischer: Ein doppelt versuchtes Leben. Der Verlagsdirektor Robert Müller
(und der Roman *Flibustier*). In: Helmut Kreuzer / Günter Helmes (Hg.): Expressionismus – Aktivismus – Exotismus, 1981, S. 217–251.

Ernst Fischer: Expressionismus – Aktivismus – Revolution. Die österreichischen
Schriftsteller zwischen Geistpolitik und Roter Garde. In: Klaus Amann / Armin
A. Wallas (Hg.): Expressionismus in Österreich. Die Literatur und die Künste
(= Literatur in der Geschichte – Geschichte in der Literatur, Bd. 30).
Wien / Köln: Böhlau 1994, S. 19–48.

Flake, Otto: Es wird Abend. Bericht aus einem langen Leben. Gütersloh: Mohn
1960.

Fontana, Oskar Maurus: Nachruf für Robert Müller. In: Berliner Börsen–Courier,
Nr. 411, 2. 9. 1924.

Fontana, Oskar Maurus: Der Expressionismus in Wien. Erinnerungen. In: Impri-
matur, N. F., Bd. 3, 1961/62, S. 207–210. Wieder in: Paul Raabe (Hg.): Expressionismus. Aufzeichnungen und Erinnerungen der Zeitgenossen. Freiburg im
Breisgau: Walter-Verlag 1965, S. 186–191.

Fontana, Oskar Maurus: Erinnerungen an Robert Musil. In: Karl Dinklage (Hg.):
Robert Musil. Leben – Werk – Wirkung. Reinbek b. Hamburg: Rowohlt Verlag
1960, S. 325–345.

Frank, Michael C.: Die Exotik von Robert Müllers *Tropen* (1915): Begegnung mit
einem fremden Roman. In: Aleida Assmann / Michael C. Frank (Hg.): Vergessene Texte (= Texte zur Weltliteratur; Bd. 5). Konstanz: Universitäts-Verlag
2004, S. 187–206.

Fritsch, Cornelia / Kriegleder, Wynfried: Wiener Literaturzeitschriften um das
Ende des Ersten Weltkrieges. In: Herbert Zeman (Hg.): Die Österreichische
Literatur. Ihr Profil von der Jahrhundertwende bis zur Gegenwart 1880–1980
(= Die Österreichische Literatur. Eine Dokumentation ihrer literahistorischen
Entwicklung); Bd. 1. Graz: Akademische Druck- u. Verlagsanstalt 1989,
S. 221–243.

Gardian, Christoph: Sprachvisionen: Poetik und Mediologie der inneren Bilder bei
Robert Müller und Gottfried Benn (= Medienwandel – Medienwechsel – Me-
dienwissen, Bd. 31). Zürich: Chronos Verlag 2014.

Gardian, Christoph: Atemporalität. Techniken und Effekte des Zeitlosen im litera-
rischen Expressionismus (Paul Adler, Robert Müller). In: Antonius
Weixler / Lukas Werner (Hg.): Zeiten erzählen: Ansätze – Aspekte – Analysen.
Berlin: de Gruyter 2015, S. 473–497.

Gerstner, Alexandra: Neuer Adel. Aristokratische Elitekonzeptionen zwischen
Jahrhundertwende und Nationalsozialismus. Darmstadt: Wissenschaftliche
Buchgesellschaft 2008.

Gess, Nicola: Primitives Denken: Wilde, Kinder und Wahnsinnige in der literarischen Moderne (Müller, Musil, Benn, Benjamin). München, Paderborn: Wilhelm Fink Verlag 2013.

Göktürk, Deniz: Künstler, Cowboys, Ingenieure … Kultur- und mediengeschicht-
liche Studien zu deutschen Amerika-Texten 1912–1920. München: Fink 1998.

Habereder, Juliane: Kurt Hiller und der literarische Aktivismus. Zur Geistesgeschichte des politischen Dichters im frühen 20. Jahrhundert. Frankfurt am
Main: Peter Lang Verlag 1981.

Hahnl, Hans Heinz: Harald Brüller oder Ekkehard Meyer. In: Literatur und Kritik,
3, H. 26/27, 1968, S. 425–428. Wieder in: Helmut Kreuzer / Günter Helmes
(Hg.): Expressionismus – Aktivismus – Exotismus, 1981, S. 252–257.

Hahnl, Hans Heinz: Zum 50. Todestag von Robert Müller. Der vergessene Politiker des Geistes. In: Arbeiter-Zeitung, 23. 8. 1974, S. 6.

Hahnl, Hans Heinz: Robert Müller und Karl Kraus. In. Die Pestsäule, 2. Folge, Nr.
12, 1974/75, S. 163–166.

Hall, Anja: Paradies auf Erden. Mythenbildung als Form von Fremdwahrnehmung:
Der Südsee-Mythos in Schlüsselphasen der deutschen Literatur. Würzburg: Königshausen & Neumann 2008.

Hall, Murray G.: Österreichische Verlagsgeschichte 1918-1938 (= Literatur und
Leben; N. F., Bd. 28). Wien / Köln: Böhlau 1985.

Hall, Murray G.: http://verlagsgeschichte.murrayhall.com/?page_id=184.

Heckner, Stephanie: Die Tropen als Tropus. Zur Dichtungstheorie Robert Müllers.
Wien / Köln: Böhlau 1991.

Heckner, Stephanie: Eine Einführung. In: Robert Müller: Rassen, Städte, Physiognomien. Kulturhistorische Aspekte. Mit einer Einführung hg. von Stephanie
Heckner. Paderborn: Igel Verlag 1992, S. 7–23.

Helmes, Günter: Katholischer Bolschewik in der „Schwäbischen Türkey". Zum politischen Denken Robert Müllers. In: Helmut Kreuzer / Günter Helmes (Hg.):
Expressionismus – Aktivismus – Exotismus, 1981, S. 178–216.

Helmes, Günter: Robert Müller: Themen und Tendenzen seiner publizistischen
Schriften (= Forschungen zur Literatur- und Kulturgeschichte Bd. 11). Frankfurt am Main: Peter Lang Verlag 1986.

Helmes, Günter: „Er hatte sich mit Urkräften ringen sehen und blätterte beschrie-
benes Papier um". Einführendes zu Leben und Werk des Wiener Expressionisten, Literaturmanagers und Aktivisten Robert Müller. In: Gerhard P. Knapp
(Hg.): Autoren damals und heute. Literaturgeschichtliche Beispiele veränderter
Wirkungshorizonte. Amsterdam: Rodopi 1991, S. 571–597.

Helmes, Günter: „Die Zeugung geht durch unser Gehirn". Die Erschaffung von
‚New York' in Robert Müllers Zyklus *Manhattan* (1923) und die Erschaffung
von ‚Robert Müller' durch Kulturkritik, Germanistik und Komparatistik im
letzten Drittel des 20. Jahrhunderts. In: Jahrbuch zur Kultur- und Literatur der
Weimarer Republik, Bd. 19, 2018, S. 127–154.

Hoheisel, Claus: Fragliche Selbstdarstellung in fiktivem Lebensraum des Äquators.
Studien auf naturwissenschaftlicher Basis zu Robert Müllers „Tropen. Der My-
thos der Reise. Urkunden eines deutschen Ingenieurs." Norderstedt: Books on
Demand 2012.

Kamerbeek jr., J. [Jan]: „Vergleichende Deutung einer Epiphanie. Robert Müller –
Marcel Proust". In: Alexander von Bormann (Hg.): Wissen aus Erfahrung.
Werkbegriff und Interpretation heute. Festschrift für Herman Meyer zum 65.

Geburtstag. Tübingen: Max Niemeyer Verlag 1976, S. 682–693. Wieder in: ,
Helmut Kreuzer / Günter Helmes (Hg.): Expressionismus – Aktivismus –
Exotismus, 1981, S. 86–100.

Klöckner, Horst-Werner: Poetologische Analyse von Robert Müllers *Tropen. Der
Mythos der Reise*. Bonn: Universität Bonn, Staatsexamensarbeit 1978.

Köster, Thomas: Bilderschrift Großstadt. Studien zum Werk Robert Müllers (=
Kasseler Studien zur deutschsprachigen Literaturgeschichte, Bd. 8). Paderborn
1995.

Köster, Thomas: Berlin liegt in den Tropen. Der ‚Berliner Blick‘ des Wiener Expressionisten Robert Müller (1887–1924). In: Bernhard Fetz / Hermann Schlösser
(Hg.): Wien – Berlin. Mit einem Dossier zu Stefan Großmann (= Profile. Magazin des österreichischen Literaturarchivs, Bd. 7). Wien: Paul Zsolnay Verlag
2001, S. 58–78.

Krause, Frank: Literarischer Expressionismus. Göttingen: Vandenhoeck & Ruprecht 2015.

Kreuzer, Helmut / Helmes, Günter (Hg.): Expressionismus – Aktivismus – Exotismus. Studien zum literarischen Werk Robert Müllers (1887–1924). Göttingen: Vandenhoeck & Ruprecht 1981.

Kreuzer, Helmut: Einleitung. Zur Rezeption Robert Müllers. In: Helmut Kreuzer / Günter Helmes (Hg.): Expressionismus – Aktivismus – Exotismus, 1981,
S. 11–20.

Kreuzer, Ingrid: „Robert Müllers *Tropen*. Fiktionsstruktur, Rezeptionsdimensionen, paradoxe Utopie. In: Wolfgang Haubrichs (Hg.): LiLi-Beiheft 8. Erzähl-
forschung 3. Göttingen: Vandenhoeck & Ruprecht 1978, S. 193–222. Wieder in:
Helmut Kreuzer / Günter Helmes (Hg.): Expressionismus – Aktivismus –
Exotismus, 1981, S. 101–148.

Krobb, Florian: „Vertuschungsversuche". Robert Müllers *Tropen*: Kriminalroman
und Tragikomödie. In: Deutsche Vierteljahrsschrift für Literaturwissenschaft
und Geistesgeschichte (DVjs), 89, H. 2, 2015, S. 235–264.

Krobb, Florian: ‚Bis zum Horizonte dieser kleinen Welt‘: Travel Writing, Utopia-
nism, and Karl May. Robert Müller's *Tropen*. In: The Modern Language Review,
Vol. 110, No. 4, 2015, S. 1067–1085.

Krull, Wilhelm: Prosa des Expressionismus (= Sammlung Metzler Bd. 210). Stuttgart: Metzler Verlag 1984.

Krusche, Dietrich: Literatur und Fremde. Zur Hermeneutik der kulturräumlichen
Distanz. München: Iudicium Verlag 1985.

Kummer, Werner: Robert Müller *Tropen*: Ein fünfdimensionaler kubistischer Mythos. In: Rolf Grimminger / Iris Hermann (Hg.): Mythos im Text: Zur Literatur des 20. Jahrhunderts (= Bielefelder Schriften zur Linguistik und
Literaturwissenschaft, Bd. 10). Bielefeld: Aisthesis Verlag 1998, S. 149–159.

Liederer, Christian: Der Mensch und seine Realität. Anthropologie und Wirklichkeit im poetischen Werk des Expressionisten Robert Müller. Würzburg: Königshausen & Neumann 2004.

Lim, Wesley: From Ritual Dance to Flight: Glimmers of the Fantastic in Robert Müller's *Tropen: Der Mythos der Reise*. In: Journal of Austrian Studies, Volume 48, Number 2, 2015, S. 101–120.

List or Manifest of Alien Passengers for the United States Immigration Officer at Port of Arrival. S. S. Graf Waldersee, 5. und 19.2.1910.

Lorenz, Matthias N.: Distant Kinship – Entfernte Verwandtschaft. Joseph Conrads *Heart of Darkness* in der deutschen Literatur von Kafka bis Kracht. Stuttgart: Metzler 2017.

Magill, Daniela: Fremderfahrung und Frauenbild in Robert Müllers *Das Inselmädchen* und Robert Musils *Grigia*. Karlsruhe: Universität Karlsruhe, Magisterarbeit (masch.) 1983.

Magill, Daniela: Literarische Reisen in die exotische Fremde. Topoi der Darstellung von Eigen- und Fremdkultur. Frankfurt am Main: Peter Lang Verlag 1989.

Martins, Catarina: Grossstadt als Mnemo-Kartographie. Robert Müllers *Manhattan*. In: Mário Matos / Orlando Grossegesse (Hg.): Interkulturelle Mnemo-Grafien. Mnemo-Grafias Interculturaies. Intercultural Mnemo-Grafies. Braga und Guimarães: Universidade do Minho 2011, S. 137–152.

Martins, Catarina: Kartografie des globalen Ichs: Die Metropole in Robert Müllers *Manhattan*. In: Ernest W.B. Hess-Lüttich / Nilüfer Kuruyazici / Seyda Ozil / Mahmut Karakus (Hg.): Metropolen als Ort der Begegnung und Isolation. Frankfurt am Main: Peter Lang Verlag 2011, S. 681–700.

Mayer, Michael: „Tropen gibt es nicht". Dekonstruktion des Exotismus. Bielefeld: Aisthesis 2010.

Michel, Andreas: Travel and Hybridity: Hans Grimm's *Afrikafahrt West* and Robert Müller's *Tropen*. In: Colloquia Germanica, 40/2, 2007, S. 141–156.

Michler, Werner: Darwinismus, Literatur und Politik: Robert Müllers Interventionen. In: Peter Wiesinger / Hans Derkits (Hg.): Zeitenwende: Die Germanistik auf dem Weg vom 20. ins 21. Jahrhundert. Akten des X. Internationalen Germanistenkongresses Wien 2000 (= Jahrbuch für Internationale Germanistik, Reihe A, Bd. 58). Bd. VI. Bern: Peter Lang Verlag 2002, S. 361–366.

Müller-Tamm, Jutta: Vision und Visualität: Zum Verhältnis von Wahrnehmungswissenschaft und Poetik bei Hermann Bahr und Robert Müller. In: Bernhard J. Dotzler / Siegrid Weigel (Hg.): Fülle der Kombinationen: Literaturforschung und Wissenschaftsgeschichte. München: Wilhelm Fink Verlag 2005, S. 173–187.

Muhr, Adelbert: Robert Müller schrieb für das 21. Jahrhundert. In: Die Pestsäule, 2. Folge, Nr. 12, 1974/75, S. 141–158.

Musil, Robert: Robert Müller. In: Prager Presse, Nr. 244 vom 3. September 1924, S. 4–6. Zit. nach: Ders.: Gesammelte Werke, hg. von Adolf Frisé. Bd. 8, Essays und Reden. Zweite verbesserte Auflage. Reinbek bei Hamburg: Rowohlt Verlag 1981, S. 1133.

Nies, Martin: „Stimme" und „Identität": Das Verschwinden der „Geschichte" in Knut Hamsuns *Pan*, Johannes V. Jensens *Skovene*, Joseph Conrads *Heart of*

Darkness und Robert Müllers *Tropen*. In: Andreas Blödorn / Daniela Langer / Michael Scheffel (Hg.): Stimme(n) im Text: Narratologische Positionsbestimmungen. Berlin: de Gruyter 2006, S. 267–295.

Oversteegen, J. J. [Jacob Jan (Jaap)]: Spekulative Psychologie. Zu Robert Müllers „Tropen". In: Helmut Kreuzer / Günter Helmes (Hg.): Expressionismus – Aktivismus – Exotismus, 1981, S. 146–168.

Pflaum, Bettina: Politischer Expressionismus. Aktivismus im fiktionalen Werk Robert Müllers. Hamburg: Igel Verlag 2008.

Raepke, Frank: Auf Liebe und Tod. Symbolische Mythologie bei Robert Müller – Hermann Broch – Robert Musil (= Zeit und Text, Bd. 6). Münster: LIT Verlag 1994.

Redlich, Josef: Schicksalsjahre Österreichs. Bd. 2: Tagebücher 1915 – 1936. Wien / Köln: Böhlau 2011.

Reif, Wolfgang: Zivilisationsflucht und literarische Wunschräume. Der exotistische Roman im ersten Viertel des 20. Jahrhunderts. Stuttgart: Metzler Verlag 1975.

Riedel, Wolfgang: „What's the difference?" Robert Müllers *Tropen* (1915). In: Nicholas Saul / Daniel Steuer / Frank Möbus / Birgit Illner (Hg.): Schwellen. Germanistische Erkundungen einer Metapher. Würzburg: Königshausen & Neumann 1999, S. 62–76.

Roland, Hubert: Le „nouveau barbare" de Robert Müller: primitivisme littéraire, colonialisme et „hybridité". In: Norah Giraldi Dei-Cas / Fatiha Idmhand / Cathy Fourez (Hg.): Lieux et figures de la barbarie. Brüssel: Peter Lang Verlag 2012, S. 167–180.

Rutra, Arthur Ernst: Pionier und Kamerad. In: Die literarische Welt, 3, Nr. 34, 1927, S. 1. Wieder in: Helmut Kreuzer / Günter Helmes (Hg.): Expressionismus – Aktivismus – Exotismus, 1981, S. 314–318.

Rutra, Arthur Ernst: Robert Müller. In: Radio-Woche, 7, H. 1, 1930, S. 6.

Rutra, Arthur Ernst: Österreich, der Staat des Persönlichen. In: Monatsschrift für Kultur und Politik, 2, H. 10, 1937, S. 869–874.

Rutra, Arthur Ernst: Robert Müller. In: Neues Wiener Tagblatt, 71, Nr. 299, 1937, S. 11.

Sapper, Theodor: Die Expressionistendichtung Österreichs. In: Wort in der Zeit, 10, 1964, S. 10–16.

Sapper, Theodor: Alle Glocken dieser Erde. Expressionistische Dichtungen aus dem Donauraum. Wien: Europaverlag 1974.

Sapper, Theodor: Faszinierendes Vorläufertum. In: Die Pestsäule, 2. Folge, Nr. 12, 1974/75, S. 169–172.

Schaefer, Marcel: Das Wesen der Wirklichkeit und die Reise zum Menschen. Zur Fiktionsstruktur und zur Entwicklung einer Philosophie in Robert Müllers *Tropen*. RWTH-Aachen: Magisterarbeit 2006. München: GRIN Verlag 2013.

Schmidt, Dietmar: ,Zeitrassen'. Chronotopos und anthropologische Relativität in Robert Müllers *Tropen. Der Mythos der Reise* (1915). In: Hansjörg Bay / Wolfgang Struck (Hg.): Literarische Entdeckungsreisen. Vorfahren – Nachfahrten – Revisionen. Wien / Köln: Böhlau 2012, S. 221–234.

Schütz, Hans J.: „Ein deutscher Dichter bin ich einst gewesen". Vergessene und verkannte Autoren des 20. Jahrhunderts. München: Beck 1988.

Schulze, Robert: „Tropenlehrzeit". Die abenteuerliche Reise (Quest) als philosophischer Erkenntnisweg. Phantastisch-allegorische „Erfahrungen" der Willensmetaphysik Arthur Schopenhauers in Alfred Kubins *Die andere Seite* (1909) und Robert Müllers *Tropen*. FU Berlin: Magisterarbeit 2001. München: GRIN Verlag 2011.

Schwarz, Thomas: Die kolonialen Obsessionen des Nervösen. 1915: Freilandphantasien in Robert Müllers *Tropen*. In: Alexander Honold / Klaus R. Scherpe (Hg.): Mit Deutschland um die Welt. Eine Literatur- und Kulturgeschichte des Fremden in der deutschen Kolonialzeit. Stuttgart: Metzler 2004, S. 457–464.

Schwarz, Thomas: Robert Müllers Tropen. Ein Reiseführer in den imperialen Exotismus (= Diskursivitäten / Literatur. Kultur. Medien, Band 9). Heidelberg: Synchron 2006.

Schwarz, Thomas: Robert Müllers *Tropen* (1915) als neurasthenisches Aufschreibesystem. In: Maximilian Bergengrün / Klaus Müller-Wille / Caroline Pross (Hg.): Neurasthenie. Die Krankheit der Moderne und die moderne Literatur. Freiburg: Rombach 2010, S. 139–155.

Schwarz, Thomas: „Met ist doch ein verrückter Stoff". Roberts Müllers tropische Delirien. In: Katharina Manojlovic / Kerstin Putz (Hg.): Im Rausch des Schreibens. Von Musil bis Bachmann (= Profile. Magazin des Österreichischen Literaturarchivs, Bd. 24): Wien: Zsolnay 2017, S. 218–241.

Schweiger, Werner J.: Biographischer Abriss. In: Die Pestsäule, 2. Folge, Nr. 12, 1974/75, S. 137–140.

Sorge, Giselher: Die literarischen Zeitschriften des Expressionismus in Wien. Universität Wien: Dissertation 1967.

Stark, Michael: Für und wider den Expressionismus. Die Entstehung der Intellektuellendebatte in der deutschen Literaturgeschichte. Stuttgart: Metzler Verlag 1983.

Stern, Guy: War, Weimar, and Literature. The Story of the *Neue Merkur* 1914–1925. University Park, Pennsylvania: Penn State University Press 1971.

Ullmann, Ludwig: „Ein intellektueller Sensualist". In: Die Pestsäule, 2. Folge, Nr. 12, 1974/75, S. 167f.

Wallas, Armin A. [Alexander]: ‚Geist' und ‚Tat' – Aktivistische Gruppierungen und Zeitschriften in Österreich 1918/19. In: Internationales Archiv für Sozialgeschichte der deutschen Literatur. 8. Sonderheft: Literatur, Politik und soziale Prozesse. Studien zur deutschen Literatur von der Aufklärung bis zur Weimarer Republik. Tübingen: Max Niemeyer Verlag 1997, S. 106–146.

Wallas, Armin A. [Alexander]: Österreichische Literatur-, Kultur- und Theaterzeitschriften im Umfeld von Expressionismus, Aktivismus und Zionismus, hg. von Andrea M. Lauritsch. Wuppertal: Arco Verlag 2008. Vgl. für die bibliographischen Angaben der einzelnen Beiträge dort S. 277.

Werkner, Patrick: Physis und Psyche. Der österreichische Frühexpressionismus. Wien, München: Herold 1986.

Willemsen, Roger: Die sentimentale Gesellschaft. Zur Begründung einer aktivistischen Literaturtheorie im Werk Robert Musils und Robert Müllers. In: Deutsche Vierteljahresschrift, 58, 1984, S. 289–316.

Willemsen, Roger: Das Existenzrecht der Dichtung. Zur Rekonstruktion einer systematischen Literaturtheorie im Werk Robert Musils. München: Fink 1984.

Wollschläger, Hans: Sieg – großer Sieg. Karl May und der Akademische Verband für Literatur und Musik. In: Claus Roxin (Hg.): Jahrbuch der Karl-May-Gesellschaft. Hamburg: Hansa Verlag1970, S. 92–97.

Zenk, Volker: Innere Forschungsreisen. Literarischer Exotismus in Deutschland zu Beginn des 20. Jahrhunderts. Oldenburg: Igel Verlag 2003.

Zunzer, Hubert: Jack Slim, der Affektmensch und Gehirnmensch. Die Gestaltung des „Neuen Menschen" in Robert Müllers programmatischen Romanen *Tropen* und *Camera obscura*. Wien: Universität Wien 1999.

Abbildungen

U1:	Egon Schiele: Robert Müller (2. 1. 1918), © Wien Museum.
S. 37:	Paul de Frènes (Fotostudio): Robert Müller, © Reproduktion: Melchior Müller (Wien).
S. 38:	Anonym: Robert Müller, © Österreichische Nationalbibliothek (Wien).
S. 39:	Johannes Fischer (1888–1955): Robert Müller, © Österreichische Nationalbibliothek (Wien).
S. 40:	Egon Schiele (1890–1918): Robert Müller (vgl. U1).
S. 41–43:	Anonym: Robert Müller, © Reproduktion: Melchior Müller (Wien).
S. 44–47:	Anonym: Robert Müller (und andere), © Österreichische Nationalbibliothek (Wien).
S. 48–51:	Anonym: Robert Müller (und andere), © Reproduktion: Melchior Müller (Wien).
S. 52:	Totenmaske Robert Müllers. In: Arthur Ernst Rutra: Robert Müller. Denkrede. München: Weber 1925, Frontispiz.
S. 89:	Egon Schiele: Krieg (1913), Cover zu: Der Ruf. Heft 3, 1915, © Reproduktion: Günter Helmes.
S. 90:	Cover von Robert Müller: Tropen (1915), © Reproduktion: Günter Helmes.
S. 91:	Kurt Szafranski. Robert Müller: Der Barbar. Cover (1920), © Reproduktion: Günter Helmes.
S. 92:	Josef Tengler (1893–1949): Flibustier. Cover (1922), © Reproduktion: Günter Helmes.
S. 105:	2 Postkarten, © Österreichische Nationalbibliothek (Wien).
S. 108:	1 Postkarte, © Österreichische Nationalbibliothek (Wien).
S. 109:	3 Postkarten, © Österreichische Nationalbibliothek (Wien).
S. 117:	1 Postkarte, © Österreichische Nationalbibliothek (Wien).

S. 122:   1 Postkarte, © Österreichische Nationalbibliothek (Wien).
U4:   Briefcouvert des New Yorker Herold (1910).

Robert Müller: Werkausgabe in Einzelbänden
Herausgegeben von Günter Helmes

Werke I: Tropen. Roman. 316 S., 22,90 €
ISBN 978-3-89621-240-5

Werke II: Camera obscura. Roman. 196 S., 19,90 €
ISBN 978-3-927104-14-3

Werke III: Flibustier. Roman. 110 S., 14,00 €
ISBN 978-3-927104-24-2

Werke IV: Rassen, Städte, Physiognomien. Essays. 240 S., 19,00 €
ISBN 978-3-927104-30-3

Werke V: Der Barbar. Roman. 144 S., 19,00 €
ISBN 978-3-927104-38-9

Werke VI: Irmelin Rose - Bolschewik. 216 S., 19,00 €
ISBN 978-3-927104-36-5

Werke VII: Kritische Schriften 1. 308 S., 27,90 €
ISBN 978-3-86815-532-7

Werke VIII: Das Inselmädchen. 96 S., 14,00 €
ISBN 978-3-927104-65-5

Werke IX: Die Politiker des Geistes. 115 S., 19,00 €
ISBN 978-3-927104-84-6

Werke X: Kritische Schriften 2. 568 S., 44,00 €
ISBN 978-3-927104-92-1

Werke XI: Gesammelte Essays. 308 S., 27,90 €
ISBN 978-3-86815-533-4

Werke XII: Kritische Schriften 3. 318 S., 34,00 €
ISBN 978-3-89621-018-0

Werke XIII: Briefe und Verstreutes. 196 S., 22,90 €
ISBN 978-3-89621-239-9